_____ 님께

한자의 가치와 한글의 의미를 생각하며
이 책을 드립니다.

_____ 드림

한자(漢字)에는,
우리말이 있고
우리글이 있다.

한자(漢字)에는,
우리 정신인
천지인(天地人), 음양(陰陽)의
논리가 있다.

한자(漢字)에는,
우리 겨레의 기층 정서인
아리랑이 있다.

한자(漢字)에는,
순환하고 반복하며
꽃을 피우는
자연(自然)이 있다.

신개념 한자 학습서 1

漢字의 기막힌 발견

창의적인 사고력을
높여주는

조옥구 지음

머 리 말

1

'급수한자' 열풍이 불면서 어린이들의 한자 습득에 대한 의욕이 높아가고 있다. 특히 급수 취득여부가 생활기록부에 기록됨으로써 진학에 유리하게 작용하리라는 은근한 기대와 어린이의 지능발달과 인성교육에 한자만한 것이 없다는 생각되 분위기를 들뜨게 하는 데 일조를 하고 있다.

실제로 일본에서는 2세 이상의 어린이들을 상대로 한자를 가르친 결과 지능의 발달에 도움이 된다는 사실이 입증되면서 한자 조기교육의 필요성이 대두되고 있는 실정이다.

이런 분위기를 반영하듯 몇몇 대학들은 한자만으로도 수시입학이 가능하도록 문호를 개방하였으며 각 기업체들은 입사 시험에 한자를 추가하여 한자의 소양을 갖춘 인재를 선호하는 경향을 보이고 있어 한자가 취직에도 도움이 된다는 인식이 확산되고 있는 실정이다.

한자에 대한 우리 사회의 관심은 참으로 환영할 만하다.

한자가 동양의 역사와 문화의 기원 그리고 동양적 철학과 지혜를 담고 있으므로 한자를 가까이 하는 일은 삶의 가치와 이해를 높이고 정서를 풍부하게 하는 데 도움이 되기 때문이다.

이런 상황이라면 굳이 한자는 실용문자다, 고전을 읽으려면 한자를 알아야 한다, 중국이라는 거대시장이 다가온다, 문화생활을 영위하기 위한 방편이다 등의 이유를 들지 않더라도 자녀와 사진의 미래를 생각할 때 한자를 배워야하는 명문은 충분하다.

그러나 한자에대한 우리 사회의 관심과 열정을 환영하면서도 한편으론 한자와 관련하여 우리의 현실은 바람직한가에 대하여 자문(自問)하게 된다. 모처럼 조성된 한자 열풍의 분위기를 잘 살려가기 위해서라도 왜 한자를 배워야하는가에 대해 분명한 인식이 필요하다고 생각하기 때문이다.

한자! 왜 배워야 하는가? 정말 한자는 배울만한 가치는 있는 것인가? 한자는 무엇인가?

우리 사회의 지성인(知性人)들은 이런 문제에 대하여 같이 고민해야 한다고 생각한다. 우리 사회가 나아가야할 방향과 미래에 대하여 책임을 져야할 사람들이기 때문이다.

2

오랫동안 한자를 접하면서 느끼고 생각했던 의문이 하나 둘이 아니었다.

'한자는 왜 어려운가'라는 원초적인 의문으로부터 '이런 모양은 왜 이 소리와 연결되는 것일까' 등 무언가 있을 법한 실마리를 찾으려고 많은 고민을 했다.

다행히 나의 열망이 하늘에 닿았는지 몇몇 의문들에 대해 답을 얻었을 뿐만 아니라 미처 생각지 못했던 사실까지 알게 되는 행운을 얻었다.

틈틈이 정리한내용을 모아 아직은 미약하나마 한자의 기초를 정리한다는 뜻에서 3개의 장으로 주제를 구분하여 서술하였으며, 특히 다음과 같은 몇 가지 사실에 주안점을 두었다.

첫째 한자의 기초가 되는 철학이 있다는 것을 밝히려 하였다.
－한자의 철학은 고대 동양철학의 이론과 근본이 같다.
－철학의 논리에 따라 한자를 쉽게 배울 수 있다.
－한자의 논리를 익히면 한번 배운 한자를 잊어버리지 않는다.

둘째 한자와 한글이 상호 밀접한 관계에 있다는 것을 밝히려하였다.
－한자의 음을 표시하는 기호가 한글이다.
－음을 이해하면 한자의 정확한 이해가 가능해진다.
－한글(자음과 모음)이 만들어지는 원리를 알 수 있다.
－한자와 한글은 동일주체에 의해 같은 시기에 만들어졌다.

셋째 한자의 원리에 따라 새로운 한자 학습이 가능함을 밝히려 하였다.
－한자의 모양을 중심으로 배우는 방법이 있다.
－한자의 의미를 중심으로 배우는 방법이 있다.
－한자의 소리를 중심으로 배우는 방법이 있다.

이러한 주장들은 한자에 대한 기존의 인식과 다른 것이어서 독자들을 혼란스럽게 할지도 모르겠다.

그러나 수천 년 동안이나 동양사회를 지배해온 잘못된 인식이 바로잡히는데 약간의 혼란은 불가피한 것이라는 생각에서 용기를 냈다.

대신 혼란을 잘 극복한 이들에게는 다음과 같은 몇 가지 감동(感動)으로 보답할 것을 약속한다.

한자의 기원을 찾아가는 여정을 통해 우리 조상들의 철학체계를 이해하게 되며 우리가 사유하는 방식대로 한자가 만들어져 배우기가 매우 쉽다는 사실에 놀라게 될 것이다.

인류 문명의 기저를 이루는 철학의 근원이 우리 선조들이 세운 '천지인(天地人)'과 '음양(陰陽)'의 가치 체계라는 사실에 긍지를 갖게 될 것이다.

한자와 한글을 동시에 창제하여 인류의 언어문자사에 기여한 한민족의 문화적 역량에 자부심을 갖게 될 것이며, 아무런 어려움 없이 소통할 수 있도록 한자와 한글 이라는 우수한 두 개의 문자를 만들어주신 선조들의 배려에 감사하게 될 것이다.

그간 우리를 지배해온 거짓의 무게가 얼마나 무거운 것인가를 알게 될 것이며 진리가 무엇인지를 하나씩 깨우쳐가는 과정에서 느끼는 진정한 기쁨을 체험할 수도 있을 것이다.

한자야말로 동양의 선인들이 완성한 가치관을 배우고 익힐 소중한 교과서다. 한자에 담긴 가치와 논리와 역사와 문화를 제대로 배운다면 세상을 보는 눈이 달라지고 자연대한 이해가 달라지며 인생이 변하게 될 것이다.

이 교과서를 통하여 심신이 건강한 어린이를 바르게 육성할 수 있으며 사람마다 의식(意識)의 성장을 통하여 사회는 저절로 건강해지고 행복이 넘치게 될 것이다.

어둠을 뚫고 찬연히 떠오르는 태양처럼 혼돈은 사라지고 밤하늘을 수놓은 별과 달과 더불어 하나가 되는 깨달음이 모두에게 요동칠 것이다.

일 만년 하늘겨레의 위상이 제자리를 찾게 될 것이며 외면당했던 가치들이 회복되고 세계인류는 비로소 하나의 가치아래 질서와 조화를 노래할 것이다.

3

이 책의 중판에 이르러 먼저 출판을 결정해주신 도서출판 학자원 김병환 대표께 감사드린다. 독서인구의 저하로 인한 극심한 출판계의 경영난에도 불구하고 한자를 비롯한 문자의 의미와 가치 그리고 한자에 대한 이해가 우리사회에 미칠 영향을 이해하시고 어려운 출판을 결정해주셨다.

한자는 배울 필요가 없다는 시류에 편승하기 보다는 근본에 대한 이해를 위해서는 당연히 한자가 필요하고 따라서 어릴 때부터 배울 필요가 있다는 공동의 목표를 세우고 여기에 공감하는 정성어린 노력들이 더해진다면 한자에 대한 시중의 인식도 달라지리라고 기대한다.

방송에서의 한자의 비밀에 대한 강의(2017년 6월 25일 상생방송 한자의 비밀 제1강, 제2강, 제3강 방영 시작)는 그러한 예의 하나라고 할 수 있다.

세월은 흘렀지만 초판에 언급한 심정이 여전히 유효하므로 여기 다시 옮기기로 한다.

『한자의 기막힌 발견』이 출간됨에 따라 누구든 짧은 시간에 많은 한자를 쉽게 습득할 수 있으며 선조들의 높은 이상과 삶의 가치를 이해하고 한겨레의 위상을 높일 수 있으며 인생의 낭비를 줄일 수 있을 것이다.

미래에 대하여, 인류에 대하여, 깨달음에 대하여 구도의 길에 있거나 우주적 자아 또는 내면의 성찰에 관심이 있는 분들에게도 이 책은 일부분 기여하는 바가 있을 것이다.
우주 자연의 질서와 살림, 살림살이 등 생명철학에 대한 이해로 영성을 길러 세상과 인류를 위해 기여하게 되기를 희망한다.

단기4350(2017)년 10월

大韓國 豐壤人 趙 玉 九

목 차

⑧ 工(장인 공)과 紅(붉을 홍)   ⑨ 黃(누를 황)과 廣(넓을 광)

⑩ 竹(대 죽)과 竺(대나무 축)   ⑪ 中(가운데 중)과 沖(빌 충)

⑫ 牛(소 우)와 午(말 오)   ⑬ '姁'가 '후'로 소리나는 까닭

⑭ 過(지날 과)와 渦(소용돌이와), 媧(여왜 와)와 禍(재앙 화)

2) 의미 없는 말은 없다 / 185p

① 목   ② 김   ③ 감   ④ 명   ⑤ 불   ⑥ 물

⑦ 우   ⑧ 이   ⑨ 초   ⑩ 삼   ⑪ 천   ⑫ 발

⑬ 인   ⑭ 견   ⑮ 벼와 볕   ⑯ 도와 두

제 3 장 어휘로 보는 한자 / 243p

제 1 장

한자는 어떻게 만들어지는가?

1. 한자의 오해와 진실

반만년의 역사를 자랑하는 우리 한민족으로서는 소중한 고대의 기록이 모두 한자로 되어 있어 우리 역사를 접하려면 먼저 한자를 만나야 하는 것이 우리의 운명이다.

고대 조선(朝鮮)이 한자를 사용했고 부여(夫餘)가 이를 계승했으며 고구리(高句麗)와 백제(百濟)와 신라(新羅)와 가락(駕洛)이 또 한자를 사용했고 대진(大震, 渤海)과 고리(高麗)와 조선(朝鮮)에 이르기까지 한자는 우리 겨레의 이념과 역사, 문화와 정서를 담는 소중한 그릇이었다.

단군왕검의 조선(朝鮮) 건국으로부터 조선의 세종대왕께서 훈민정음을 반포하기 전까지 무려 3800여 년간 한자를 이용하여 의사를 전달하고 사실을 기록하였으며 세종의 훈민정음 반포 이후 지금까지도 한자의 사용은 계속되고 있는 것이다.

그럼에도 한자를 대할 때마다 항상 걸림돌이 되는 것은 한자가 '중국인이 만든 문자'라는 선입견이다. 정체가 불분명한 이 선입견에 세월의 두께가 더해지면서 '한자는 중국 글자'라는 말이 마치 사실처럼 우리의 머리 속에 자리잡고 말았다.

우리나라에서 발간된 중학생용 한자 학습서의 서문에는 「한자는 중국글자다」라고 선언하듯 언급하고 있다.

한자의 기원을 이야기하려다 보니 어쩔 수 없는 것이겠지만 학습서라는 점을 감안하여 '한자는 동방의 인류가 이룩한 뛰어난 문화유산으로써 우리의 실용문자다'라는 식으로 달리 표현하는 방법도 있을 터이다.

'한자가 중국 글자'라는 선입견은 우리 문자를 갖지 못해서 남의 문자를 빌어다가 쓴다는 생각으로 이어져 우리 자존심에 상처를 줄 뿐만 아니라 자연한자를 소홀히 하는 원인으로 작용한다.

한 때 한글 전용론자들이 '한자폐지론'을 주장하여 국민교육에서 한자가 제외되었던 것도 결국은 '한자는 중국글자'라는 오해에서 비롯되었다.

그러나 성통공완(性通功完)과 재세이화(在世理化)를 통하여 홍익인간(弘益人間)에 이를 수 있는 고귀한 가치와 실천 방법을 일깨워 주었을 뿐만 아니라 홍익인간 정신을 바탕으로 고대 조선을 건국한 우리 선조들이 자신들이 깨우친 가치를 표현할 방법을 몰라서 중국인들이 만든 한자에 담았다는 사실은 믿기 어렵다.

우리 선조들이 주창한 '홍익인간' 정신은 '하늘과 땅과 사람이 서로 분리된 것이 아니라 근원적으로 하나'라는 인식의 체계로써 수천 년의 세월 동안 우주 자연에 대한 체험과 탐색을 통해 이룩한 세계관이며 자연관이며 우주관이다.

'홍익인간' 정신을 '천지인 합일사상'에 기초를 둔 미래 인류구원의 사상으로 주목하는 것은 우연이 아니다. 이런 이론체계에 우주 자연의 생성과 변화, 운용과 발전 등에 관련된 질서를 담아냄으로써 인류 문명의 기원은 물론 동서양의 사상과 철학이 탄생할 토양을 마련하였던 것이다.

한자 역시 이러한 질서에 따라 만들어졌으므로 홍익인간의 정신과 문화에 알게 모르게 젖어 있는 우리로서는 그 근원을 알게 되면 한자를 쉽게 배우고 이해할 수 있는 것이다.

한자는 한겨레 고유의 '천지인 삼재사상(三才思想)'과 '음양(陰陽)의 논리' 그리고 인류 보편의 '광명사상(光明思想)'이 기저를 이루고 있으며 '홍익인간'의 정신이 가득 찬 그릇이다.

1) 지나인들이 발음하지 못하는 한자

'한자'와 관련해서 주목할 만한 사실은 '중국인(지나인)'이 발음하지 못하는 한자의 '음(소리)'이 있다는 것이다.

한자를 만든 이들이 지나인이고 한자는 현재 지나인들의 실용문자라고만 알고 있는 이들에겐 그들이 발음하지 못하는 한자가 있다는 사실이 믿기지 않겠지만 지나인들이 발음하지 못하는 한자가 엄연히 존재한다.

그럼에도 이 사실은 크게 주목을 받지 못했다.

열심히 배운 한자로 신문이나 읽으면 된다고 생각하는 사람들은 그것을 누가 만들고 왜 그렇고 하는 복잡한 문제에 대해서는 굳이 관심을 가질 필요를 느끼지 못할 수도 있고 설령 이 사실을 알았다 하더라도 '그래서 어쨌다는 말이냐?'라고 반문한다면 그만 말 문이 막힐 수 밖에 없기 때문에 엄두를 내지 못했을 수도 있다.

하지만 어느 경우든 지나인이 발음하지 못하는 한자가 있다는 사실은 분명하며 이것은 한자의 실상을 찾는 일과 관련하여 커다란 의미를 가진다.

지나인의 한자 발음은 주로 반절(反切)법을 따르는데, 강희자전(康熙字典, 淸, 1716년 刊)에 나타난 발음기호와 지나인들의 실제 발음을 살펴보기로 한다.

'北(북 북)'자는 '북(必墨切)'이 발음기호인데 '베이(bei)'라고 읽는다.

'赤(붉을 적)'자는 '적(昌石切)'이 발음기호인데 '치(chi)'라고 읽는다.

'文(무늬 문)'자는 '문(無分切)'이 발음기호인데 '웬(wen)'이라고 읽는다.

'頁(머리 혈)'자는 '혈(亥結切)'이 발음기호인데 '예(ye)'라고 읽는다.

'木(나무 목)'자는 '목(莫卜切)'이 발음기호인데 '무(mu)'라고 읽는다.

'舌(혀 설)'자는 '설(食列切)'이 발음기호인데 '쉐(she)'라고 읽는다.

'十(열 십)'자는 '십(寔入切)'이 발음기호인데 '스(shi)'라고 읽는다.

'邑(고을 읍)'자는 '읍(乙及切)'이 발음기호인데 '이(yi)'라고 읽는다.

'立(설 립)'자는 '립(力入切)'이 발음기호인데 '리(li)'라고 읽는다.

위에 나열한 '북(必墨切)', '적(昌石切)', '혈(亥結切)', '발(北末切)', '설(食列切)', '읍(乙及切)', '십(寔入切)', '립(力入切)' 등은 두 글자의 음을 반씩 따서, 합쳐 한 소리로 만드는 소위 '반절(反切)'이라는 일종의 발음기호다.

'舌(혀 설)'자의 경우 '食(식)'의 첫 음절(초성)인 'ㅅ'을 취하고 '列(열)'자에서는 나머지 음절(중성, 종성)을 이용하여 '셜'로 발음하라는 뜻이다.
따라서 '舌'자는 '셜'로 발음해야 한다. 그러나 지나인들은 '舌'을 '쉐(she)'라고 발음한다.

'木', '目', '牧', '穆'자 등은 우리 인체의 한 부분인 '목'과 그 음이 같고 의미도 같다. 따라서 '목'이라고 정확하게 발음해야 한다. 그러나 지나인들은 '목'을 '무(mu)'라고 발음한다.
우리가 비교적 정확한 음을 지켜 오고 있는 것과는 달리 지나인들은 'ㄱ', 'ㄹ', 'ㅂ' 등의 발음을 제대로 하지 못한다.('ㄱ', 'ㄹ', 'ㅂ'은 'ㅅ', 'ㄷ'과 함께 지나식 발음법으로 '입성(入聲)'에 해당한다)
원래의 음을 따르기 위해 따로 발음기호를 적어 놓고도 전혀 다르게 발음하는 까닭이 무엇인지에 대한 답은 장차 음운학자들의 연구결과를 기다려 보기로 한다. 제대로 발음도 하지 못하는 사람들이 그 글자를 만들었다고 하는 것은 믿기 어렵다.

2) '한자의 소리(音)는 의미가 없다' 라는 오해

'한자는 뜻글자' 라는 말은 언제나 '한글은 소리글자'라는 주장과 짝을 이루어 인용되곤 한다.
하지만 나는 한자와 한글 모두 소리가 근본이며 생명이라고 주장한다.

한자에서 '소리'는 '뜻'보다 훨씬 절대적인 의미를 가졌다고 확신한다.
잘 알다시피 한자에는 두 가지로 소리나는 경우가 적지 않다.

'見'자는 '볼 견'과 '나타날 현' 등 두 가지 음으로 읽는다.
따라서 '見'자에서 '보다'와 '나타나다'라는 의미를 구분하는 요소는 '견'
과 '현'이라는 '음(소리)'이다. 이것은 누구라도 쉽게 알 수 있는 것이다.
更(경, 갱), 數(수, 삭), 宿(수, 숙), 參(삼, 참), 降(강, 항), 單(단, 선), 識(식,
지) 등의 한자들도 마찬가지다.
그런데도 어떻게 한자의 '음(소리)'은 의미가 없다고 말할 수 있는가?

'東'자를 예로 들어보자. '東(동녘 동)'자는 '동서남북(東西南北)'의 방향
가운데서 해가 뜨는 쪽을 나타낸다. 그렇다면 과연 '東'자에는 이런 내용이
어떻게 담겨 있는 것일까?
지금까지는 '東'자를 '木'과 '日'의 결합체로 보고 '해가 나뭇가지에 걸려
있는 모양'으로 '동쪽'을 나타낸다고 풀이하였다.
그러나 이런 풀이는 우선 합리적이지 못하다.
해가 나뭇가지에 걸리는 모양은 아침에는 물
론 저녁에도 가능하다.

따라서 만일 '해'와 '나무'와의 관계를 이용하
여 '東'자를 만들었다면 '東'자는 '해뜨는 쪽'
을 나타낼 수도 있지만 '해지는 쪽'을 나타낼

〈그림 1-1〉 '東'의 옛글자. 어둠을 가르고
해가 뜨는 모습을 '동이 튼다'라고 한다.

24

수도 있는 것이다.

그러나 한자의 세계에는 이 경우에서처럼 이럴 수도 저럴 수도 있는 가치 기준은 존재하지 않는다.

'동쪽일 수도 있고 서쪽일 수도 있는 것을 가져다가 동쪽으로 쓴다'는 인식 자체가 한자에서는 용납될 수가 없는 것이다.

따라서 '東'자의 기존 해석은 합리적이지도 타당하지도 못하다.

그렇다면 '東'자의 바른 의미는 무엇인가?

'東'자 풀이의 결정적인 단서는 '동이 트다'라는 우리말 속에 있다.

우리는 습관적으로 아침에 해가 뜨려고 동쪽이 뿌옇게 밝아오는 것을 '동이 튼다'라고 말한다. '트다'라는 말은 '터지다'는 말이다. 東자는 '트다', '터지다'라는 우리말을 그림으로 표현한 것이다.

'東'자는 '木+日'로 구성된 것이 아니라 '束+一'로 되어 있다.

'束'자는 마치 공기가 가득 담긴 푸대의 위와 아래를 묶어 놓은 듯한 모양의 글자다. 그래서 '束'자는 '묶을 속'으로 풀이한다.

'東'자는 위와 아래가 묶여 도톰하게 돋아 있는 푸대(束)의 가운데가 부풀어 오르다가 마침내 터져(一)버린 모양을 나타낸다.

〈그림 1-2〉 '東'의 옛글자. 푸대의 위와 아래를 묶어 놓은 모양이다.

이것은 '푸대'를 '어둠'으로 보고 어둠을 뚫고 뿜어 나오는 밝음을 '東'으로 나타낸 것이다.

이것이 '東'자의 정체이며 한자에 간여(干與)한 우리말(한글)의 정체다.

'西'자의 경우도 마찬가지다.
'東'자가 '동이 튼다'라는 우리말을 나타낸 그림 문자라면 '西'자는 '둥지에 깃든 새'의 모양으로 '새'는 '해'의 상징이다. 해의 사자다.
아침에 동쪽으로부터 솟아난 해가 하루 종일 하늘을 걷다가 저녁이 되어 서산으로 기우는 모습을 새가 둥지로 날아드는 모습으로 묘사한 것이다.
'西'자를 '서'라고 발음하는 것도 '가던 걸음을 멈추다', 즉 '서다'라는 우리말의 의미를 나타낸다.

'글'은 '말'을 기록하는 기호이고 '말'은 '생각'을 담고 있는 소리다.
따라서 '글' 속에는 태생적으로 '소리'와 '생각'이 담겨 있는 법인데, 어찌된 영문인지 오늘날 한자와 한글을 연구하는 많은 사람들은 한자는 '뜻글자'라서 '소리는 큰 의미가 없다'라고 주장하고 또 한글은 '소리글자'라서 '모양은 큰 의미가 없다'라고 주장한다.
'한자'에서 '소리'를 제거해 버리고, '한글'에서 '모양'을 제거해 버리는 것은 글이 가진 생각과의 연결고리를 제거해 버리는 것이어서 글의 핵심을 포기하거나 부정하는 것이다.

생각은 모든 개체에 가치를 부여하는 정신이며 영혼이며 생명이다.
글의 생명 또한 그 글 속에 담겨 있는 생각에 있는 것이다.
따라서 한자는 모양을 이용하여 뜻을 나타내는데 용이한 글자이고 한글은 소리를 나타내기에 용이한 특징을 가진 글자로써 한글과 한자 모두가 뜻글자이며 소리글자다.

오늘날 동양 문화권에서 통용되는 '한자'와 '한글'은 무한히 높은 가치와 효용성을 간직하고 있음에도 부분적으로만 쓰이게 됨으로써 본래의 제 기능을 제대로 발휘하지 못하는 불편한 처지에 놓여 있는 것이 사실이다.
각각의 글자는 각각의 개념(생각)을 가지고 있으므로 이 고유의 개념을 잘 활용한다면 쓰는 사람이나 상대 모두가 편리하고도 정확한 의사 전달이 가능한 것이 우리 한글과 한자의 자랑이며 특징이다.

오늘 우리에게 필요한 것은 한자와 한글을 만들었던 당시인들이 '글자'를 만들면서 담아 놓은 본래의 '개념'이다.

3) 한자의 기원(起源) 과 동이(東夷)

한자에는 기초 요소라 할 수 있는 '부수(部首)'자가 있다. 모든 한자들이 이 기본 부수자를 상하 또는 좌우로 서로 결합하여 모양(形)과 소리(音)와 의미(義)를 구성하며 이 구조를 이용하여 하나의 개념을 표현한다.
따라서 한자의 이해는 부수자의 이해라고 해도 과언이 아니다.
후한의 허신(許愼)이 『설문해자(說文解字)』를 쓰면서 기초가 되는 한자를 모아 540개로 부수의 체계를 세운 이래 지금은 214개로 정리되어 자전(字典)

류의 대부분이 이 체제를 따르고 있다.

부수자가 214개 글자라고 하는 것은 214개 부수자를 배우면 한자의 기초 논리를 터득할 수 있다는 것을 의미한다.

그럼에도 우리 한자 학습은 중등학교 900자, 고등학교 900자, 일반 3500자 등 익혀야 할 한자의 목표를 정해 놓고 개개의 한자를 무조건 암기해야 하는 실정이다. 학습에 쫓기는 청소년들에게 214개 부수자와 900자, 1800자의 차이는 단순한 숫자의 차이가 아니다.

예를 들어 보자.

'耿'자는 '빛날 경'자다. '耳'와 '火'로 되어 있으며 '耳(귀 이)'는 '귀'를 나타내고 '火(불 화)'는 불을 나타낸다.

따라서 귀(耳)와 불(火)의 의미를 합하면 '빛나다'라는 개념이 떠올라야 하는데 쉽지 않다. '火'는 빛과 관련이 있다 하더라도 귀(耳)는 빛과 무슨 관계가 있는 것일까?

'炡(빛날 정)'자도 마찬가지다.

'正(바를 정)'과 '火(불 화)'의 의미를 합하면 '빛나다'라는 개념이 떠올라야 하는데 '바르다(正)'와 '빛'의 연결이 쉽지 않다.

한자를 배우는 사람들의 고민이 여기에 있다. 한자의 세계에 깊이 들어갈수록 이런 한자들을 만나기 때문에 '한자는 어렵다', '무조건 외울 수 밖에 없다' 라고 하는 것이다.

한자는 모양이 있고 의미와 소리가 있어 비교적 많은 정보가 드러난 글자인데도 왜 이렇게 어려운 것일까?

① '천지인' 순환론으로 본 한자풀이

'冫'자는 '얼음 빙'으로 풀이하는 정말 단순하고도 쉬운 모양의 글자다. 그런데도 '冫'자는 어떤 이유로 '얼음'을 나타내게 되며 '빙'이라는 소리를 갖는 것인지 알 수가 없다.

'冫'의 의미를 알 수 없으니 冶(불릴 야), 次(버금 차), 冬(겨울 동), 凍(얼 동) 등의 의미를 바르게 풀이한다는 것은 더욱 어렵다.

'冫'자의 이해가 어려운 것은 이 글자가 '丶', '氵'과 더불어 하나의 틀 안에서 만들어졌기 때문에 이 글자들을 함께 생각해야 하는데 그렇지 못한데에 원인이 있다.

'丶', '冫', '氵'은 세 글자가 모여 하나의 개념을 형성한다. 그것이 바로 '천지인'이다. '천지인'은 하나의 사물을 설명하는 세 가지 측면이기 때문에 이 중에 하나만 가지고는 전체로써의 실체를 제대로 설명할 수가 없게 된다. '冫'자의 '차다'라는 말은 '차갑다'와 '병에 물이 가득 차다'와 같이 두 가지 의미가 있다. 이 두 풀이로부터 '冫'의 '차다'는 말은 원래 용암처럼 뜨거웠던 것이 점차 식으면서 굳어져 바위가 되는 자연현상을 떠올리게 된다. 용암이 식어 굳으면서 바위가 되고 바위는 점차 부서져 모래가 되는데 이 세 과정을 나타내는 글자가 곧 '丶', '冫', '氵'다. 그래서 이 세 글자는 '丶=하늘, 해, 불, 우주', '冫=땅, 몸, 형상', '氵=만물, 기운, 작용, 변화' 등을 상징하게 되는 것이다.

사물이 영원히 존재하는 법은 없다. 삼라만상은 한 시도 멈추지 않고 계속해서 변하고 흘러간다. 이런 특성을 가장 적절하게 설명하는 논리가 '천지인'

이며 천지인의 속성을 나타내는 글자가 '•', 'ㅏ', 'ㅓ'인 것이다.

② 우리말을 통해 본 한자풀이

한자의 음(音, 소리)은 더욱 어렵다. 한자의 음을 소홀히 하는 우리 처지에서는 더욱 그러하다.

'木'자는 '나무 목'으로 풀이한다.
'목'은 무슨 의미일까? '木'자는 언제부터 '목'이라는 음을 갖게 되었을까? 그 음은 처음부터 지금까지 변함이 없는 것일까? 한자의 음은 언제 누구로부터 시작되었을까?
이런 의문의 자락에서 문득 우리 몸에도 여러 개의 '목'이 있다는 사실을 알게 된다. 머리와 몸통을 이어주는 '목'을 비롯해서 팔과 손을 이어주는 '손목', 그리고 발과 다리를 이어주는 '발목' 등이 그것인데 이들을 통해서 '목'이라는 우리말이 이쪽과 저쪽을 이어주는 역할을 수행한다는 사실을 짐작하게 된다. '골목'이나 '다리목' 등도 마찬가지다.

따라서 '木'자의 '나무' 역시 무언가의 '연결'이라는 의미를 생각하게 되면 나무의 새로운 의미가 떠오른다. 나무는 하늘을 향해 자라며 가지를 뻗고 땅속으로 뿌리를 뻗고 자란다. 이 모습을 하늘과 땅을 연결하는 것으로 보았던 것이다. '木'자를 이용해서 만들어진 많은 글자들에서 '木'을 '천지의 합일'의 의미로 풀이해야 하는 것은 이 때문이다.

'木'자가 가지고 있는 '목'이라는 음과 우리말로 사용되는 인체의 '목'이 같은 소리를 갖는 것은 이처럼 나타내려는 의미가 같다는 것에서 답을 얻을 수 있다. 그리고 이 둘을 '목'이란 음으로 같이 부른 이들은 처음부터 '양쪽의 연결'이라는 의미를 염두에 두고 이 둘을 각각 '목'이라 불렀다는 것과 그 음이 오랜 세월에도 변하지 않고 그대로 한자의 음과 우리 몸의 이름에 살아 있으며, 우리가 쓰고 있는 한자의 음이 고대로 거슬러 올라가면서도 그대로 한자의 음으로 쓰였다는 것을 알게 된다.

'목'이 그러하듯 '손'이 또 그러하다. '목'이 인체의 '목'을 의미하듯 '손 (孫)'은 인체의 '손'을 의미한다.
머리의 명령에만 따르는 손의 관계를 이용하여 '자손(子孫)'이라는 용어를 만드는 것은 아무나 할 수 있는 일이 아니다. 하늘에서 머리로, 머리에서 손으로 이어지는 일련의 순환체계를 모르고는 상상할 수도 없는 일이다.

이런 내적 관계를 추적할 수 있는 단서가 곧 한자의 음이다.
한자에서 음이 중요한 요소가 되는 것은 이 때문이다.
한자의 모양은 몸이며, 몸에 가치를 부여하는 것은 목숨이다. 한자에 있어서 목숨에 해당하는 것이 소리다.
한자의 모양과 의미가 시대에 따라 다양하게 변하지만 처음부터 지금까지 일관되게 중심을 지키고 있는 것도 한자의 '음(소리)'이다.
한자는 소리가 생명이다. 한자를 이해하는 데는 소리의 이해가 필수적이다.
그러나 이 사실은 지금까지 크게 주목받지 못했다.

③ 한자를 만든 주체로서의 동이(東夷)족

한자 풀이에서 기존의 이론으로 아무리 해석하려고 해도 풀리지 않던 한자들, 특히 기초적인 한자를 '우리말'로 풀 수 있다는 사실은 문화적으로, 역사적으로 중요한 사실을 암시한다.

알타이어 계통의 우리말을 사용한 사람들과 고대 한자를 만든 사람들은 역사를 거슬러 올라가면 동일한 민족이 아니었을까?

한민족은 크게 분류하면 동이족에 속한다. 동이족의 나라는 지금의 산동성 일대, 용산문화의 중심지인 상(商, 殷)이다. 상(商)은 하나라의 뒤를 이은 주(周)나라에 멸망되기까지 중원의 문화중심국이었다.

산동성 일대 용산문화(龍山文化) 유적지에서는 지금도 한자가 새겨진 도기 파편들이 다수 발견되고 있다.

그리스 점령 초기 로마의 지식인과 상류층이 그리스어를 사용하다가 점차 로마자(라틴어)를 쓴 것처럼 동이족 주변의 화하족(즉 夏와 周) 역시 동이족의 영역을 침범하여 초기에는 동이족의 문자를 사용하였을 것이다.

후에 진시황이 문자를 통일하였지만 그 근간은 동이족 이래 사용하던 한자가 원형이었을 것이다.

그렇다면 동양에서 한자의 기원을 시작한 '동이'는 누구를 말하는 것일까?

'동이(東夷)'족은 '해가 뜨는 쪽에 사는 태양족'이라는 의미다.

동양에서 최초로 태양을 숭배하며 문명을 창시한 종족이 '동이족'이다.

'夷'는 '大(큰 대)'와 '弓(활 궁)'이 결합한 것으로 '大'는 '太'와 같고 '弓'은 '양(陽, 해)'을 나타낸다. '夷'는 '태양'의 의미다.

'弓'이 '활'이면서 '태양'을 나타낸다는 것은 '불이 활활 타오른다'는 말을 생각하면 쉽게 알 수 있다.

동이족의 상징인 '활(弓)'은 싸움이나 사냥을 위한 도구가 아니라 '불'을 일으키는 도구였다. 그래서 '弓'을 '활'이라고 부르며 '불(=해, 태양)'과 같이 여기는 것이다.

'활'이라는 명칭은 실로 시사하는 바가 크다.

수천 년 전 동이족이 사용한 '활'을 지금도 '활'이라 부르는 사람들이 지구상에 존재하며 그들이 바로 우리 자신이기 때문이다.

우리 몸을 '身(몸 신)'으로 나타내는데 '身'자는 '射(궁술사)'자의 한 부분으로 '활과 화살'로 되어 있다.

자신의 몸을 '활과 화살'로 나타낼 수 있는 사람들은 고대 동양에서 태양족인 동이족을 제외하고는 적절한 대상을 찾기 어렵다.

그들은 태양을 숭배하면서 태양을 중심으로 사고 체계를 수립하였다. 해를 활로 표현하고 활과 화살을 이용해서 만물과의 관계를 설명했다.

이들은 문화를 창조한 핵심종족이며 지배종족이었다.

한자와 한글은 수준 높은 정신활동의 산물이다. 그들은 오랜 세월의 경험과 관찰의 결과로 '천지인(天地人)', '음양(陰陽)', '자연순환', '혈연의 흐름'과 같은 논리 체계를 수립하였을 뿐만 아니라 이 논리 체계에 따라 한자와 한글을 만들었다.

한자와 한글을 만든 동이족은 비록 외세에 몰려 사방으로 흩어지고 사라졌지만 그들이 사용했던 말과 글을 고구리와 백제, 신라, 발해와 고리, 그리고 조선으로 이어지면서 원형에 가깝게 보존하고 있는 이들이 바로 우리 민족이기 때문에 오늘 우리가 사용하는 한글이 한자의 음을 가장 원형에 가깝게 표현할 수가 있는 것이다.

동이족이 창제한 한자의 실체에 접근이 가능했던 것도 우리말과 가치관 그리고 정서를 이용하여 한자의 모양과 음에 접근했기 때문이라고 말할 수 있다.
향후 한자 학습에 획기적인 변화 가능성을 기대하는 것도 이 때문이다.

2. 한자의 기원(起源)과 철학(哲學)

오늘날 우리가 사용하는 한자의 수는 총 7만 여 자에 달하는 것으로 알려져 있는데, 이 한자들은 처음부터 한꺼번에 만들어진 것이 아니라 5천년이란 오랜 세월에 걸쳐서 필요에 따라 하나씩 하나씩 만들어진 것이다.

문자 자체가 말로 표현되는 관념의 세계를 담는 그릇이므로 새로이 관념이 형성되면 이것을 담아내기 위한 새로운 문자가 탄생하게 되는 것이다.

따라서 문자는 지금 이 순간에도 탄생되고 있다고 말할 수 있으며 미래에도 계속해서 생산될 것이라고 추측할 수 있다.

한편, 과거 어느 때에 생산된 문자 가운데는 세상에 적응하지 못하고 사라지거나 모습을 달리하여 생존에 성공한 사례도 있으므로 문자도 생명이 있는 개체처럼 여겨 '문자는 살아 있다'라고 말하기도 한다.

이렇듯 지금도 계속해서 생산되는 한자는 어떻게 만들어지는 것일까?

1) 한자는 논리(論理)다

동서양의 주소 표기를 비교하면, '번지'에서부터 시작하여 점차 밖으로 사고의 범위를 넓혀가는 서양인들의 주소 기입방식에 비하여 우리는 '강원도 횡성군 공근면 초원리 656-2 번지'의 경우처럼 보다 기층적인 외연(外延)으로부터 존재의 근거를 시작한다.

656번지는 초원리에 속해 있으며 초원리는 공근면에 속해 있고 공근면은 횡성군에 소속되어 있으며 횡성군은 강원도에 속해 있고 강원도는 대한민국에 속해 있으며 대한민국은 동양에 속하며 동양은 지구에 존재하며 지구는 태양계에 속하며… 이렇게 계속해서 밖으로 가다 보면 결국엔 우주라는 큰 외연을 만나게 되는데 우리는 자기 자신을 표현하는데 있어서 이 외연으로부터 점차로 내적으로 좁혀 오는 방식에 익숙한 사람들이다.

사소하게 보일지 모르지만 이런 식의 주소 기입법으로부터 우리는 동서양으로 구분되는 미묘한 사고방식의 차이를 읽어 낼 수가 있는데, 그것은 우주와 하늘 등 사람이 존재하는 근원에 대한 이해여부에 관한 것이다.
단적으로 말하면 우리와 같은 방식으로 자기 자신을 표현하는 것은 우주적인 근원에 대한 이해가 없이는 불가능하다.
초원리만 아는 사람이 공근면이나 횡성군이나 강원도를 언급할 수 없는 것처럼 자기 자신이 속해 있는 근원에 대한 이해가 전제되어야만 외부로부터 안으로 점차 영역을 좁혀 오는 식의 표현이 가능하기 때문이다.

따라서 동서양의 주소를 적는 습관을 통해서 생각해 보면, '하늘'에 대한 인식은 아무래도 동양에서 먼저 형성된 것이 아닐까 하는 추측을 해본다.

특히 한국인의 주소를 쓰는 습관은 '나'보다는 지구가, 지구보다는 우주가 보다 근원적인 존재라는 사실을 알고 있는 자들의 세계관에서 비롯된 것으로 이것은 결코 사소한 것이 아니다. 우주과학이 첨단으로 발달한 현대에서 조차 '우주'는 미지의 세계다. 그런데 지금으로부터 수천 년 전 문명이 싹틀 무렵에 이미 우주적인 안목으로 자기 자신을 표현한 사람들이 있었다는 사실은 실로 놀랄 만한 일이 아닐 수 없다.

우주적 안목이란 각각의 개체들이 자전(自轉)과 공전(公轉)의 체계에 속해 있는 공동운명체라는 사실을 인식하는 것이며 '하늘'을 존재의 근본이며 뿌리로 인식하는 것을 의미한다.

사실 우리의 전통을 담은 문화나 고유한 철학에는 이런 내용이 가득 담겨 있다. 우리 겨레는 스스로를 하늘로부터 와서 세상에서 살다가 다시 하늘로 돌아간다고 생각했다. '성통공완 재세이화 홍익인간'의 실천을 하늘민족의 본성을 지키기 위한 의무로 여겼다.

한겨레가 '천제(天祭)'를 비롯하여 조상에 대한 제사(祭祀)나 전통을 소중하게 여기는 것은 바로 인류 역사상 최초로 하늘에 대한 인식 체계를 세우고 관계를 정립한 하늘 민족으로서의 위상과 책임을 잊지 않으려는 방편이었다.

한자 역시 인류문명의 초기, 태양을 숭배한 한민족이 하늘과 빛나는 해와 달과 별을 밑그림으로 하여 완성한 예술작품이다.

이 작품(한자) 속에는 조상 대대로 한겨레를 품어 기른 푸르고 푸른 하늘과 찬연히 빛나는 해와 해로부터 기운을 받아 생명의 환희를 노래하는 사람과 초목과 짐승들이 있으며 샘에서 솟아나 계곡과 강을 지나 바다로 흐르는 물이 있다.

허공에 뜬 해와 달과 별이 땅 위의 초목이나 짐승과 별개의 것이 아니며 땅속에 있는 씨앗이 외톨이가 아니며 심지어 땅 위를 구르는 돌멩이까지도 하늘과의 관계 속에서 존재의 의미를 찾았다.
한자는 '하늘'에서 시작해서 세상으로 퍼져 나간 모든 존재들 사이에 놓여 있는 관계에 대한 표현이다.
'身'자로부터 한자의 철학을 시작한다.

① '身'자를 통해서 본 한자의 상징

'身'자는 '몸 신'자로 풀이되며 사람의 몸이나 사물의 몸체를 나타내는 글자다. '山'과 '木' 그리고 '川' 등의 글자들이 자연의 모습을 이용하여 만들었으므로 비교적 쉽게 글자의 기원(字源)을 파악할 수 있음에 비하여 '身'자는 '사람의 몸'을 의미하는 친근한 글자인데도 무엇을 묘사한 것인지 모를 정도로 까다로운 면이 있다.
'身'자를 연구한 사람들은 '아이를 밴 사람처럼 배가 두둑하게 부풀어 오른 모양'이라고 설명한다. 그래서 '身'자는 '아이를 밴 여인의 옆모습'이라고 아는 정도가 보통이다. '身(몸 신)'자의 옛 모습이 마치 그렇게 생겼으므로 그럴듯하게 설명한 것이겠지만 '身'자의 진실은 그와 다르다.

'身'자를 풀이하려면 모양이 비슷한 '射'자와 서로 비교해서 보아야 한다. '射'자는 '쏠 사', '궁술 사'자로, 활에 화살을 재서 손(寸)으로 힘껏 당기는 모양의 글자다.

따라서 '射'자에서 '寸(손)'이 생략된 '身'자는 '활과 화살'로 구성되어 있다는 것을 알 수 있는데 문제는 어떻게 활과 화살이 '몸'을 나타낼 수 있는 것일까?

〈그림 1-3〉 '射'와 '身'의 옛글자. 아래 줄 '身'자의 변형이 두드러져 보인다

'활과 화살'이 서로에게 없어서는 안 되는, 분리될 수 없는 짝을 나타낸다는 것은 알 수 있지만 과연 활과 화살로 나타내려는 것은 무엇일까?

이것을 말하기 전에 먼저 한자들 중에 '화살'을 소재로 만들어지는 몇 개의 글자들을 살펴보기로 한다.

'활과 화살'이라는 소재에 관심을 두고 살펴보면 뜻밖에도 활과 화살을 이용해서 만들어진 한자들이 많이 있다는 사실을 알게 된다.

'至(이를 지)'자는 '화살이 땅에 내려와 꽂히는 모양'을 이용하여 '해가 땅에 비치다' 또는 '햇살이 땅에 내려오다'라는 뜻을 나타내는 것으로 '至'자에서 '화살'은 '햇살'을 나타낸다. 24절기 가운데 동지(冬至)와 하지(夏至)를 '이지(二至)'라고도 하는데, 이 때의 '至'는 '해가 내려와 비치는 곳'의 의미다.

'叔(아재비 숙)'자는 옛 글자에서 보듯이 화살 모양의 넝쿨손(又)이 나무 기둥을 감고 올라가는 모양을 이용하여 만든 글자다. 아직 곧게 서지 못했다는 뜻에서 '어리다'라는 의미로 쓴다.
'叔'자의 '又'는 자손(子孫)을 의미한다.

〈그림 1-4〉 '叔'의 옛글자. 기둥을 감고 도는 화살표는 '햇살', '몸', '살붙이'을 나타내는 상징이다.

'夷(어질 이)'자는 '大+弓'으로 '큰 활'을 나타내는데, '弓'은 '해'와 '활' 두 가지 의미로 동양 고대에 우리 선조들의 호칭인 '東夷(동이)'에서 그 쓰임을 살펴볼 수 있다. '東夷(동이)'란 '해 뜨는 동쪽에 사는 태양을 숭배하는 사람들'이란 뜻이다. '夷'자의 '弓(활)'은 '태양'을 의미한다.

'族(겨레 족)'자는 군대가 행진할 때 앞서 나가는 큰 깃발과 화살(矢)로 되어 있는데, 화살은 햇살로 뜻이 확대되고, 이것이 다시 '몸의 무리'란 뜻의 '살붙이'가 되어서 종족(種族)이 된다. 살붙이란 말 속에는 태양을 둘러싼 '햇살 같은 무리'라는 인식이 담겨 있다.

'無(없을 무)'자는 세 개의 화살 모양의 글자다. 동양 전통사상에서 셋은 곧 여럿을 나타낸다.

따라서 '無'자의 화살은 여럿을 나타내는데 단순히 여럿이라는 의미보다는 햇살처럼 무수히 많다는 의미다. 해나 달을 둘러싸고 있는 둥

〈그림 1-5〉 '無'의 옛글자. 가운데 큰 화살과 좌우에 각 각 작은 화살을 끼고 있는 모습이다.

근 테를 '달무리', '해무리'라고 부르는 것처럼 '無'자의 '무'라는 음은 '무리'의 뜻이다.

'無'자는 원래 '없다'라는 뜻보다는 여럿, 무리, 떼를 나타내며 '無'자의 화살은 '햇살'을 나타낸다.

金(성 김, 쇠 금)자는 화살과 그 곁에 붙어 있는 작은 물방울과 같은 기운의 모양으로 솥에다 물을 담고 불을 때면 물이 데워지면서 솟아오르는 '김'을 나타낸다. 이 '金'을 성씨로도 썼는데 이것은 자신들을 해와 햇살을 둘러싼 김(기운)과 같은

〈그림 1-6〉 '金'의 옛글자. 윗부분의 삼각형이 화살촉이고, 네 개의 점이 화살의 곁에 붙어 있는 김의 표시다.

존재로 인식했다는 의미다. '金'자의 화살은 햇살을 나타낸다.

'侯(제후 후, 과녁 후)'자는 임금과 제후를 해와 햇살의 관계에 적용하고 이

관계를 활과 화살을 빌어 설명한 것이므로 '侯'자의 '화살'은 임금을 보좌하는 제후의 상징으로 쓰였다. 임금은 해와 같고 제후인 자신은 햇살과 같은 존재라는 표시다.

이상의 글자들을 통하여 활과 화살이 주로 해와 햇살을 나타내는 상징으로 쓰인다는 것을 알 수 있다.

한편, 활과 관련해서는 활이 단순한 사냥을 위한 도구가 아니라 고대에 불을 일으키는 도구라는 사실이 간과되곤 한다.

'활비비'라는 유물을 통해서나 원시인이 나무를 비벼서 불을 일으켰던 사실을 통해서 알 수 있듯이 활은 원래 불을 일으키는 도구였으나 점차 사냥의 도구로 활용되기 시작하였다.

'불이 활활 타오른다'라고 할 때의 '활 활'과 '弓(활 궁)'자의 '활'이 같은 이유가 여기에 있다.

불과 활의 관계 때문에 활은 불의 근원인 '해'의 상징으로, '화살'은 '햇살'과 '살'을 매개로 서로 동일시되는 것이다.

혈육을 일컬어 '살붙이'라는 말로 쓰는 한겨레의 언어습관 속에는 알게 모르게 '활과 화살'을 '해와 햇살'의 상징으로 그리고 '해를 둘러싸고 있는 무리'라는 뜻에서 자신들을 '햇살'과 동일하게 여겼다는 사실이 담겨 있다.

이로부터 우리는 사람의 몸을 '살'이라고 부르는 데에도 '활과 화살'로 상징되는 '해와 햇살'이라는 비교적 근원과 연결된 논리의 끈이 놓여 있다는 것을 알게 된다.

그렇다면 '해와 햇살' 그리고 '활과 화살'이라는 관계를 바탕으로 논리(햇살 = 화살 = 살(몸))를 전개할 때 우리 몸에서 '해'와 '활'에 해당하는 것은 무엇일까?

동양 비전(秘傳)의 천부경(天符經)에 '본심본태양(本心本太陽)'이라는 구절이 있다. 이를 통해서 생각해 본다면, 동양의 옛 선인들은 마음을 '해와 더불어 근본이 같은 것'으로 생각했다. 이런 비유는 해와 활과 마음을 하나로 꿰뚫는 철학적 통찰력이 바탕에 깔려 있어야 가능하다.

이처럼 '身'자는 사람의 마음과 몸을 활과 화살, 해와 햇살의 관계에 빗대어 설명한 것으로, 활과 화살의 관계를 통하여 '사람'과 '해'가 동일한 존재로 인식되었다는 사실을 알 수가 있다.

② 한자는 이중의 구조로 되어 있다

'山', '日', '水', '木' 등의 한자는 각각 '산의 모양', '해의 모양', '흐르는 물의 모양', '나무의 모양'을 묘사(象形)한 것으로 이런 원리로 만들어지는 한자를 '상형문자(象形文字)'라고 한다.

상형문자는 주위에서 흔히 볼 수 있는 형상의 특징을 살려 그대로 문자로 옮겨 놓은 것이기 때문에 쌍방간 현상에 대한 객관성을 담보하고 있어 한자가 만들어지는 초보적인 단계로 꼽히고 있다.

실제로 많은 한자들이 이런 과정을 통해 만들어진다. 때문에 '상형(象形)'

의 방법으로 만들어지는 한자에 관한 한 그것이 가지고 있는 모양 외에 다른 기원을 생각한다는 것은 쉬운 일이 아니다. 산은 산이요 물은 물이며 '木'은 '나무'고 '月'은 '달'이지 거기에서 무슨 다른 기원을 고려한단 말인가?

그러나 한자는 문자다.

'문자'는 '용기(容器)'다. 문자란 사람의 머릿속에 담겨 있는 생각, 즉 관념을 담는 그릇이다. 자기 머리에서 생각한 바를 문자라는 사회적으로 약속된 도구(형상 또는 기호)를 이용하여 나타내는 것이므로 문자 속에는 '관념'이 담기기 마련이다.

'身'자가 그랬던 것처럼 '木'자는 '나무 모양'을 이용하여 만든 글자이지만 그 안에는 '나무'라고 하는 객체를 이용하여 나타내려고 하는 무엇(관념)인가를 가지고 있는 것이며 '日'은 '해의 모양'을 이용하여 만든 글자로 역시 그 안에 해의 모양을 이용하여 나타내려고 하는 무엇인가를 담고 있는 법이다.

'山'자도 그렇고 '水'자도 그렇고 대부분의 상형문자들이 모두 그러하다. 이 한자들은 일차적으로 형상의 의미를 나타낼 뿐만 아니라 그 안에 궁극적으로 나타내려고 하는 또 하나의 다른 의미를 내포하고 있는 것이다.

이것을 일컬어 '형체를 빌어 뜻을 나타낸다'고 말한다. 초기에 만들어지는 기초한자, 적어도 오늘날 부수로 사용되는 214개 한자는 모두 이런 구조로 되어 있다.

하지만 지금까지의 한자연구는 대부분 한자의 모양에만 사로잡혀 그 한자의 숨은 의미를 통해 한자 간의 상관관계를 파악하는데 실패했다.

'女'자를 예로 들어 보자.

'女(여자 여)'자는 사람의 성별을 기준으로 남자와 구분되는 '여자'의 모습을 묘사한 글자로 '계집', '여성'을 나타낸다.

그렇다면 '女'자 세 개가 모여 만들어지는 '姦(간사할 간)'자의 의미는 어떻게 설명할 수 있을까?

'女'자에 대한 기존의 상식만으로는 도저히 풀이할 수가 없다 보니 '여자 셋이 모이면…' 하는 식으로 얼버무리고 만다.

'형상으로써의 의미' 외에 '숨은 의미'를 모르기 때문에 일어나는 현상이다.

한자가 만들어지던 당시 여성은 혈연과 가정의 중심이었다. 혈연이 모계를 중심으로 이어져 자녀의 성(姓)이 어머니, 즉 모계를 따랐던 것이다. 지금은 가부장제 사회여서 혈연은 아버지의 씨를 따르지만 당시는 가정과 혈연의 중심이 어머니였다. 이런 사회적 배경 때문에 '여성의 모습'을 이용하여 만들어진 '女'자는

〈그림 1-7〉 '女'의 옛글자, '中(가운데 중)'자와 닮은 모습이다.

'여자' 외에 '중심'이라는 뜻을 공유하고 있다. '女'자와 '中'자가 옛 글자에서 모양이 서로 같은 것은 이 때문이다.

'여자'와 '중심'이 '女'자가 가지고 있는 표면의 의미와 숨은 의미다.

이것을 알아야 '姦'자가 '여자 셋이 모이면…'의 뜻이 아니라 지조가 없이 '중심이 여럿'이라는 의미에서 '간사하다'라는 뜻을 나타낸다는 것과 '安',

'妄'자의 '편안', '망령' 등의 의미를 정확하게 알 수 있게 되는 것이다.
간사한 사람은 여기 가서 이 말하고 저기 가서 저 말하는 사람을 말한다. 이렇게 경우에 따라 바뀌는 사람을 '중심이 여럿'이라고 말하는 것이다.

'首'자는 머리를 나타낸다. 사람이든 동물이든 모두 머리가 있기 마련인데 머리라는 대상을 나타내기 위해서 한자에서는 뿔이 달린 양의 머리를 가져다 '首'자를 만들었다.
이것은 '首'자의 외양(外樣)에 관한 설명이며 '首'라는 외양을 이용하여 나타내려고 했던 숨은 의미는 '머리는 하늘이 내려와 있는 곳'이다.

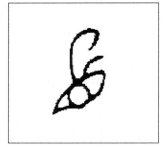

〈그림 1-8〉 '首'의 옛글자. 양의 머리모양으로 두 뿔이 선명하다.

우리 인체에서 머리는 둥그런 모양이 하늘을 닮았을 뿐만 아니라 하늘을 인식하는 곳이기도 하다. 이런 이유로 '하늘이 머리에 내려와 있다'라고 표현한다. 하늘이 들어 있으므로 '머리'는 우주 그 자체이며 곧 하늘(해, 하느님) 그 자체인 것이다. 이것을 말해 주는 요소가 '首'자의 '수'라는 음이다.
'首'자에는 이 세상의 중심인 '•'이 담겨 있다는 것을 나타내기 위해 '•'의 '주'라는 음을 따라 '首'자를 '수'라고 발음하는 것이다.('•'은 '점 주'자로, '주'와 '수'는 같은 음계에 속한다)

그래서 머리를 보고 우주나 하늘(해, 하느님)을 생각해 내야 하는 것이 '首'자가 가진 숨은 의미다.

이런 상징을 이해하게 되면 '首'를 이용하여 만들어진 '道'자의 의미가 '머리가 움직이는 것'이 아니라 하늘(해)의 운행법칙, 우주 자연의 순행하는 이치를 나타내는 글자라는 사실을 알게 된다.

'牛'자는 '소 우'자다. 소의 머리에 있는 두 뿔이 하늘을 향하여 뻗은 뿌리로 보고, 소를 하늘의 이치를 나타내는 동물로 생각하게 되었다. 이런 인식 때문에 '牛'자는 '천지인(天地人)의 도리' 또는 '사물의 이치'라는 숨은 의미를 갖게 되는 것이다.

'解(풀 해)'자는 보통 우리가 알고 있듯이 소의 뿔과 살을 부위별로 잘라내는 그런 내용의 글자가 아니다.
'角'은 뿔, 뿌리를 나타내고 '刀'는 '칼, 가르다, 나누다'라는 뜻을 나타내며 '牛'는 '사물의 이치'를 나타내므로 '解'자는 사물의 이치를 분별하여 뿌리를 찾아낸다는 말이다.

'物(만물 물)'자는 세상 모든 물건은 저마다의 사리(事理)를 가지고 있다는 뜻의 글자로, 사리를 가진 개개의 것을 '物'이라 부른다는 말이다.

'件(사건 건)'자도 마찬가지다. 소의 상징인 '사물의 이치를 간직한 개체'라는 뜻이다. 그래서 물건(物件)이란 자기 나름의 이치를 간직하고 있는 개체들을 일컫는 말임을 알 수 있다. '牛'자의 의미를 모르고는 물건(物件)을 나타내는 한자에 왜 '牛'자가 들어가는지 설명할 수가 없는 것이다.

'日'자 역시 해라는 형상 외에 날, 뿌리라는 숨은 의미가 있는 것이며, '月'도, '一'도, '星'도 마찬가지로 알고 보면 저마다 고유한 의미가 또 따로 있는 것이다.

사람의 말은 본래 정신적이며 이념적이며 관념적이기 때문에 형체가 없는 말을 나타내기 위해서는 무언가 대체할 상징을 필요로 한다.

따라서 한자를 배우면서 그 한자에 담긴 고대인의 가치체계, 관념의 세계, 그들이 한자의 획에 담아 내려 했던 이념을 읽어 내는 것이 중요하고 또 불가피하다. '한자의 다중성'이라는 특성 때문이다.

〈한자의 표면의미와 숨은의미〉

한자	표면의미	숨은의미
•(점 주)	점	우주의 속성, 중심
冫(얼음 빙)	얼음	땅의 속성, 달라붙다(응고)
氵(水와 同字)	물	만물의 속성, 흐름, 변화
一(한 일)	하나	하늘, 해
二(두 이)	둘	하늘, 해, 땅
三(석 삼)	셋	만물
丿(비칠 별)	별빛이 비치다	좌행=순행
乀(파임 불)	불빛이 비치다	우행=역행
木(나무 목)	나무	(하늘과 땅의) 연결
大(큰 대)	크다	천지인
心(마음 심)	마음	중심
亻(사람 인)	사람	닮았다
犬(개 견)	개	곁에 붙어 있다, 따라다니다
矢(화살 시)	화살	햇살, 살(몸)
耳(귀 이)	귀	북두칠성, 들어가다, 돌아가다

2) 천지인(天地人)

'身'자를 통하여 우리는 한자에 상징과 비유가 적용되었다는 것을 살펴보았는데, 이런 것이 가능하기 위해서는 개념 간에 통용되는 위계와 질서가 사전에 확립되어 있어야 한다.

따라서 한자가 만들어질 당시에 이미 동양사회에는 '해 – 햇살 – 기운', '활 – 화살 – 화살촉', '마음 – 몸 – 기운'과 같은 유형의 철학적 사유방식이 확립되어 있었다는 것을 전제할 수 있다.

이 세상을 '해 – 햇살 – 기운', '활 – 화살 – 살촉', '마음 – 몸 – 기운'과 같은 방식으로 구분하여 보는 철학을 '천지인(天地人)사상' 또는 '천지인(天地人) 삼재사상' 이라고 한다.

〈그림 1-9〉 '활(弓)'의 옛글자. '활'은 원래 불을 일으키는 도구였다. '활'이란 이름이 '활'의 기능을 말해 준다. '활비비'란 유물이 있다.

'천지인(天地人)'은 자기 자신에 대한 근원적인 사고를 바탕으로 자신의 배후인 우주와 하늘과 땅과 그리고 삶을 가진 모든 생명체들의 생성과 변화를 설명하는 철학적 사유의 체계이며 사물의 상호관계를 설명하는 정형화된 이론으로써 동방의 선인들 특히, 한겨레의 선조들이 정립한 우주관, 인생관, 자연관, 생사관, 국가관, 민족관, 인간관을 구성하고 있는 대표적인 요목이다.

① '천지인(天地人)'은 인류 최초의 논리체계

세상의 많고 많은 관계를 일목요연하게 설명한다는 것은 쉬운 일이 아니다. 하지만 우리 선조들은 이들 사이에 놓여 있는 상호관계를 통찰하여 인류 역사상 최초로 '천지인'이란 논리를 개발해 냈다.

'天地人'은 '하늘과 땅과 만물'을 기본 요소로 우주와 자연과 세상을 이해하는 인류 최초의 초보적인 논리체계다.

천지인을 기호로는 'ㅇㅁ△'으로 나타낸다. 요약하여 '△'만으로 나타내기도 한다. '△' 속에 이미 천지가 함께 존재한다고 여기기 때문이다.

이것을 우리 선조들은 '인중천지일(人中天地一)'로 표현하였다.

'천지인'의 중심이 '人'에 있다는 것이며 '人'을 통해서 '天地'를 조정하는 것이 가능하다는 의미이기도 하다.

우리 선조들이 '천지인'의 논리를 얼마나 소중하게 여겼는 지를 알 수 있는 흔적이 '제사(祭祀)'라는 전통으로 남아 있다.

제사(祭祀)는 '천지인'의 전승을 위한 방편이며, 천지인의 조화를 위한 방법이며, 사람이 우주적 질서에 참여하는 한 방법이다.

따라서 제사에는 천지인의 요건를 갖추는 것이 기본이며 관건이다.

제사의 장소가 그러하고 제사를 위한 제물이 그러하고 제사에 참여하는 주체들의 구성이 그러하다.

단을 쌓거나 나무를 의지하거나 세우는 행위 등이 모두 이 조건 즉 '천지인'

을 충족하기 위한 방편이다.

우리 선조들이 과거 그렇게 제사에 집착했던 이유가 이것이다.

운명은 이미 정해져 있지만 만일 절대불변의 운명이 나를 구속하고 있다고 생각한다면 얼마나 답답하고 억울할 것인가.

내 운명에 조금이라도 내 의지가 개입할 여지가 있다면 얼마나 다행인가!

이처럼 우리 선조들은 하늘의 질서, 우주 자연의 질서에 사람이 참여할 수 있는 '제사(祭祀)'라는 방법을 찾아내고 그것을 통해서 천지인이 새로운 관계를 형성할 수 있으며 온전한 조화가 가능하다고 여겼던 것이다.

'侖'자는 천지인의 관념이 한자에 반영된 흔적이다.

'侖(둥글 륜, 뭉치 륜)'자는 '△'과 '冊'이 결합한 모양으로, '△'을 '뭉치'로 '명명하다(冊)'라는 뜻이다.

'△'자는 '人'의 상징이면서 동시에 '천지인'을 나타내는 부호다.

따라서 '侖'자는 '천지인'을 갖추고 있으면 하나의 뭉치, 단위를 셈하는 하나의 덩어리로 여긴다는 뜻이다.

우리가 흔히 사용하는 '뭉치'라는 말의 개념을 잘 나타내고 있을 뿐만 아니라 '둥글다'라는 말의 바탕의미가 무엇인지를 말해 준다.

'倫(인륜 륜)', '論(말할 론)'등 '侖'을 바탕으로 만들어지는 한자 풀이에 '천지인'의 논리를 염두에 두어야 하는 것도 이 때문이다.

이것은 영어의 'set'이라는 단어를 연상하면 이해가 더 쉬워진다.

'set'의 발음이 우리말의 '셋'과 같다는 점도 '셋'이 곧 '천지인'을 나타내며 '천지인'적인 요소를 갖추었느냐가 '뭉치'라는 단위의 관건이란 사실을 뒷받침해 준다고 하겠다.

'黑(검을 흑)'자를 통해서도 한자에 담긴 '천지인'의 흔적을 발견할 수가 있다. '黑'자 맨 윗부분의 네모는 어떤 물건의 표시인데 그 안에 들어있는 세 개의 획이 '천지인'의 상징이다. '黑'자는 어떤 물건이 불에 완전히 타 버려서 검게 되었다는 의미다. 서양인들이 상례(喪禮)에 검은 예복을 입는 것과 관련이 있다. 근본으로 돌아갔다는 의미다.

하나의 사물로써 인정받기 위해서는 '천지인'의 논리를 갖추는 것이 필요조건임을 의미한다고 하겠다.

이 밖에도 '천지인'의 논리를 이용해서 만든 한자들이 많이 있다.

小(작을 소) : 작게 나누어진 것일지라도 천지인을 갖추고 있다는 의미

丰(예쁠 봉) : 셋(천지인)을 갖추고 있으므로 예쁘다는 의미

大(큰 대) : 사람의 모습(천지인)을 갖추고 있으므로 크다는 의미

囚(인할 인) : 천지인을 갖추고 있어야 비로소 원인이 된다는 의미

彡(터럭 삼) : 하찮은 털도 천지인의 체계로 본다는 의미

厶(사사 사) : 하늘과 고유한 관계(천지인)를 맺고 있다는 의미

幺(작을 요) : 천지인이 또 천지인으로 분화했다는 의미

糸(가는 실 사) : 천지인에서 천지인으로 또 셋으로 분화했다는 의미

參(석 삼, 간여할 참) : 천지인 음양 또 천지인으로 분화했다는 의미

이렇듯 '천지인(天地人)' 삼재사상에 의하면 모든 사물을 천지인적인 3가지 요소로 나누어 설명할 수 있다.

'天'은 '하늘'로 상징되는 마음, 이념, 가치 또는 본성, 성품, 정신, 심리와 같은 성질을 나타내고 '地'는 '땅'으로 상징되는 몸(살, 육체), 형상, 실체, 물질이나 응고, 중심과 같은 성질을 나타내며 '人'은 하늘과 땅 사이에 기거하며 생장, 소멸하는 모든 존재를 일컫는 것으로 자기 삶을 가진 모든 생명체 또는 물처럼 일정한 형상이 없는 흐름 또는 변화와 작용 같은 성질을 나타낸다.
'천지인'의 '인'은 사람만이 아니라 하늘과 땅 사이에 깃들이고 살아가는 모든 존재, 즉 삼라만상을 상징하여 일컫는 말이다.

'천지인'을 사람에 비유하여 설명하면, 사람의 마음(心)은 '天(하늘)'의 속성과 같고 사람의 몸(身)은 '地(땅)'의 속성과 같으며 사람의 기운(氣)은 '人(삼라만상)'의 속성과 같다. 사람이 그러한 것처럼 동물이 그러하고 식물이 그러하며 미생물이 또한 그러하다.
동양의 선인들은 이것을 '석삼극무진본(析三極無盡本)', 즉 '천지인 셋으로 무수히 나누어 가다 보면 원래의 근본에 이른다'라고 표현하였는데, 사람과 동물과 식물이 모두 천지인으로 구성되어 있으며 지구와 태양과 태양계, 은하계 그리고 우주 자체가 또 천지인으로 구성되어 있지만 '인(人)'과 '물(物)'은 '천지인'의 구성 비율이 다르다고 구분하였다.
사람은 '천지인' 세 가지가 고루 균형을 이루고 있는데(人全之) 비하여 사물

(事物)은 그렇지 못하다(物偏之)는 것이다.

옛 기록들을 통하여 동양의 선인들은 이미 역사의 초기부터 천지인적 사고에 익숙해 있을 뿐만 아니라 우주 자연을 꿰뚫는 깊은 통찰력을 구비하고 있었다는 것을 알 수 있다.

'일즉다 다즉일(一即多 多即一)', '집일함삼 회삼귀일(執一含三 回三歸一)', '일적십거 무궤화삼(一積十鉅 無匱化三)', '색즉시공 공즉시색(色即是空 空即是色)' 등을 포함하여 동양의 기층사상에서 말하는 '모든 개체는 각각이면서 하나이고 하나이면서 또 각각'이라는 알 듯 모를 듯한 표현 역시 우주 자연을 하나의 논리로 '일이관지(一以貫之)' 할 수 있는 천지인 삼재사상에 의한 표현이며 모두 동양적 사고의 특징을 말해 주는 표현이다.
천체물리학에서는 이것을 자전(自轉)과 공전(公轉)으로 표현한다.
모든 개체는 각각 자신의 삶을 가지고 있는 한편 그보다 상위 개념에 예속되어 있다는 것이 자전(自轉)과 공전(公轉)의 의미다.
이것을 표로 나타내면 다음과 같다.

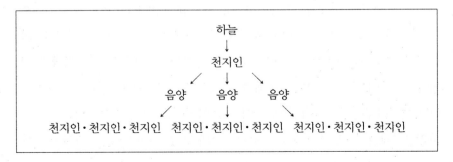

하늘(근원, 본질, 궁극자)로부터 천지인으로, 천지인에서 음양으로, 음양이 다시 천지인으로 분화를 계속해 가는 이것이 천지인 삼재사상에 의한 논리 체계이며 천지인 삼재사상이 말하는 이 세상의 구조다.

이 사상에 의하면 모든 사물은 그가 떠나온 궁극적인 근원이 있는 것이며 이 근원으로부터 나온 모든 사물은 '천지인'이라는 세 가지 요소로 이루어져 있다는 것이다. 사람으로 말하면 '몸과 마음과 기운'이 천지인적인 요소이 며 해를 말한다면 '해와 햇살과 기운'이 천지인적인 요소이고 화살로 말한 다면 '활과 화살과 화살촉'이 천지인적인 요소인 셈이다.

하나가 시작되면 그 시작을 계기로 무수한 개체들의 삶이 동시에 시작되는 것 이 우주적 존재의 특성인데, 이런 논리체계가 한자에서도 그대로 발견된다.

이것은 한자를 만든 사람들이 하늘과 태양을 숭배하는 가치관과 신앙으로 천지인 삼재사상을 발전시킨 주인공이기 때문이다.

② '원방각(圓方角, ○□△)'은 '천지인'의 기호

'○□△'은 '천지인'을 도형으로 나타낸 것으로 '원방각'이라 부른다. 하늘 은 둥글다고 생각했으므로 '○'으로 나타냈으며, 땅은 평평하며 네모라고 생각했으므로 '□'으로 표시하며, 사람(만물)은 하늘과 땅 사이에서 나고 죽 는 존재로서 하늘과 땅에 이어 세 번째라는 의미에서 모서리가 세 개인 '△' 으로 나타냈다. 따라서 우리가 사는 세상을 '○□△' 세 개의 도형으로 간단 히 표현할 수도 있는 것이다.

'천지인'의 상징으로 '○□△'을 사용하기 시작했다는 것은 문자학사적인 측면에서 매우 획기적인 발전이다. 개념이 기호로 변환되는 것이야말로 문자의 시작을 의미하기 때문이다.

실제로 한자와 한글이라는 인류 최고의 두 문자가 'ㅇㅁ△'을 기준으로 만들어지기 시작한다. 두 개의 문자가 'ㅇㅁ△'을 기준으로 만들어진다는 것은 두 문자의 기원이 같다는 것과 두 글자를 만든 주체가 같다는 사실을 의미한다. 이 사실은 점차 더 많은 사례들을 접하면서 직접 체험해 볼 수도 있다.

③ '일이삼(一二三)'은 '천지인'의 서열

'일이삼(一二三)'이 어떻게 수를 헤아리는 글자로 등장하게 되었는지 자세하게 알 수는 없지만 '천지인'이란 편리한 도구를 개발한 당시인들로서는 그리 어려운 일은 아니었을 것이다. 하나의 획으로 '一'자를 만들고 '하늘'의 의미와 연결 하였다면 여기에 하나를 더하여 '二'로 쓰고 '땅'의 의미로 쓰고 '二'에 또 하나를 섞어 '三'으로 쓰고 '만물'을 나타내는 상징기호로 사용하는 것은 약간의 의미를 활용하면 가능하기 때문이다.

'일이삼(一二三)'이 만들어지는 배경이 이러하다. '일이삼(一二三)'은 숫자로서의 의미보다는 '천지인'의 의미가 더욱 강하다. 천지인의 의미를 가져다가 '하나 둘 셋…'을 나타내는 숫자로 쓰는 것이기 때문이다.

④ '주빙수(・ㅓㅑ)'는 '천지인'의 속성

'천지인'이라는 개념은 그야말로 포괄적인 개념일 수 밖에 없다. 온 세상의 다양한 개념을 극도로 축약한 것이기 때문에 너무나 포괄적이어서 구체적으로 언급하는 데에는 조금 불편이 따를 수 밖에 없다.

이를 보완하고 또 약간의 의미 차이를 명확히 하기 위해서 만든 기호들이 앞서 설명한 'ㅇㅁ△'과 '일이삼(一二三)'인데 이들과 동일한 배경과 논리적 근거 위에서 만들어지는 한자가 '·ㅣㅣ'다.

'ㅇㅁ△'이 '하늘은 둥글고 땅은 네모지며 만물은 세모'라는 식의 의미라면 '일이삼(一二三)'은 '하늘은 첫 번째이고 땅은 두 번째이며 만물은 세 번째'라는 의미이고 '·ㅣㅣ'는 '하늘은 첫 번째 근본이며 정신적인 바탕이고, 땅은 두 번째 정신이 깃든 몸과 형상이고, 만물은 세 번째 형체가 없이 끊임없이 흐르고 변화하는 물이나 기운 같은 존재'라는 의미를 나타낸다. 약간의 의미 차이는 있다 하더라도 모두 나타내려는 근본 바탕은 '천지인'이라는 사실에는 변함이 없다.

3) 점(·)

① '·'은 '천지인(天地人)'의 합체(合體)

이 세상은 눈에 보이는 것만 있는 것이 아니라 실상은 눈에 보이지 않는 더 근원적이며 본질적인 세계가 있는 것이다.

'천지인'을 나타내는 한자(1)

1) ○ □ △(원방각) ; 하늘은 둥글고 땅은 네모, 만물은 세모라는 의미

　　　亨(형통할 형) ; 천지인이 조화를 이루면 형통하다는 의미

　　　享(제사 향, 누릴 향) ; 천지인의 조화를 도모한다는 의미

　　　如(같을 여) ; 여자와 하늘은 중심으로, 서로 같다는 의미

　　　可(옳을 가) ; 하늘이 땅으로 내려온 것은 옳다는 의미

　　　加(더할 가) ; 하늘의 손이 더한다는 의미

　　　呂(음률 려) ; 하늘의 소리에 짝하는 땅의 소리라는 의미

　　　侶(짝 려) ; 하늘에 짝하는 땅과 같다는 의미

　　　山(뫼 산) ; 하늘을 향하여 자라는 만물과 같다는 의미

　　　衆(무리 중) ; '세 개의 눈'으로 '여럿'을 나타냄

2) ㆍㆍ 冫 氵(주빙수) ; 용암과 바위, 물과 얼음의 관계와 속성을 나타냄

　　　ㆍ(점 주) ; 용암의 불덩이와 같은 성질을 나타냄

　　　冫(얼음 빙) ; 용암이 굳은 바위, 물이 언 얼음과 같은 성질

　　　氵(물 수) ; 물과 같이 흐르는 성질을 나타냄

　　　丸(알 환) ; 해처럼 둥글다는 의미

　　　刄(칼날 인) ; 칼의 뿌리라는 의미

　　　冶(불릴 야) ; 몸(형상)을 가졌다는 의미

　　　次(버금 차) ; 하늘에 이어서 두 번째라는 의미

　　　江(강 강) ; 땅과 하늘의 물을 연결하는 물이라는 의미

　　　彡(터럭 삼) ; 마음과 몸에 이어 세 번째라는 의미

3) 一二三(일이삼) ; 하늘이 첫째, 땅이 둘째, 만물이 셋째라는 의미

       一(한 일) ; 하늘이 땅에 내려왔다는 의미(첫 번째 하늘)

       二(두 이) ; 하나 위에 또 하나를 두었다는 의미(두 번째 하늘)

       三(석 삼) ; 둘 사이에 또 하나를 섞었다는 의미(세 번째 하늘)

4) 해(=弓), 햇살(=矢), 기운

       弘(넓을 홍) ; 해가 작용하는 영역의 의미

       夷(태양 이) ; '大+弓'으로 태양의 의미

       知(알 지) ; 알(해, 하늘)에 이르렀다는 의미

       智(슬기 지) ; 알이 해라는 것을 안다는 의미

       衣(옷 의) ; 마음과 몸에 이어 세 번째라는 의미

       依(의지할 의) ; 몸과 옷의 관계와 같다는 의미

       初(처음 초) ; 해의 기운이 어둠을 가른다는 의미

       卒(군사 졸) ; 임금과 제후에 이어 세 번째라는 의미

       粹(순수할 수) ; 해의 살과 기운으로 서로 같다는 의미

       碎(부술 쇄) ; 해의 기운이 분산되듯 가루가 된다는 의미

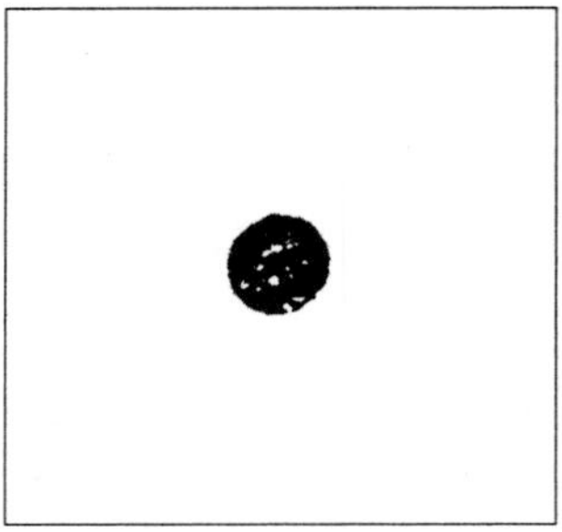

〈그림 1-10〉 '•'의 옛글자

눈에 보이는 세상의 온갖 것들이 이 보이지 않는 근원으로부터 나온다고 생각했으므로 이 근원을 나타내는 상징 기호를 또 만들었다.

'•'이다.

'○□△'은 눈에 보이는 사물의 세계를 설명하는 기호이며 눈에 보이는 것은 분명 어디로부터인가 온 곳이 있을 것이므로 그 곳을 나타내는 표시로 '•'을 생각한 것이다.

따라서 '•'과 '○□△' 사이에는 '•'⇔ '○□△', 즉 '체(體)와 용(用)'의 관계가 성립되어 이 세상에서 생과 사(生死)의 문제까지도 논리적으로 설명할 수가 있게 되었다.

'•'은 '체'가 되고 '○□△'은 '용'이 되며 '•'이 세상에 모습을 드러내면 '○□△'이 되고 '○□△'이 근원으로 돌아가면 '•'이 되는 것이다.

'•'과 '천지인'과 '○□△'의 관계를 다음과 같이 표로 나타낼 수 있다.

	↗天⇒○
•	→地⇒□
	↘人⇒△

'•'을 나누면 '○□△'이 되고, '○□△'을 합하면 '•'이 된다는 이것이 이들 양자 간에 적용되는 초보적인 논리이며 세상 만물의 '관계'를 설명하는 철학의 기초가 된다.

나타내려는 대상이 무엇이든지 설명하려는 대상이 무엇이든지 '•'과 '○
ㅁ△'을 이용하여 설명할 수가 있다.

'○ㅁ△'이 무엇을 나타내는 지를 알면 그것의 실체인 '•'을 알 수 있으며
반대로 실체인 '•'을 알면 '○ㅁ△'으로 상징되는 현상을 알 수도 있는 것
이다.

한자 중에는 '○ㅁ△'을 이용하여 만들어진 것도 있다.
'亨'과 '享'이 그것이다.

㉠ '亨(형통할 형)'자는 '○ㅁ△'을 차례대로 아래에서부터 위로 쌓아 올려
서 만든 글자다. '만사형통(萬事亨通)'이라는 쓰임이 있으며 '형통하다' 라
는 말이 '천지인'이 조화를 이룬 상태를 의미한다는 것을 알 수 있다.

㉡ '享(누릴 향)'자 역시 '亨'자와
기원이 같다. '시향(時享)'이라는 쓰
임이 있다. 지금은 '형'과 '향'으로
서로 구분하여 사용하지만 원래는
두 글자 모두 '○ㅁ△'이 조화롭게
소통하는 것을 의미한다.

〈그림 1-11〉 '亨'과 '享'의 옛글자. '亨', '享'자의 아랫부
분의 변화를 엿볼 수 있다.

따라서 '享'으로 나타내는 '제사'
의 의미가 '천지인의 조화'를 도모하는 행위이며, 한겨레를 비롯하여 동양
인들이 천지신명과 조상에 대한 '제사'에 정성을 다하는 까닭 또한 천지인

이 조화롭기를 바라는 마음에서 비롯되었다는 것을 알 수 있다.

$$
\begin{array}{l}
\nearrow 天 \Rightarrow \circ \Rightarrow 하늘 \\
\bullet \quad \rightarrow 地 \Rightarrow \square \Rightarrow 땅 \\
\searrow 人 \Rightarrow \triangle \Rightarrow 사람
\end{array}
$$

우리 선조들이 실생활에서 'ㅇㅁ△'을 자유롭고 익숙하게 활용했다는 사실을 뒷받침해 주는 문화 유적들이 있다.

㉠ 후기 조선의 고종황제께서 황제로 즉위하면서 하늘을 형상하는 둥근 모양(ㅇ)의 단을 쌓고 하늘에 제사를 드렸는데 지금 서울의 조선호텔 자리에 남아 있는 '원구단'이 그 유적이다.

㉡ 나라가 서고 나면 전통적으로 좌묘우사(左廟右社)라 하여 궁궐의 좌측에 종묘를 세우고 우측에 토지의 신에게 제사드리는 'ㅁ' 모양의 사직단을 조성하게 되는데, 서울 사직동에 보존되어 있는 'ㅁㅁ' 모양의 사직단이 그 유적이다.

㉢ 민간에서는 대체로 조상에게 제사지내기 위해서 각목을 세우게 되는데, 각목은 나무기둥이다. 『한단고기』에 다음 기록이 전해 온다.
「삼한에 옛 풍속이 있는 바 모두 10월 상순에 국중대회를 열어 둥근 단을 쌓

고 하늘에 제사지낸다. 땅에 제 지냄을 방구(方丘)라 하고 돌아가신 아버지를 제 지냄은 '각목(角木)'이라 하나니 산에 웅상(雄常)의 상(像)을 만듦은 모두 그 유법이다」〈태백일사 삼신오제본기〉

㉣ 전남 나주 반남면에 있는 전방후원(前方後圓) 형태의 고분을 비롯하여 일본에는 여러 기의 전방후원분이 있는데, 이런 형태의 고분은 '○□△'의 도형을 이용하여 만든 것으로 당시의 매장자들은 죽어서도 하늘과 땅과 사람의 조화로운 관계 속에 존재하기를 원했다는 것을 알 수 있다.

또 '天地人'과 관련해서는 동양 비전의 철학서인 천부경에 '천일일 지일이 인일삼(天一一 地一二 人一三)'의 기록이 있어 '天=一, 地=二, 人=三'의 관계를 알 수 있다. 이 내용을 덧붙이면 다음 표와 같이 표시할 수 있다.

```
        ╱天 ⇒ ○ ⇒ 하늘 ⇒ 一 ⇒ ○
    •  →地 ⇒ □ ⇒ 땅  ⇒ 二 ⇒ □□
        ╲人 ⇒ △ ⇒ 사람 ⇒ 三 ⇒ △△△
```

'○'은 하늘을 나타내며 숫자로는 '一'과 같으므로 하나의 '○'으로 나타내고 '□'은 땅을 나타내는데 숫자로는 '二'와 같으므로 '□'을 두 개 겹쳐서 '□□'으로 나타낼 수 있으며, '△'은 사람(만물)을 나타내는데 숫자로는 '三'과 같으므로 '△'을 3개 겹쳐서 '△△△'으로 나타내는 것이 가능하다.

이런 사실을 뒷받침하는 한자들이 있다.

㉠ '宮(집 궁)', '侶(짝 려)', '呂(음률 려)'자는 모두 'ㅁㅁ'을 이용하여 만든 한자들이다. 'ㅁ'을 두 개 겹쳐서 사용하는 것은 둘째라는 순서를 나타내기 위한 방법이다.

'ㅁ' 자체가 하늘에 이어 '두 번째'인 땅을 나타내지만 '두 번째'라는 사실을 강조하기 위해 'ㅁ'을 두 개 겹쳐 쓴 것이다.

㉡ '山(뫼 산)'자는 '△'을 3개 겹쳐서 만든 '△△△'자에서 만들어진 글자다. '△'을 3개 겹쳐서 사용하는 것은 '셋째'라는 순서를 나타내기 위한 방법이다.

'△△△'자는 고양씨의 셋째 아들인 '중여 곤(중여 곤의 다른 이름이 계산씨)'의 표시로 사용되었기 때문에 '산'이라는 음을 갖게 되었으며 지나와 일본에서 숫자 '셋'을 '산'이라고 발음하는 것도 모두 중여 곤이라는 인물과 관련이 있다.

'△' 자체가 하늘과 땅에 이어 세 번째인 만물을 나타내는 표시이지만 세 번째라는 의미를 강조하기 위하여 '△'을 세 개 겹쳐서 썼다.

㉢ '一二三'은 '天地人', 'ㅇㅁ△'을 이용하여 만든 한자다.

'一二三'은 단순히 숫자나 서열을 나타내는 기호가 아니라 '천지인'의 표시다. 따라서 하늘과 땅과 만물로부터 숫자의 기본 개념이 시작되었다는 것을 알 수 있다. '一二三'이 '천지인'을 나타낸다면 'ㅇㅁ△' 또한 '一二

三'으로 나타낼 수 있다.

㉣ ' • ㇓ ㇔'는 ' 一二三'과 같으며 '천지인', 'ㅇㅁ△'과 같다.
따라서 '㇔'자는 단순히 '물이 얼다'라는 뜻의 '얼 빙'자가 아니라 물처럼
형체가 없이 흐르고 변화하는 존재가 얼음이 얼듯 모습을 갖추었다는 것을
나타낸다. 이것이 '천지인'에서 '지'의 성질이다.
몸을 가지고 있다고 하는 것이 땅의 고유한 성질인 것이다. 하늘에 이어 두
번째라는 뜻에서 두 개의 획으로 만들었다.

'㇔'자는 '水(물 수)자를 변으로 쓸 때의 모습'이라고 말한다. 하지만 '㇔'
자는 '물' 자체보다는 하늘과 땅에 이어 세 번째 존재인 사람(만물)의 성질
을 나타내는 기호다.
사람을 심기신(心氣身)의 요소로 구분할 때 '천지인'의 '인'이 '기'에 해당
한다.
'기'는 솥에 물을 붓고 불을 지필 때 피어오르는 김처럼 일정한 형태가 없을
뿐만 아니라 변화무쌍하기 때문에 통상 이와 유사한 존재들을 통틀어 '인'
에 비정하게 되는데 '㇔'는 곧 이 세 번째 존재인 인의 성질, 즉 흐르고 변화
하는 성질을 나타내게 되는 것이다.
다만 이런 성질을 가장 상징적으로 드러내는 것이 '물'이기 때문에 '㇔'와
'水'를 같은 글자로 여기는 것이지 근본은 차이가 있는 것이다.

'彡(터럭 삼)'자와 '氣(기운 기)'자가 각각 3개의 획으로 되어 있는 것도 '㇔'

의 경우와 마찬가지로 하늘과 땅에 이어 '세 번째'라는 개념을 표현하기 위한 방법이다. 털이나 기운을 표현하는데 있어서 마음과 몸에 이어 세 번째라는 식의 방법을 취했다는 것은 이 글자를 만든 사람들이 '천지인'적 사고방식에 익숙하다는 것을 말해 준다.

〈그림 1-12〉 '氣'의 옛글자. 세 개의 획은 '세 번째'라는 의미다.

지금까지 살펴본 것처럼 '천지인', 'ㅇㅁ△', '一二三', '‧ ㅣ ㅕ' 등은 비교적 복잡하다고 여겨지는 하늘이나 땅, 그리고 사람과의 상호관계를 간편하고도 유용하게 설명하는 도구다.

'천지인'의 관계를 사람, 천지만물에 적용하면 '심기신(心氣身)', '성명정(性命精)'이 된다.

즉 '마음'과 '몸'과 '기운'을 사람(만물)을 구성하고 있는 세 가지 요소로 꼽으며 이들을 '성'과 '정'과 '명'으로 부르는 것이다.

이들 개념을 '천지인', 'ㅇㅁ△'의 논리 구조에 대입하면 다음과 같다.

```
      ╱天 ⇒ ㅇ ⇒ 하늘 ⇒ 一 ⇒ ㅇ      ⇒ ‧ ⇒ 心 ⇒ 性
  ‧  →地 ⇒ ㅁ ⇒ 땅   ⇒ 二 ⇒ ㅇㅁ  ⇒ ㅕ ⇒ 身 ⇒ 精
      ╲人 ⇒ △ ⇒ 사람 ⇒ 三 ⇒ △△△ ⇒ ㅕ ⇒ 氣 ⇒ 命
```

위의 표는 우리에게 많은 점을 시사해 준다.

표에 나타난 내용을 토대로 우선 사람과 천지가 어떻게 어우러져 있는지를 쉽게 파악할 수 있다.

예를 들어, 마음(心)은 하늘과 통하며 도형으로는 'ㅇ'으로 표시하고 숫자로는 '一'이며 인간의 성품(性品)을 결정하는 요인이 되고, 몸(身)은 땅과 통하며 도형으로는 'ㅁ'으로 표시하고 숫자로는 '二'이며 인간의 정(精)을 결정하는 요인이 되고, 기운(氣)은 사람(만물)과 통하며 도형으로는 '△'으로 표시하고 숫자로는 '三'이며 인간의 명(命)을 결정하는 요인이 된다는 것이다.

한편, 사람이 마음과 몸과 기운으로 되어 있다고 하는 것은 꼭 '사람'만을 의미하는 것이 아니라 '생명'이 있는, '삶'을 가지고 있는 모든 존재들이 그러하다는 것으로 동물이나 식물이나 심지어 벌레조차도 각각 나름의 '마음'을 가지고 있다는 것을 의미한다.

요즘 들어 동식물의 '마음'과 관련된 현상들을 접하게 되면서 고대인들이 가졌던 '정령신앙(精靈信仰)'에 대해서 다시 생각하게 된다.

고대인들은 모든 생명체들은 각각의 영혼을 가지고 있다고 믿었다. 옛 선인들이 살생을 금하고 축생을 소중하게 여겼던 까닭도 이 정령신앙에 기초한 것이다. '심기신'은 정령신앙과 맥을 같이 하며 '천지인'적 사고의 체계에 속한다.

이러한 관념의 세계가 눈에 들어오기 시작하면 우리가 일상에서 사용하는 많은 용어들, 예를 들어 천심(天心), 심성(心性), 심신(心身), 성리(性理), 성품(性稟), 정신(精神), 정력(精力), 운기(運氣), 축기(縮氣), 운명(運命), 숙명(宿命) 등 한마디로 설명하기 어려운 용어들의 개념을 보다 명확하게 이해할 수가 있게 된다.

'천지인'의 표시에다 앞에서 살펴보았던 상징물인 '활과 화살' 그리고 '해와 햇살'을 적용해 보기로 하자.

```
      ╱ 天 ⇒ ○ ⇒ 하늘 ⇒ 一 ⇒ ○      ⇒ 心 ⇒ 性 ⇒ 활   ⇒ 해   ⇒ 불 ⇒ 마음
  •  → 地 ⇒ ㅁ ⇒ 땅  ⇒ 二 ⇒ ㅁㅁ   ⇒ 身 ⇒ 精 ⇒ 화살 ⇒ 햇살 ⇒ 물 ⇒ 몸
      ╲ 人 ⇒ △ ⇒ 사람 ⇒ 三 ⇒ △△△ ⇒ 氣 ⇒ 命 ⇒ 살촉 ⇒ 기운 ⇒ 김 ⇒ 털
```

위의 표를 보면 '활과 화살'로 '몸과 마음'을 나타내는 이론적인 바탕이 무엇인지를 알 수 있게 된다.
결국, 그 바탕에는 '○ㅁ△'이라는 원초적인 논리의 틀이 있었던 것이며 이 틀을 기준으로 '해와 햇살과 기운', '불과 물과 김', '마음과 몸과 털', '마음과 몸과 기운', '성과 정과 명'이 서로 대응하는 관계에 있는 것이다.

이런 논리가 바탕에 깔려 있기 때문에 '○'이 하늘도 되고 '一'도 되고 '활'도 되고 '해'도 되고 '불'도 되고 '마음'도 되는 것이며, 'ㅁ'이 '땅'도 되고 '二'도 되고 '身'도 되고 '精'도 되고 '화살'도 되고 '햇살'도 되고 '얼음'도 되고 '몸'도 되는 것이며, '△'이 '사람'도 되고 '三'도 되고 '氣'도 되고 '命'도 되고 '기운'도 되고 '김'도 되고 '물'도 되고 '털'도 될 수 있는 것이다. 한자 가운데에는 이런 논리적 관계를 배경으로 만들어진 글자들이 수를 헤아릴 수 없을 만큼 많이 있다.

ㄱ '衣(옷 의)'자는 '세 개'의 '∧'으로 만든 글자다. '∧'은 활과 화살의 관계로 설명하자면 '화살'의 끝에 붙어 있는 '화살촉'을 나타낸다. 활과 화살에 이어 '세 번째'라는 뜻에서 '세 개'의 '∧'으로 만들었다.

〈그림 1-13〉 '衣'의 옛글자. 획이 세 개인 것은 '세 번째'의 의미다.

'해'는 '활', '마음'과 같고 '햇살'은 '화살', '살(몸)'과 같으므로 '화살촉'으로 햇살의 둘레를 덮고 있는 '기운', '살' 위에 입는 '옷'을 나타낸 것이다. '해=활=마음', '햇살=화살=살(몸)', '기운=화살촉=옷'의 관계를 나타냈다.

ㄴ '卒(군사 졸)'자 역시 '衣'자와 만들어지는 배경이 같다. 3개의 '∧'는 해의 기운을 나타낸다. '해'를 '임금(王)'에 비유하고 '햇살'을 '제후(諸侯)'에 비유하며 해의 '기운'으로 '병사'를 나타냈다.

〈그림 1-14〉 '卒'의 옛글자. 윗 부분의 '∧'는 해의 기운을 나타내는 표시다.

'해 → 햇살 → 옷'의 관계를 '임금 → 제후 → 병사'의 관계로 비유하여 나타낸 것이다.

ㄷ '昔(예 석)'자 역시 '衣', '卒'자와 만들어지는 배경이 같다.
'昔'자는 햇살이 비치기 직전 해가 땅 위로 막 떠오르기 시작할 때의 모양을 이용해서 만들었다.

〈그림 1-15〉 '昔'의 옛글자

ⓔ '無(없을 무)'자는 '세 개의 화살'로 이루어진 글자인데 '無'자의 화살은 '햇살'의 상징이며 '셋'이란 숫자는 '여럿'을 의미한다. 따라서 '無'자는 '여럿', '무리', '떼'를 나타낸다. 햇살이 너무 많으면 눈이 부시고 눈이 부시면 아무것도 볼 수가 없다. 너무 눈이 부셔 아무것도 볼 수 없다는 것이 '無'자의 의미다. 안개(霧)를 '무'라고 발음하는 것처럼 '무'는 '무지하게 많다'라는 뜻이다. 지금은 '없다'라는 뜻으로만 쓰이지만 원래는 이처럼 '(무수히) 많은'의 뜻이었다.

ⓜ '金(성 김, 쇠 금)'자는 '화살'과 화살의 곁에 붙은 작은 물방울을 이용해서 만든 글자로, '화살'은 '햇살'을 의미하고 '물방울'은 '기운', '김'을 의미한다.
솥에다 물을 붓고 불을 때면 솟아나는 '김'의 뜻이다.

〈그림 1-16〉'金'의 옛글자. 앞에서 본 '金'자의 옛모습보다 화살과 곁의 물방울의 특징이 두드러 진다.

한편, 지금까지 나열된 많은 풀이들을 세로의 관계(천지인, 원방각)가 아닌 가로의 관계를 이용하여 나타낼 수도 있다.
위의 표에 나와 있는 풀이들을 세로가 아닌 가로로 묶으면, '천'의 줄에 있는 풀이들을 모두 뭉뚱거려 'ㅇ'으로 표현할 수 있으며 '지'의 줄은 'ㅁ'으로 '인'의 줄은 'ㅿ'으로 표현할 수 있다.
아무리 많은 개념들이 파생되고 분화했다 하더라도 기본적인 구조가 '천지인'의 관계를 유지하고 있다면 그 개념들은 큰 'ㅇㅁ△'으로 표시할 수 있는 것이며 전체가 모인 'ㅇㅁ△'을 하나로 뭉뚱그려 '•'으로 표시할 수도 있는 것이다.

'ㅇㅁ△' 자체가 본래 '•'에서 분화된 것이기 때문이다.

이처럼 한자를 만든 주체들은 '•'에서 'ㅇㅁ△'으로, 'ㅇㅁ△'에서 '•'으로의 변화를 자유자재로 활용하며 수많은 개념을 한자로 나타낼 수 있었던 것이다.

〈'천지인'과 관련한자〉

천	지	인	만들어지는 한자
불	물	김	火, 水, 金
해	햇살	기운	十, 米, 昔
하늘	땅	만물	天, 地, 人
성품	정기	수명	性, 精, 命
일	이	삼	一, 二, 三
원	방	각	ㅇㅁ△, 圓方角, 亨,享
정신	몸	작용	•, 冫, 氵
활	화살	화살촉	弓, 矢, 至, 身, 射
하늘	머리	손	天子, 子孫
임금	제후	병사	王, 侯, 卒
마음	몸(살)	기운	心, 身, 氣
마음	몸(살)	털	彡
마음	몸(살)	옷	衣
마음	살	깃	羽, 飛
입	잇몸	치아	口, 齒牙
기타(천지인)			大, 因, 小, 肖, 黑, 侖, 參

위의 표는 'ㅇㅁ△', 'ㅡ二三'과 '천지인'의 상호 관계 속에서 만들어지는 한자들이다. 기초가 되는 대부분의 한자들은 이런 철학적인 '관계'를 배경으로 만들어지고 이 글자들을 기초로 또 새로운 개념을 나타내는 수많은 글자들이 만들어진다.

② '·'은 '하늘'의 표상

하늘을 나타내는 한자에는 天(하늘 천)을 비롯하여 乾(하늘 건), 堪(하늘 감), 穹(하늘 궁), 昊(하늘 호), 旻(하늘 민) 등 여러 개가 있지만 이 중 가장 보편적으로 쓰이는 한자는 '天(하늘 천)'자다.

'天'자의 '하늘 천'이라는 새김은 '하늘을 천이라 한다'는 것으로, 당연히 '하늘'이라는 의미와 '천'이라는 음의 관계를 말해 주는 표현인데, '天'자가 '사람의 모습'을 이용하여 만든 한자라는 점을 고려하면, 둥그런 '머리' 부분을 유달리 강조함으로써 '사람의 머리=하늘'의 관계를 나타내려 하였다는 것을 알 수 있다.

사람의 머리는 '하늘이 내려와 머무는 곳'이란 뜻이다.

그러나 '하늘'이란 개념은 지극히 추상적이며 막연하기 때문에 한자에서는 '하늘'을 상징하는 대상으로 '해(태양)'를 사용한다.

'해'라는 표상을 이용하여 '하늘'의 의미를 나타내는 것이다. 따라서 한자에서는 '하늘'과 '해'가 혼재되어 나타난다.

장엄한 대자연 앞에 어둠을 물리치고 의연하게 떠올라 산천을 비추는 태양이야말로 하늘의 상징으로 제격이 아닌가?

매일 아침 맑은 물에 몸을 씻고 신선하게 떠오르는 해의 모습과 따뜻한 햇빛으로 뭇 생명을 길러 내는 일은 조화주(造化主)의 창조를 닮았으며 때론 강렬하게 때론 부드럽게 생명을 쓰다듬는 손길은 교화주(敎化主), 치화주(治化主)의 자애롭고 매서운 사랑으로 여겼다.

한자에서 '해'로써 하늘과 별과 우주와 하느님을 동시에 나타낼 수 있는 것은 'ㅇㅁ△'의 합체로써의 '·'의 상징성에서도 다시 확인이 된다.

'·'자는, 우주를 상징하며 하늘과 해를 의미하기도 하고, 해는 유일한 존재라는 의미에서 '하나'를 나타내기도 하며, 또 해가 불의 근원이므로 '불'을 나타내기도 하고, 해의 둥근 모양과 생명을 낳고 기르는 모습이 알을 닮았으므로 '알'로 표현하기도 하며, 때로는 별을 나타내기도 하고, 달을 나타내기도 하며, 또 때로는 우주 전체를 나타내기도 하고, 또 우주 안에 존재하는 개체 하나 하나를 나타내기도 하는 것이다.

이런 특성 때문에 마치 신명이 나면 사람의 성품이 변해버리듯이 어떤 글자가 '·'자를 만나게 되면 그 글자의 내용이 바뀌게 된다.

'九(아홉 구)'자에 '·'이 붙으면 의미와 뜻이 전혀 다른 '丸(둥글 환)'이 되며 '大(큰 대)'에 '·'이 붙으면 '犬(개 견)'이 되고 '刀(칼 도)'에 '·'이 붙으면 '刃(칼날 인)'이 되는 것처럼 '·'은 어떤 한자에 붙어 그 한자의 근본을 흔들어 놓는다. 다른 한자에 붙어서 그 한자의 본질을 변화시키는 '·'은 한자에 있어서 마스터 키(master key)와 같은 존재다.

'大(큰 대)'에 '•'이 붙어 만들어지는 한자에는 '太(클 태)'자도 있다.
다른 글자들이 '•'을 만나 속성이 변한 반면에 '太'자는 변함없이 본래의
의미를 간직하고 있다는 것을 발견할 수 있는데 이것은 '大'자가 '천지인'
을 매개로 '•'과 내용이 같다는 것을 간접적으로 증명하는 것으로 볼 수
있다.

이렇듯 한자에서 '•'을 찾고 나면 한자의 원형을 이루는 유전자적 요소를
알게 되고 그렇게 되면 한자의 기원은 물론 한자의 생성과 응용 그리고 한자
상호간의 관계를 추구하는데 거침이 없게 된다.

③ '•'은 '만물(萬物)'의 상징

'•'자는 커지고 작아지기를 반복하는 유동적인 존재로 크게는 이 세상 삼
라만상을 다 담아낼 수 있는 전 우주를 상징하며 작게는 소우주인 사람과 또
미세한 세포 하나하나를 나타내기도 한다.
이것이 '•'자를 '점'이라는 의미와 '주'라는 음으로 부르는 까닭이다.
'주'라는 음(音, 소리)은 '중심'을 의미한다.
'•'이 등잔 위에 올라앉으면 '심지'가 되고 또 '불의 핵'이 되며 왕(王)의
위에 올라앉으면 '주인(主)'이 되는 까닭이 바로 주라는 음이 갖는 '중심'
의 의미 때문이다.
따라서 중심을 어디에 두는가에 따라 '•'은 우주가 되기도 하고 사람이 되
기도 하고 가축이 되기도 하고 나무가 되기도 하며 새가 되기도 하고 곤충이

되기도 하며 어떤 때는 물건이 되기도 한다.

점점 커지고 점점 작아지기를 계속하면서 천지인(○ ㅁ △)의 관계 위에 있는 것이라면 무엇이든 가리지 않고 그 대상을 나타낼 수가 있으며 이 세상 모든 개념과 1:1로 대응하면서도 막힘이 없는 것이다.

예를 들어 '•'이 우주를 상징한다고 하면 '○ ㅁ △'은 우주를 구성하고 있는 세 가지 요소(성격)를 나타내며 '•'이 사람을 상징하면 '○ ㅁ △'은 사람을 구성하고 있는 세 가지 요소(성격)를 나타내고 '•'이 미세한 곤충이나 세포를 상징하면 마찬가지로 '○ ㅁ △'은 곤충이나 세포를 구성하고 있는 세 가지 요소(성격)를 나타내는 것이다.

반대의 경우도 마찬가지다. '○ ㅁ △'의 의미가 무엇이든지 간에 이 셋을 합치면 다시 '•'이 되기 때문에 결과적으로 '•'은 모든 것을 포함하게 되는 것이며 이런 관계로 인해 '모든 것들은 결국은 하나다'라고 하는 관념이 형성되는 것이다.

'사람을 소우주'라고 말하는 것도 이런 논리로 설명이 가능하다. '풀 한 포기에도 우주가 담겨 있다'고 하는 선문답 같은 말 역시 마찬가지다.

층층의 구조를 이루고 있는 자연계에서 모든 생명체는 각각 자신의 삶을 가지고 있는 한편 또 다른 차원에 속해 있을 수 밖에 없는 운명체이다.

우리 인체에서 보면 심장은 하나의 독립된 기관으로 고유한 역할과 기능을 가지고 있는 것이지만 전체로는 몸을 이루는 하나의 구성체일 뿐이어서 호흡이 멈추게 되면 심장의 기능은 자연히 멈출 수 밖에 없는 것이다.

그러나 심장이 멈췄다고 해서 끝나는 것은 아니다. 하나의 끝은 또 다른 하나의 흐름에 동참하는 것이다. 따라서 자연계에 죽음이란 없다.

이것을 다른 말로 '자연순환'이라 한다.

한 마리 벌레의 죽음과 한 포기 풀의 죽음, 동물의 죽음, 그리고 사람의 죽음 역시 상위 개념에서 보면 순환하는 자연의 한 과정일 뿐이다.

따라서 사람의 죽음조차도 한 단계 높은 차원으로의 순환에 참여하는 계기가 된다. 이것을 깨우친 사람들에게 있어 삶과 죽음은 서로 별개의 것이 아니라 분리할 수 없는 하나인 것이다.

한편, '•' 자로부터는 '점'이라는 말의 의미를 살펴보는 것도 가능하다.

'점'의 사전적 의미는 '문장 부호', '운수나 길흉 등을 미리 판단하는 일', '실체가 있는 일정한 영역'을 말하지만 보다 근본적인 의미는 '점점'이라는 말처럼 '점'이 갖는 운동성이다.

'점점'은 크게 또는 작게 '움직인다'는 의미이다.

우주 자체가 움직이므로 그 안에 있는 모든 것들은 저절로 움직일 수 밖에 없다. 내가 아무리 가만히 서 있으려 해도 내 의지와 관계없이 움직일 수 밖에 없는 것이 우리 존재의 운명이다.

그래서 '점친다'라는 말은 '끊임없이 움직이는 우주 속에서 자신의 위치를 확인하다'라는 뜻이다.

④ '•'은 '한자'의 고향

사람이 혈통을 따라 계보를 형성하듯이 한자도 그 요소를 따라 계보를 형성한다. 사람이 몸을 가지고 있으므로 기거할 집이 필요하듯이 한자도 몸(形)을 가지고 있으므로 기거할 집이 필요하다. 사람이 이름을 가지고 있어 그 이름값을 기대하듯이 한자도 이름(音)이 있어 각각의 가치를 지니고 있다. 사람이 삶의 가치와 의미를 추구하듯이 한자도 제각각의 의미를 추구한다. 사람의 몸이 건강하고 온전할 때 사람의 가치가 빛나듯이 문자가 기대는 터전이 '•'이다.

사람에게 있어서 지구와 같은 존재가 한자에 있어서의 '•'이다.

'•'의 모양과 의미와 소리가 자리를 잡아야 비로소 다른 한자들이 '•'에 의지하여 제각각의 모양과 의미와 소리를 갖게 되는 것이다.

가장 단순한 한자로 한자의 시작이면서 동시에 모든 한자를 포함하는 큰 보자기와 같은 한자가 '•'자다. 전체이기도 하고 개체이기도 하며 전부이기도 하고 부분이기도 한 것이 '점 주'라고 풀이되는 '•'의 특징이다.

'•'자의 의미와 소리는 한자의 기원은 물론 한자 학습과 관련하여 우리에게 많은 것을 시사한다. '•'자의 실체를 잃어버림으로써 한자의 근본을 잃어버렸고 한자 학습은 첫 단추를 잘못 꿴 처지가 되고 말았기 때문이다.

물이 높은 곳에서 낮은 곳으로 흐르듯이 '•'으로부터 시작해서 하나씩 하나씩 변화하는 한자의 세계를 배울 수 있어야 하는데 첫 단추인 '•'을 잃어버림으로써 한자는 결국 어렵고 힘든, 그래서 꺼려하는 대상으로 전락할 수밖에 없었던 것이다.

애써 한자를 익히고도 한자 자체가 가지고 있는 가치를 볼 수 없었던 것은 한자의 이 근본 바탕을 놓쳐 버렸기 때문이다.

'•'자가 만들어지기까지 걸린 오랜 시간과 긴 시간 속에 농축된 지혜와 경험의 깊이에 비하여 너무 쉽게 잊혔음을 안타까워할 따름이다.

〈그림 1-17〉 '•'의 옛글자. 가장 간단하고 단순하면서도 가장 큰 글자다.

⑤ '•'은 '아리랑'

아리랑 아리랑 아라리요 아리랑 고개로 넘어간다
나를 버리고 가시는 님은 십리도 못가서 발병난다

'아리랑'은 한겨레를 상징하는 민요라고 한다. 세계 어느 곳을 가더라도 '아리랑'은 '한국'을 떠올리게 하는 상징 중의 으뜸이다. 언제 어디서 어떻게 시작되었는지 명확하게 밝혀지지는 않았지만 오늘 우리와 아리랑은 운명적인 관계에 있다.

'아리랑'의 기원

'아리랑'은 '알+랑'으로 되어 있으며 '알'은 '알' 또는 '알다' 등의 쓰임이 있고 '~랑'은 우리가 흔히 사용하는 '너랑 나랑' 또는 '철수랑 영희랑' 등의 쓰임이 있으므로 우리에게는 두 글자 모두 비교적 친숙한 글자다.

'알'은 미지의 생명체가 태어나기 전 생명 물질을 담고 있는 그릇이다.

겉으로 보아서는 과연 어떤 생명체인지 잘 알 수 없지만 일정한 온도와 기간의 보호를 받게 되면 알 속에서는 각각의 생명체들이 태어나게 된다.

그리고 태어난 생명체들은 저마다의 성품에 따라 각각의 생을 살아가게 되는 것이다.

사람들이 보기에 알은 이미 그 속에 어떤 생명체가 될 것이며 무엇을 먹고 어떻게 살아갈 것인지에 대한 충분한 지식을 갖추고 있다고 보았던 것이다.

이것이 '알'과 '알다'라는 용어의 내용이다.

'알', '알다' 등의 용어를 만들어 쓴 주인공들은 달걀에서 꿩이 나오는 법이 없으며 달걀에서 개구리가 나오지 않는 것은 이 알 속에 이미 무엇이 될 것인가에 대한 필요하고도 충분한 조건이 갖추어져 있기 때문이라는 걸 알고 있었다.

달걀과 올챙이의 '알'이 그러한 것처럼 지구에 살고 있는 모든 생명체가 '알'과 같다고 생각했다. 아니 지구와 천체를 포함하여 우주 자체가 아주 커다란 겉껍질에 덮여 있는 '알'이라고 생각했다.

달걀과 꿩알이 그러한 것처럼 지구와 천체와 우주가 또 그러하다고 생각했다. 이것을 '자연의 질서', '우주의 질서'로 생각하고 믿었다.

'알'은 생명체의 기초 단위인 '세포'이며 동시에 '우주'다.

이러한 신념의 표현이 곧 '아리랑'이다.

'알'의 세계에 대한 노래다.

병아리에게 '알'을 잊지 말라고 가르치는 노래가 아리랑이다. 사람이 태어

5) △(삼합 집) ; 천지인을 합하여 집이라 한다는 의미

　　侖(둥글 륜) ; 천지인을 갖춘 것을 뭉치라 한다는 의미

　　論(말할 논) ; 천지인을 갖추어야 말이라 할 수 있다는 의미

　　倫(인륜 윤) ; 천지인을 닮은 것이 '윤리'라는 의미

　　會(모일 회) ; 천지인(제사)을 위해 모인다는 의미

　　食(밥 식) ; 천지인(제사)에 올리는 뫼(밥)라는 의미

　　茶(차 차) ; 천지인(제사)에 올리는 물이라는 의미

　　合(합할 합) ; 그릇의 몸과 뚜껑처럼 하나가 된다는 의미

6) ㅣ(뚫을 곤) ; 하늘이 내려와 섰다(남성)는 의미

　　尹(다스릴 윤) ; 하늘의 권위로 다스린다는 의미

　　君(임금 군) ; 하늘의 권위로 영토를 다스리는 사람

　　伊(저 이) ; 모두가 하늘의 권위를 가진 사람과 같다는 의미

　　父(아비 부) ; 하늘의 씨앗을 붙잡은 사람이라는 의미

　　屮(싹 철) ; 나무 기둥에 싹이 났다는 의미

　　木(나무 목) ; 하늘과 땅을 연결한다는 의미

　　本(밑 본) ; 나무에 씨가 내재되어 있으며 씨가 근본이라는 의미

　　未(아닐 미) ; 아직 다 자라지 않았다는 의미

　　末(끝 말) ; 나무의 끝부분이라는 의미

不(아닐 불) ; 아직 땅위로 솟아나지 못했다는 의미

牛(소 우) ; 하늘에 뿌리(=뿔)를 내린 동물의 의미

午(말 오) ; 소의 짝(상대)이라는 의미

聿(붓 율) ; 하늘의 권위로 기록한다는 의미

律(법 율) ; 하늘의 권위로 기록한 것이 법이라는 의미

津(나루 진) ; 바다(해)와 땅과 만나는 곳이라는 의미

晝(낮 주) ; 해가 떠있는 동안의 의미

康(편안할 강) ; 하늘의 권위가 자리잡았다는 의미

7) 一(한 일) : 하늘이 내려와서 누었다(여성)는 의미

土(흙 토) ; 생명을 토해 낸다는 의미

士(선비 사) ; 생명을 이끌고 빛을 향해 나가는 지도자라는 의미

乙(새 을) ; 아직 바로 서지 못하고 굽은 싹의 의미

也(어조사 야) ; 두 명의 부인이 가진 자궁의 의미

池(못 지) ; 생명을 잉태하는 물이라는 의미

나기 전에 있었던 본래의 고향을 잘 알 수는 없지만 그 세계가 근본이므로, 돌아갈 본향이므로 잊지 말라는 교훈이 담긴 노래가 '아리랑'이다.

그래서 '아리랑'은 '우주적'이다. 알의 세계, 우주의 세계, 자아의 세계를 잊지 말라고 가르치는 노래가 '아리랑'이다.

'아리랑'을 불렀던 사람들은 '알'의 세계를 '아리랑'으로 표현했을 뿐만 아니라 '알'을 상징하는 글자를 만들기도 하였는데 '•'자가 그것이다.

작게는 기초가 되는 생명체인 세포로부터 크게는 온 천체를 감싸는 우주에 이르기까지 자유자재로 크기를 달리하면서 '알'의 세계를 표현하는 글자가 '•'이다.

'알'을 닮아 둥근 모습이며 점점 커지고 점점 작아지기를 끊임없이 반복하는 우주의 속성을 나타내기 위해 '점 주'라고 불렀다.

'알'로 표현되는 우주나 생명체는 움직이는 것이며 '중심'이 된다는 뜻이다.

생명체가 태어난 본향이 '알'이며 죽어서 돌아갈 곳도 '알'이다.

그래서 무덤을 알처럼 둥글게 만드는 것이다.

알에서 왔으므로 알로 돌아간다.

우주에서 왔으므로 우주로 돌아간다.

현실은 보이는 세계이지만 알은 앎의 세계다.

마음의 세계다.

우주는 우리의 마음속에 있다고 한다.

그래서 우주는 마음으로 가는 것이다.

아리랑은 궁극자, 절대자, 초자아를 일깨우는 가르침

병아리가 태어난 알이 있었던 것처럼, 올챙이가 태어난 알이 있었던 것처럼 생명체에게는 그가 태어난 근본이며 바탕이 되는 알이 있을 터이다.

병아리가 태어난 곳은 달걀이며 올챙이가 태어난 곳은 개구리알인 것처럼 사람이, 지구가, 태양이 태어난 어떤 알이 있을 터이다.

우주는 자체로 하나의 알이다.

그리고 모든 생명체는 이 알 속에 포함되어 있다.

병아리는 하나의 독립된 소중한 개체이면서 우주를 구성하는 한 부분이다.

사람도 우주를 구성하는 한 부분인 점에서 병아리와 올챙이와 같은 하나의 개체이다. '우주'는 무수한 생명체로 가득 찬 하나의 '알'이다.

이것이 '우주'의 실상이다.

우리 선조들은 이것을 '한'이라는 말로 불렀으며 '한'에서 '하늘'이 출현하였다. 병아리와 올챙이와 나와 너를 포함하여 모든 생명체를 감싸고 있는 가장 큰 외연이 '하늘'이다.

온통 하나(一)이며 해(太陽)같이 환(桓)하며 한(限)없이 밝고 넓고 한결(恒) 같은 것이 '한'이며 '하늘'이다. 또 해는 뜨기도 하고 지기도 하는 속성이 있으므로 때로는 '이롭다'는 뜻으로, 때로는 '해롭다'는 뜻으로 쓰기도 한다.

한편, '•' ⇨ 'ㅇ ㅁ △'의 관계에 따르면 모든 생명체들은 '몸과 마음과 기운'으로 되어 있으므로 이 논리를 우주에 적용해 보면 우주 역시 우주의 마음과 몸과 기운이 있다고 말할 수 있다.

이 말은 우리의 몸을 움직이는 마음이 따로 있듯이 우주를 움직이는 우주의 마음이 또 따로 있다는 것을 의미한다.

우리 선조들은 우주의 마음(宇宙心), 즉 하늘의 마음을 하느님, 하나님, 하늘님, 한님 등으로 불렀다.

그런데 특성을 살펴보면 마음은 언제나 몸 속에 내재되어 있는 것이며 몸은 언제나 마음과 함께 있는 것이고, 기운 또한 몸에 붙어 있는 것이므로 몸이 있어야 존재할 수 있는 것이어서 '몸' 하나로 마음과 기운까지 한꺼번에 나타낼 수 있는 것이다.

한국인의 정서에서 '한', '하늘'이라는 말이 모든 것을 망라하는 것은 이 때문이다. '한'이나 '하늘' 속에 무수한 개념들이 혼재되어 있는 것은 이 때문이다. '한'이나 '하늘'이면 또 따로 하늘의 마음과 기운을 구분할 필요가 없기 때문이다. '하늘'이 사람의 마음과 개구리의 마음과 닭의 마음과 나무의 마음이 모두 합해진 마음을 나타내는데 불편하지 않기 때문이다.

이것이 한국인이 수천 년 동안 간직해 온 '하늘'에 대한 실체다.

4) 음양(陰陽)

세상에는 신묘한 사실들이 무수히 많다.

그 중에는 천지인의 논리가 아닌 남과 여, 위와 아래, 전과 후 등 상호간에 맺어진 관계도 있기 마련이다.

특히 남녀와 암수의 결합은 창조와 생산, 그리고 영생을 위한 절대적인 조건이다.

이런 상대적인 관계를 나타내기 위해 만든 용어가 소위 '음양(陰陽)'이다.

'음양'이라고 하면 '주역(周易)'을 떠올릴 만큼 '주역'은 음양의 논리를 이용하여 인간의 제반 문제를 진단하고 처방하는데, 지금까지도 유용하게 활용되는 고전 중의 으뜸이다.

'주역(周易)'을 '한역(韓易)'으로 불러야 한다는 주장이 있기도 하지만 '주역'의 내용이 그러한 만큼 '易(쉬울 이, 바꿀 역)'자는 자체로 음양의 관계와 밀접한 관계에 있을 것이다.

'易'자는 '日'과 '勿'이 결합된 것으로, '日'은 '해'를 나타내고 '勿'은 '물'을 나타낸다.

'해와 물'이라는 요소를 이용하여 '易'자를 만들었다는 것은 소위 '주역'을 만든 주체들이 '천지인'의 논리를 정립한 이들과 매우 밀접한 관계에 있다는 것을 의미한다. 왜냐하면 '음양'의 관계도 결국은 '천지인'의 논리 안에 있기 때문이다.

〈그림 1-18〉 '易'의 옛글자. 해와 물의 모습으로 변하기 쉬운 성질을 나타낸다.

'음양'과 '천지인'을 서로 별개의 것으로 보고 '음양'은 지나 사상의 특징으로, '천지인'은 우리 한겨레 사상의 특징으로 보려 하지만 사실 '음양'도

'천지인'에서 기원한 것이다.

'易'자에서 본 것처럼 '음양'이란 '천지인'의 요소 가운데 '천지'의 관계를 이용한 것으로 근본은 여전히 '천지인'의 그것과 같다.

따라서 '천지인'과 '음양'을 서로 별개의 것으로 보아서는 안된다. '음양'이라는 개념 자체가 '천지인'과 결국은 한 몸이다.

음양의 관계를 나타내기 위해서는 유사한 관계에 있는 몇 가지 소재를 이용한다.

① 하늘과 땅(天地)

음양의 소재로 가장 대표적인 것이 '천지', 즉 '하늘과 땅'이다.

하늘과 땅은 이 세상에 존재하는 모든 상대되는 개념의 원형이다.

천 ⇨ 하늘　右(오른 우)　上(위 상)　牛(소 우)

지 ⇨ 땅　　左(왼 좌)　　下(아래 하)　午(말 오)

좌우(左右), 상하(上下), 소와 말(牛와 午) 등은 하늘과 땅이라는 음양의 관계를 기반으로 만들어진 용어들이다.

② 해와 물

해와 물을 서로 상대되는 대상으로 여겨 음양의 관계를 나타내는 소재로 사용한다.

해 ⇨ 父(아버지) – 하라   해라   긍정의미   爲(할 위)
물 ⇨ 母(어머니) – 마라   하지 마라   부정의미   勿(말 물)

爲(할 위)와 勿(말 물)은 해와 물의 서로 상대되는 관계를 기반으로 만들어진
한자다.

〈그림 1-19〉 '爲', '勿', '日', '月'의 옛글자. '爲'와 '勿'자는 위에서 아래로 흐르는 해와 물의 모습을 나타내고,
'日'자는 해의 모습이며 '月'자는 우주 공간으로 떨어져 나가는 천체의 모습을 나타낸다.

③ 해와 달

해와 달 역시 음양의 관계를 나타내는 소재로 사용되었다.
달은 해가 떠있는 낮에는 잘 보이지 않으나 밤이 되면 그 빛을 발하게 되는
현상을 이용하여 음양의 관계를 나타내는 소재로 썼다.

해 ⇨ 日(날 일)   양달   양지   晝(낮 주)   하다
달 ⇨ 月(달 월)   음달   음지   夜(밤 야)   달아나다

④ 해와 북두칠성

해와 북두칠성의 상대적인 관계는 조금 특별하다.

'星(별 성)'자는 '해가 낳았다'라는 의미의 글자다. 해가 지고 난 후 어둔 하늘에 점점이 나타나는 별을 '해가 낳은 자식'으로 보았다. 해는 '낮의 해', 별은 '밤의 해'로서 서로 상대적인 관계에 있다고 여겼던 것이다.

그 많은 별들 중에서도 특히 북두칠성은 일정한 주기(週期)와 모양으로 특별한 관심의 대상이었다. 해와 북두칠성의 관계를 이용해서 '음양'의 관계를 나타낸 한자들은 다음과 같다.

해　　　⇨ 日(날 일) – 眼(눈 안)　齒(이 치)　　　泉(샘 천)　十(열 십)
북두칠성 ⇨ 星(별 성) – 耳(귀 이)　牙(어금니 아)　井(샘 정)　七(일곱 칠)

한편, 해와 북두칠성의 음양 관계는 우리 민속이나 정서는 물론 고구리의 역사와 문화를 살피는 데도 유용한 단서를 제공한다.

고대의 여러 나라 중에서도 특히 고구리는 북두칠성과 관련이 깊다.

광개토대왕의 상징이 '井'자 모양의 문양이고 고구리의 수행자 집단인 조의선인들의 복장이 검은색이며 고구리 고분의 천정화가 온통 북두칠성으로 침철되어 있는 점을 보면 우리 역사상 북두칠성과 특별한 관계를 맺었던 시기가 아마도 고구리 때가 아닌가 생각된다. 조의선인의 검은 옷은 북두칠성이 빛나는 밤의 색이며 광개토대왕의 '井'자 모양의 문양은 북두칠성의 머리 네 별, 즉 선기옥형(璇璣玉衡)의 상징이기 때문이다.

이것은 칠성신앙의 탄생과 깊은 관련이 있다.

다음은 음양의 개념을 이용해서 만든 한자들이다.

〈음양의 분화과정과 관련한자〉

천	지	관련 한자
하늘	땅	天地(천지)
양	음	陽陰(양음), ㅣ一(양음)
해	달	日月(일월), 明(명)
해	별	日星(일성)
해	칠성	十七(십칠)
해	물	爲勿(하라, 마라), 火水(불물)
낮	밤	晝夜(주야)
밖	안	外內(외내)
아버지	어머니	父母(부모)
남	여	男女(남녀)
율	려	律呂(율려)
상	하	上下(상하)
전	후	前後(전후)
우	좌	右左(우좌), 佑佐(우좌)
건	곤	乾坤(건곤)
궁	을	弓乙(궁을)
소	말	牛午(우오)
눈	귀	眼耳(안이)
이	이	齒牙(치아)
샘	샘	泉井(천정)
신	귀	神鬼(신귀)
수	암	雄雌(웅자)
처	첩	妻妾(처첩)

북두칠성(별)의 모양과 의미와 소리를 나타내는 한자

1) 星(별 성) ; 해가 낳았다는 의미

　　　　惺(영리할 성) ; 어둠 속 별의 마음이라는 의미

　　　　醒(깰 성) ; 술은 어둠 속에서 숙성한다는 의미

2) 井(우물 정) ; 북두칠성의 머리 네 별을 연결한 모양

　　　　丹(붉을 단) ; 북두칠성을 닮았다는 의미

　　　　甘(달 감) ; 땅에 내려온 북두칠성의 의미

　　　　耕(밭갈 경) ; '井' 자처럼 구획된 농지를 경작한다는 의미

3) 耳(귀 이) ; 눈이 해와 같다면 귀는 북두칠성과 같다는 의미

　　　　助(도울 조) ; 음으로 돕는다는 의미

　　　　耿(빛날 경) ; 북두칠성의 빛이라는 의미

4) 牙(어금니 아) ; 齒(이 치)와 牙(어금니 아)는 서로 상대적인 관계

　　　　穿(뚫을 천) ; 어둠 속에서 구멍을 뚫는다는 의미

　　　　雅(검은까마귀 아) ; 어둔 밤과 같이 검은 새라는 의미

5) 斗(말 두) ; 북두칠성의 머리 네 별이 의미하는 용기(容器)

　　　　料(되질할 료) ; 용기로 헤아린다는 의미

6) 匕(비수 비) ; 북두칠성 모양의 도구라는 의미

　　　七(일곱 칠) ; 북두칠성의 일곱 별을 의미

　　　化(될 화) ; 북두칠성을 닮는 것이 '되는 것'이라는 의미

　　　牝(암컷 빈) ; 해는 남성, 북두칠성은 여성을 의미

　　　比(견줄 비) ; 칠성과 칠성을 서로 비교한다는 의미

　　　匙(숟가락 시) ; 북두칠성 모양의 식사 도구

7) 尸(주검 시) ; 죽으면 북두칠성으로 돌아간다고 생각함

　　　屋(집 옥) ; 북두칠성이 보호하는 집이라는 의미

　　　居(있을 거) ; 북두칠성의 보호 아래 있다는 의미

8) 戸(지게 호) ; 북두칠성이 보호하는 집이라는 의미

　　　房(방 방) ; 집의 중심은 방이라는 의미

　　　扇(사립문 선) ; 새의 날개처럼 여닫는 문의 의미

9) 岡(북두칠성 강) ; '어둠속의 해'의 의미

　　　剛(굳셀 강) ; 어둠을 지키는 북두칠성처럼 강하다는 의미

　　　綱(벼리 강) ; 북두칠성이 그물의 벼리와 같다는 의미

10) 靑(푸를 청) ; 북두칠성에서 나오는 색이라는 의미

　　　情(뜻 정) ; 양적인 행동에 비해 음(陰)적인 마음의 의미

5) 자연순환사상(自然循環思想)

한자가 만들어지는 또 하나 이념의 틀이 자연순환사상이다.

자연은 끊임없이 돌고 돌아 멈추지 않음이 본성이다. 때가 되었음에도 자기 자리를 고집하다 보면 정체가 일어나며 정체된 곳은 부패하기 마련이고 부패는 다시 악순환으로 이어진다. 따라서 때가 되면 떠나는 것이 자연의 법칙이다. 자연이 영원한 생명을 유지하는 비결이 이것이다.

자연은 때가 되면 스스럼없이 자신을 비운다. 그러나 비우는 것이 결국은 다시 채우는 비결이라는 것을 알기 때문에 비울 때 미련을 두지 않는다.

비우고 버리는 과정을 반복하다 보면 결국은 다시 자신으로 돌아온다는 대원칙을 알고 있기 때문에 자연은 서두르지 않는다. 조급해 하지 않는다. 그렇다고 더디 하지도 않는다. 모든 것이 자기의 때가 있음을 알기 때문이다.

이런 논리의 정점에서 영원성을 담보하고 있는 글자가 앞서 말한 '•'자다.

자연계의 모든 개체 간 순환관계가 '•'자로부터 시작되기 때문이다.

이제 물의 흐름과 관련된 몇몇 한자를 예로 자연계의 순환 사상이 어떻게 한자에 반영되어 있는지를 살펴보기로 하자.

① '물'의 흐름과 순환 -泉, 川, 江, 海

땅 위를 흐르는 물은 어디에서 오는가?

'비'를 먼저 떠올릴 수 있는데 '비'를 나타내는 한자는 '雨(비 우)'자다. '雨'자는 '위에서 날아오는 물방울'의 모양을 이용해서 만든 글자다. '하늘에 비축되어 있다가 위에서 날아온다'라는 뜻에서 '비 우'라고 발음한다.

그 다음에는 샘물을 들 수 있다.
샘을 나타내는 한자에는 '井(샘 정)'과 '泉(샘 천)'이 있다.

井(샘 정, 우물 정)

'井'자는 북두칠성의 국자모양을 나타낸다. 이 세상에서 처음으로 물이 만들어지는 곳(天一生水)으로 알려진 북두칠성의 국자모양을 이용하여 물의 기원을 묘사하였다. 북두칠성의 머리 모양을 이용한 것은 위로 솟아 오르는 샘(泉)에 비해 '고여 있는 물'이란 의미다. '우물'은 '위의 물', 즉 하늘의 물이란 뜻이다. '정'은 '정지'의 뜻이며 멈추어 있다는 말이다.

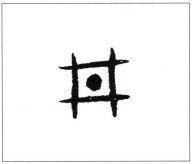

〈그림 1-20〉'井'의 옛글자. '井'자는 북두칠성의 머리 네 별을 서로 연결해서 생긴 모양이다. 세상에서 물이 맨 처음으로 생기는 곳을 북두칠성의 머리라고 생각했으므로 북두칠성의 머리 모양을 이용해서 우물을 나타냈다. 가운데 점은 물의 표시인데 우주의 모습으로 나타냈다는 것은 물을 우주의 몸으로 여긴다는 의미다.

泉(샘 천)

'泉'자는 물(水)이 해가 있는 위 하늘(白)을 향하여 솟아나는 모양을 이용해서 만든 글자다. 하늘로 솟아오른다는 뜻을 강조하기 위하여 '泉'자를 '천'

이라 부른다. '井'이 고여 있는 샘물을 나타내는데 비하여 '泉'은 계속해서 위로 솟아오르는 '양의 샘'이란 뜻이다.

세상의 물은 빗물과 샘물이 그 근원이다. 이 근원으로부터 물이 시작되면 물은 천성에 따라 낮은 곳으로 낮은 곳으로 흐르게 되는데, 이 과정에서 각각 시내(川)와 강(江)과 바다(海)라는 독자적인 이름을 갖게 된다.

川(내 천)

'川'자는 골짜기를 타고 물이 흘러가는 모양을 이용해서 만든 글자다. '천'으로 발음하는 것은 '하늘을 향해 가는 물'의 의미를 나타내기 위함이다.

江(강 강)

'江(강 강)'은 하늘과 땅을 연결(工)하는 물이라는 뜻이다.

따라서 '江'은 '하늘과 땅', 즉 상하의 연결을 의미하지만 여기서는 강을 사이에 두고 양쪽에 놓여있는 내(川)와 바다(海)를 연결한다는 의미로 쓰였다. '하늘과 땅'이라는 상하관계가 '내와 바다'라는 수평의 관계로 바뀌었음을 알 수 있다.

'江'이 '땅과 하늘을 연결하는 물'이라는 말은, 동서양 공히 '강'의 모티브가 '이별(離別)'과 관련이 있다는 것에서도 확인이 된다.

인도인들이 주로 강가에서 장례를 치르며 시신을 강에 떠내려 보내는 것이나 기독교도들이 '요단강'을 하느님의 나라로 들어가는 관문으로 보는 것 등이 예라 하겠다.

海(바다 해)

'海(바다 해)'자는 '하늘의 해와 같은 물'이라는 뜻이다.

땅 위를 흐르는 물은 결국은 바다로 흘러 들어가게 되는데 이런 흐름을 하늘로부터 와서 다시 하늘로 돌아간다는 철학과 연결시키기 위해 '海(바다)'를 '해'라고 부르는 것이다. 해(하늘)로 돌아간다는 의미다.

'바다'의 옛 말이 'ᄇᆞᄅᆞ'인데 이것도 'ᄇᆞ루 – 발 – 불 – 해'와 연관이 있어 그 관계를 뒷받침한다. 특히 '천(川)'과 '해(海)' 사이에 있는 '강(江)'은 구조적으로도 '하늘과 땅을 연결(工)하는 물'이 되어 뒤에 있는 '해(海, 바다)'가 하늘에 있는 '해'와 동일하다는 것을 은연중에 암시하고 있다.

'시내'는 땅에서 흐르지만 그 바탕이 하늘(•)이 내려와 흐르다가 다시 하늘로 돌아간다는 것을 나타내기 위해 '천'으로 발음하며 바다는 땅에 있는 것이지만 물이 흘러가는 최후의 목적지로 하늘의 해와 같다는 뜻에서 '해'로 발음하는 것이다.

이상에서 살펴본 바와 같이 '井(우물 정) → 泉(샘 천) → 川(내 천) → 江(강 강) → 海(바다 해)'는 이 세상의 물이, 하늘(•)에서 와서 땅 위를 흐르다(泉, 川)가 강(江)을 건너 다시 해(海)로 들어간다는 순환사상을 나타낸다.

따라서 '천', '강', '해' 등의 호칭이 우연히 만들어진 것이 아니라 하늘에서 땅으로 땅에서 다시 하늘로 순환하는 자연계의 원리를 반영하고 있음을 알 수 있다.

황하(黃河)와 양자강(長江)

이런 철학이 이해가 되면 '황하'와 '양자강'이라는 명칭의 의미를 알 수도 있다.

중원 대륙에는 '황하(黃河)'와 '양자강(長江)'이란 두 개의 큰 물줄기가 서에서 동쪽으로 흐르고 있는데 대부분 지류들조차 이 이름을 따라 '하(河)'와 '강(江)'의 의미를 갖게 된다.

이들 물줄기의 이름이 의미하는 것은 무엇일까?

이 두 물줄기의 구분에 단서가 되는 것은 황하의 하류에 위치한 '천진(天津)'이라는 지명이다. '천진'은 '하늘나루'다.

황하의 하류에 있는 도시를 '하늘로 가는 나루'로 여겼다는 것은 황하를 하늘의 물로, 양자강은 하늘과 땅을 연결하는 물로 여겼다는 뜻이다.

하늘과 땅의 상하관계를 중원 대륙 위에 수평으로 펼쳐 놓고 윗물을 하늘 물로, 아랫물을 하늘과 땅을 연결하는 물로 여겼다는 것은 이 물줄기의 이름을 지은이들이 한자철학에 정통하거나 한자의 순환철학을 창시한 사람들일 가능성을 말해 준다고 하겠다.

중원 대륙을 마치 손바닥 들여다보듯 내려다 보면서 위쪽은 하늘이요 아래쪽은 땅이며 그 사이를 흐르는 큰 강물 두개를 하나는 하늘의 물이요, 다른 하나는 하늘과 땅을 연결하는 물로 여길만큼 큰 안목과 철학을 가진 주체들이 궁금해진다.

② 혈연의 호칭과 순환 - 天子, 子孫

'井 → 泉 → 川 → 江 → 海' 등의 글자를 통해서 '•'이 어떻게 자신을
드러내는가를 알아보았는데, 동일한 논리 위에서 '사람'과 '하늘(•)'의 관
계를 살펴볼 수 있는 용어가 '천자(天子)'와 '자손(子孫)'이다.
'천자(天子)'와 '자손(子孫)'에 대해서 알아보기 전에 먼저 이들을 구성하
는 한자를 풀이해 보기로 한다.

天(하늘 천)

'天'자는 '사람 모양'의 글자다. '하늘'을 나
타내는 '天'자가 사람의 모양을 하고 있다는
것은 '사람이 곧 하늘'이고 '하늘이 곧 사람'
이라는 사실을 은연중에 표현하고 있는 것으
로, 삼라만상이 가지고 있는 '하늘로부터 타고
난 성품' 즉 '천성(天性)'을 강조하는 말이다.

〈그림 1-21〉 '天'의 옛글자

子(아들 자)

'子'자는 두 팔을 벌린 어린아이의 모습처럼
생겼으므로 보통 '아들 자'로 풀이한다.
그러나 '子'자는 씨앗의 모양인 '•'에서 새 싹
이 돋아난 모양, 즉 '발아된 싹'을 나타낸다.
따라서 '子'자는 '아들 자'라기 보다는 '씨

〈그림 1-22〉 '子'의 옛글자

자' 또는 '새끼 자'라고 해야 한다.

孫(손자 손)

'孫'자는 씨앗의 표시인 '子'와 '이어지다'라는 뜻의 '系(이을 계)'자가 결합된 것으로 '子로부터 이어진 것'이라는 뜻이다.

따라서 '손'의 의미를 바로 알려면 '子'의 '씨앗'이 무엇을 의미하는지를 먼저 알아야 한다.

〈그림 1-23〉'孫'의 옛글자

爪(손톱 조)

'爪'자는 '示'자와 같다. '示(보일 시)'는 하늘의 해와 달과 별을 나타내는 글자다. 따라서 '祖(조상 조)'자는 '하늘의 해와 달과 별과 같은 분'이란 뜻인데, 조상들은 돌아가셔서 모두 하늘에 계시다고 생각했으므로 해와 달과 별이 조상이 되고 뿌리가 되는 것이다. 하늘은 해와 달과 별로써 존재를 드러내기 때문에 이들을 서로 동일하게 여기는 것이다.

〈그림 1-24〉'爪'의 옛글자. 손의 모습이다.

이상 설명한 네 개의 한자들은 자체는 비교적 단순하지만 그 의미를 파악하기 위해서는 전제하는 조건들이 있다.

'子'자는 태생적으로 그 모체(母體)를 전제하는 것이며 '孫'자 역시 '子'자의 의미를 먼저 알아야 그것으로부터 연결된 것이 무엇을 의미하는지를 비로소 알 수 있다는 것이다. '子'자와 '孫'자는 태생적으로 이런 구조로 되어 있다.

이제 이런 사실들을 염두에 두고 '천자(天子)'와 '자손(子孫)'의 의미를 살펴보기로 하자.

㉠ 천자의 의미

천자(天子)라는 말은 구조적으로 '아버지인 하늘과 그 씨앗'이라는 말이다.
따라서 '子'의 의미가 무엇인지를 알면 '하늘과 子'가 부자(父子)의 관계에 있다는 것을 알 수 있다.

〈그림 1-25〉 '天'의 옛글자

그런데 우리 고대 사서에 치우천왕을 '천자(天子)'라고 불렀다는 기록이 있으므로 이에 근거하여 말하면 '천자'란 하늘과 사람의 관계를 말한다는 것을 알 수 있다.

한편, '天(하늘 천)'자를 통해서는 하늘이 내려와 있는 곳이 우리 인체 가운데 '머리'라는 사실을 알 수도 있다.
'天'자는 사람 모습을 이용해서 만든 글자로, '天'의 옛글자에서 '머리'를 특별히 둥글게 강조하거나 사람 머리를 '해'로 표시하는 것은 그런 이유다. '사람을 하늘의 씨앗'으로 본다는 의미이며 '머리'를 하늘에 속한 것으로 본다는 의미다. 하늘이 사람의 머리에 내려와 있다는 의미다.

그래서 '머리'를 '하늘의 씨'라고 한다.

사람의 기원을 하늘로 설정했다고 하는 것은 사람의 가치에 대한 존중을 의미한다. 사람에게 하늘이 내려와 있으니 사람을 어떻게 대할 것인가?

'고맙습니다', '감사합니다' 등의 인사말은 예사로운 말이 아니다. '고맙습니다'는 '하늘의 신성을 닮았다'는 뜻이며, '감사합니다'는 '하늘에서 땅으로 내려 오신 분'의 의미로, 모두 사람을 하늘처럼 대한다는 의미의 인사말이다. 이런 인사말을 사용하는 사람들은 지구상에서도 특별한 사람들이다.

이 밖에도 머리와 하늘의 관계에 대해서는 우리 선인들의 '강재이뇌(降在爾腦=하늘이 사람의 머리에 내려와 있다)'란 표현이나 한자에서 '머리'를 '首(머리 수)'나 '頭(머리 두)'로 부르는 것 등을 통해서도 그 긴밀한 정도를 짐작할 수 있다. '首'와 '頭'의 음 '수'와 '두'는 '•'의 새김인 '점 주'의 '주'와 동일 계통의 음가이기 때문이다.

천	→	자
하늘(天)		사람(子)
하늘(•)		머리(首)

'천자(天子)'라는 말은 '하늘과 사람' 또는 '하늘과 머리'의 관계를 배경으로 만들어졌다는 것을 알 수 있다.

ⓒ '자손(子孫)'의 의미

앞서 살펴본 바와 같이 '子'자가 사람의 머리와 관계가 있다고 한다면 동일한 논리로 '자손(子孫)'의 '손' 역시 우리 인체와의 관련성을 배제할 수 없으며 마침 우리 몸에는 '손'이라는 이름을 가진 기관이 존재한다.
따라서 '머리'와 '손'의 관계를 주목할 필요가 있다.

'孫(손자 손)'자는 우리의 인체에서 '손'과 음이 같을 뿐만 아니라 '머리'의 명령에 반응하는 '손'의 상호 관계를 고려할 때 '하늘과 머리'가 의미하는 '차원(次元)'이나 '세대(世代)'의 관계를 나타내기에 '머리와 손'보다 적합한 대상을 찾기 어렵다.

'하늘'에서 '머리'로 그리고 '머리'에서 '손'으로 이어지는 일련의 흐름이 느껴지지 않는가?
이것이 우리가 일상에서 사용하는 '자손(子孫)'이라는 말의 의미이다.
우리가 '자손(子孫)'이라는 말을 쓰는 한 '천자(天子)'라는 말을 인정할 수밖에 없으며 원하든 원하지 않든 '하늘'을 아버지로 여긴다는 고백의 의미가 내포되어 있다. 자손이라는 말이 태생적으로 그러하기 때문이다.

우리 인체에서 '머리'와 '손'이 주객(主客)의 관계에 있다는 사실로부터는 '손' 또는 '손님'이라는 말의 의미를 읽어 낼 수도 있다.

인체의 '손(手)'이나 '손님(客)'의 '손'은 같은 음이다.

따라서 음이 같은 만큼 이들의 의미 또한 같다. 인체의 '손'이 머리의 지시에만 반응하는 수동체라는 점과 손님은 주인(主體)이 아닌 객체(客體)라는 점에서 서로 같기 때문이다. 이것은 한자의 음이 우리의 일상언어와 매우 긴밀하게 연결되어 있다는 사실에 대한 흔적이다.

'천자(天子)'와 '자손(子孫)'의 관계를 다음과 같이 표로 나타낼 수 있다.

천 →	자 →	손
하늘(天)	사람(子)	손(客)
하늘(·)	머리(首)	손(手)

한편, '孫(손자 손)'자가 우리 인체의 '손'과 관련이 있는 글자라는 사실은 동서양 간 친족의 호칭에 미묘한 차이가 있음을 살펴보는 계기가 된다.

'자손(子孫)'이라는 호칭을 통해서 우리는 호칭의 중심이 '하늘'이며 나는 하늘의 '아들'이 되고, 나의 아들은 하늘의 '손'이 되며, '하늘'은 '아버지', '머리'는 '나', '손'은 '아들'의 관계에 있다는 것을 알 수 있다.

그런데 서양에서도 혈육을 표시하는 호칭에 '손'이 쓰이고 있다.

영어의 'son'이 그것이다.

'孫'이 '머리와 손'의 관계를 이용하여 만들어진 호칭이라면 서양의 경우도 같은 논리의 적용을 기피할 이유가 없으므로 'son'을 글자대로 '손'으로 읽을 수 있다.

영어에는 'son'을 '아들'이라는 개념으로 쓴다.

동양에서는 '손'이 '손자'를 나타내는데 비해 영어에서는 '손'이 '아들'을 나타내는 것을 어떻게 보아야 할까?

동양의 '손(孫)'이라는 호칭이 하늘을 정점으로 하고 있다면 서양의 '손(son)'은 사람의 머리 즉, '나'를 정점으로 하고 있는 것은 아닐까?

우리의 손(孫)과 영어의 손(son)이 어떤 관계에 있는 지에 대해서는 연구가 필요하다.

하지만 어쩌면 이것은 기독교에서 '하느님'을 '아버지'라 부르는 호칭이 동이문화권에서 기원했을 가능성을 포함하여 동양인과 서양인의 자기 정체성에 관한 인식의 차이를 밝히는 단서가 될지도 모른다.

한자문화권에서 '손(手)'을 '孫(손자 손)'의 개념으로 썼다고 하는 것은 '손'의 상위 개념인 '머리'를 '子(씨앗)'의 개념으로 보았다는 것이며, 사람의 머리를 '자(子)'라는 개념으로 보았다는 것은 그 아버지가 되는 존재인 '하늘'을 전제한다는 뜻이기 때문이다.

ⓒ '손톱'을 '조'라 부르는 이유

몇몇 한자를 통해서 우리 일상 용어 중에도 '하늘 → 머리 → 손'이라는 3단
계의 논리가 존재한다는 사실에 대해서는 인식을 같이 하였다.

'하늘(•)'에서부터 사람의 '머리(子, 首)'로 이어지며 '천자(天子)'라는 용
어를 만들었고 머리에서 '손(手)'으로 이어지며 '자손(子孫)'이라는 용어를
만들었던 이 논리의 흐름은 이제 근본으로 회귀하기 위해 반전을 시도한다.
땅 위를 흐르는 물이 '해'(바다, 하늘, 근본)로 돌아가기 위한 근거로 '江'
을 둔 것처럼 '하늘 → 머리 → 손'으로 흐르던 논리가 다시 근본으로 돌아
가기 위해서 예비된 반전이 '손톱(爪)'이다.

하늘(천, 天) → 머리(자, 子) → 손(손, 孫) → 손톱(조, 爪)

저 위에 있는 하늘로부터 아래로, 아래로 인체로 이어져 계속 흐르던 논리가
다시 근원이 되는 하늘로 돌아가기 위해서는 방향의 선회가 필요한데 한자
를 만든 이들은 손톱(爪)을 '조'라는 음(소리)으로 부름으로써 다시 뿌리(근
본)로 돌아간다는 의미를 나타냈다.

이것이 손톱을 '爪'로 쓰고 '조'라고 발음하는 이유다.
'爪'는 근본이 '示(보일 시)'와 같고 '조'라는 음(소리)은 '조상(祖上)', '조국
(祖國)', '조국(肇國)', '원조(元祖)' 등의 글자에서 보듯이 '시작', '뿌리',

'근본'을 의미한다.

```
천    →    자    →    손    →    조
하늘(天)    사람(子)    손(客)    뿌리(祖)
하늘(•)    머리(首)    손(手)    손톱(爪)
```

'爪'와 결합하여 만들어진 '爲(할 위)', '乳(젖 유)', '愛(사랑 애)' 자의 '하다', '젖', '사랑' 등의 의미가 모두 하늘을 뿌리로 한 용어라는 것도 '爪' 자의 '조'라는 음과 관련이 있다.

'天(하늘 천) → 子(아들 자) → 孫(손자 손) → 爪(손톱 조)'는 하늘과 사람의 관계 그리고 인체를 통하여 하늘과 사람이 어떻게 소통하며 순환하고 있는지를 말해 준다.
하늘에서 머리로, 머리에서 손으로, 또 손에서 손톱으로 이어지는 흐름은 사람의 몸을 이용하여 자연은 순환한다는 인식을 표현한 것이며, 사람은 자연의 순환체계 속에서 고유하면서도 보편적인 역할을 수행하고 있기 때문에 사람을 '소우주'라고 하는 것이다.

역사를 잃어버린 까닭에 '천자'라는 개념을 잃어버렸다 하더라도 '자손'이라는 용어를 쓰는 사람들은 이미 하늘의 자손인 것이다.
이런 표현들은 결코 우연히 만들어진 것이 아니다.

6) 인간은 만물의 척도

앞에서 살펴본 바와 같이 '씨(자식)'의 뜻으로 쓰는 '子'자는 'O', 즉 해(하늘)가 사람의 머리에 내려온 것의 표시다. 그러니까 하늘이 아버지고 사람은 해의 씨(아들, 자녀)라는 뜻이다.

또 사람의 몸에서 손은 머리가 지시하는 것을 실천하는 기관이므로 머리와 손을 주객(종속)의 관계로 설명한다.

이렇듯 사람의 머리에 해(하늘)가 내려와 있다고 하는 것은 우주와 자연과 사람과 사물의 관계를 설명하는 중요한 철학적 사유의 단초가 된다.

전혀 무관한 것처럼 보이는 우주와 사람 사이에 '해'를 매개로 상호 관계를 설정함으로써 사람은 땅에 있으면서 하늘의 존재가 되고 머리의 지배를 받는 인체는 저절로 해를 담은 그릇(容器)이 되어 '신(身)'이라는 음으로 불리는 것이다.

한자가 만들어지는 과정에 인체가 반영되었다고 하는 사실은 '인간은 만물의 척도'라는 그리스의 유명한 소피스트 프로타고라스의 말을 떠올리게 한다.

① 사람의 머리는 하늘이 내려와 있는 곳

사람의 머리를 나타내는 한자에는 '首(머리 수)'와 '頁(머리 혈)' 그리고

'頭(머리 두)'가 있는데, '頁'자는 '首'자의 머리에 난 두 뿔을 가져다가 아래에 발처럼 연결한 것으로 '首'자는 두 뿔이 있는 수컷의 머리이고 '頁'자는 뿔이 없는 암컷의 머리를 나타낸다고 한다.

'頭'자는 '頁'을 이용해서 다시 만든 글자다. 따라서 '머리'를 나타내는 원래의 한자는 '首'자로 볼 수 있다.

'首(머리 수)'자는 두 개의 뿔이 난 '양의 머리 모양'으로, 양 토템의 종족으로부터 기원한 글자다. '首'자를 '머리 수'라고 부르는 것은 '우주', '해', '하늘'의 상징인 '·(점 주)'의 작용이라는 의미다.

'首(수)'자는 '모양(形)'이나 '의미(義)'가 아니라 '소리(音)'로 '우주(해, 하늘, ·)'의 '주'와 서로 관련을 맺고 있는 것이다.

사람의 모습으로 하늘을 상징하는 데에는 이와 같은 철학적인 배경이 깔려 있다.

하늘의 상징인 해는 사람의 머리에 내려와 있을 뿐만 아니라 삼라만상을 나게 하고 자라게도 하며 늙게도 한다. 생명이 있는 것은 어느 것을 막론하고 해의 영향을 벗어나서는 존재할 수가 없다. 이런 관계 때문에 해는 모든 만물의 상징으로 쓰인다. 관념적으로만 그러는 것이 아니라 실제로 생명현상에는 해의 작용이 절대적이다.

해와 사람의 관계가 그러한 것처럼 인체 내에서도 수 많은 세포와 세포를 거느리는 기관과 기관을 포함하는 상위 기관들이 층층의 관계 속에서 동일 구조를 이루고 있다.

우리 몸은 전체로는 하나지만 그 안에는 눈과 귀와 코와 입과 머리와 손과 심장과 간… 등 제각각의 기능을 가진 다양한 기관들의 결합으로 되어 있으며 각각의 기관들은 또 그 안에 수많은 세포조직을 거느리게 되는데 이것이 마치 우주의 구조와 닮아 있으므로 사람을 '소우주(小宇宙)'라고 부르게 되는 것이다.

사람을 '소우주'라고 하는 것은 사실 인체를 우주적 안목으로 보아야 한다는 것을 의미한다. 우주적 안목이란 요약해서 말하면 '모든 개체는 부분이면서 전체'라는 사실에 대한 이해다.

다소 복잡한 것처럼 들리는 이 말은, 사람의 머리는 머리 자체로 하나의 독립된 우주이지만 하늘의 입장에서 보면 하늘에 속한 것이며, 사람의 손은 손 자체가 하나의 독립된 우주적 존재이지만 사람의 몸에 소속된 것이며, 입은 얼굴에 소속된 하나의 부분이지만 그 자체로는 그 안에 많은 수의 해(이)를 가진 하나의 우주라는 사실을 말하는 것이다.

사람에 대한 이런 인식이 바탕이 되어 한자가 만들어진다.

특히 '조어(祖語 - 뿌리가 되는 말이라는 뜻의 수사(數詞), 천문(天文), 인체어(身體語) 등이 이에 속한다)'일수록 이런 현상은 더욱 분명하게 드러난다.

'齒'자는 '이 치'라고 부른다. 단순히 '이'를 나타낸다고 생각하기 쉽지만

'천지인'의 논리를 배경으로 입은 천(天, 우주, 하늘)이고 잇몸은 지(地, 땅, 살, 몸) 그리고 이는 인(人, 만물)이 되어 우주적 사고를 반영한다. '이'를 사람과 같은 개념인 '치'로 발음하는 것도 그 때문이다.

이 사실을 알게 되면 한자의 기원은 물론 한자의 생성과 응용 그리고 한자 상호 간의 관계를 추구하는데 거침이 없게 된다.
그 뿐만 아니라 한자가 사람의 모습을 이용하여 우주적 현상을 설명하는 철학적 사유방식을 채택하고 있기 때문에 한자를 알면 우주를 알게 되고 우주를 이해하면 한자의 세계를 알게 된다.

사람의 모습을 이용하여 만들어진 한자가 사람의 모양을 흉내 낸 것이 아니라 사람이 '우주적 존재'임을 나타내는 한자식 표현방식이므로 '人'자의 풀이에 참고해야 하는 것은 당연하다.

② '亻'자는 한자의 기원을 밝힐 단서

우리 선조들은 '天地人'을 '一二三'으로도 표현하였는데, '一二三'은 글자는 셋이지만 요소는 단 하나 '一'로 되어 있다.
이것은 '二'와 '三'으로 구분해서 쓰기는 하지만 근본 바탕은 '一'이라는 의미다.
따라서 '二'로 표시되는 '땅'은 '두 번째 하늘'이라는 뜻이고 '三'으로 표시되는 '인'은 '세 번째 하늘'이라는 뜻이다.

따라서 '人'자는 단순히 '사람'만을 의미하는 것이 아니라 '천지인'과 관련하여 '세 번째 하늘'이란 의미로 생각해야 하며 '세 번째 하늘'이란 뜻에서 '하늘을 닮았다'라는 의미를 읽어 낼 수가 있다.

'亻'자가 다른 글자들과 결합하여 '닮았다'라는 의미로 쓰이는 것은 그 때문이다.

다음 글자들을 살펴보자.

〈그림 1-26〉 '人'의 옛글자. 사람의 옆모습을 이용해서 만들었다.

休(쉴 휴) ; '쉬다'라는 말을 '나무를 닮았다'라는 식으로 나타냈다. '쉰다'라고 하는 말의 의미가 무엇인지 잘 모르지만 '休'자를 통해서 '나무를 닮은 것'이 '쉬는 것'이라는 사실을 알 수 있다.

'나무를 닮는다'는 것은 무엇을 의미하는 것일까?

'木'자를 생각해 보면 알 수 있다.

'나무'는 비록 한 곳에 멈추어 있지만 내적인 생명현상은 한시도 쉬지 않는다.

仁(어질 인) ; '어질다'라는 말을 '二를 닮은 것'으로 나타냈다. '二'자는 바탕에 '땅', '어머니', '자애로움', '어질다'라는 뜻을 가지고 있다.

仕(섬길 사) ; '섬기다', '벼슬하다'라는 말을 '士를 닮았다'라는 식으로 나타냈다. 따라서 '士'자는 '섬기다'라는 의미와 관련이 있으며 '섬기다'라는 말의 개념을 '士'를 통해서 정의할 수 있다는 것을 알 수 있다.

'士'자는 생명을 이끌고 땅 위를 솟아나는 새싹과 같은 지도자라는 의미로 '선비'를 나타낸다. 새싹이 씨앗의 생명을 땅속에서 이끌어 지켜내듯이 백성을 잘 이끄는 지도자가 선비라는 호칭의 의미다.

'侎' 자는 '어루만질 미'자다.

'米'자는 '쌀 미'자다. 따라서 '侎' 자는 '쌀을 닮았다'라는 의미를 나타낼 것이다. 그런데 '쌀을 닮았다'라는 것에서 어떻게 '어루만지다'라는 뜻이 나오는 것일까?

'쌀'의 어원이 '살'인데 '살'의 근본은 '해의 살(햇살)'이다. 봄에서 여름을 지나는 동안 뜨거운 태양이 벼를 어루만져서 결실에 이른 것이 쌀이다. 쌀의 '해의 살'이라는 의미를 이용하여 마치 '햇살이 벼를 어루만지는 것'으로 여겨 '侎' 자를 '어루만지다'라는 뜻으로 쓰는 것이다.

한편, '해의 살'을 나타내는 '米'자에서 '살'을 제거하면 '十'이 남게 되는데, '해의 살'에서 '살'을 제거하고 남은 '해'와 '十'이 대응하여 '十'이 '해'를 나타내는 기호가 된다는 것을 알 수도 있다.

'十'자가 '태양을 상징하는 기호'라는 말은 고대문명의 의미와 해석에 있어서 매우 중요한 키워드다.

'亻'으로 시작되는 다음 한자들이 모두 그런 식이다.

位(자리 위) ; '立'을 닮은 것이 '자리'라는 것이며

伏(엎드릴 복) ; '犬'을 닮은 것이 '엎드리다'라는 것이며

件(사건 건) ; '牛'를 닮은 것이 '사건'이라는 것이며

佞(아첨할 녕) ; '二'와 '女'를 닮은 것이 '아첨하는 것'이며

佐(도울 좌) ; '左'를 닮은 것이 '도움'이라는 것이며

佑(도울 우) ; '右'를 닮은 것이 '도움'이라는 것이며

仵(짝 오) ; '午'를 닮은 것이 '짝'이라는 것이며

伴(짝 반) ; '半'을 닮은 것이 '짝'이라는 것이며

侶(짝 려) ; '呂'를 닮은 것이 '짝'이라는 것이며

仇(짝 구) ; '九'를 닮은 것이 '짝'이라는 것이며

伉(짝 항) ; '亢'을 닮은 것이 '짝'이라는 것이며

仿(흉내낼 방) ; '方'을 닮은 것이 '흉내내다'라는 것이다.

한편, '닮았다'라는 표현은 '정말 그렇다'라는 긍정의 쓰임이 있고 '닮기는 하였지만 진짜는 아니다'라는 부정의 쓰임이 있다.

다음은 부정의 의미로 쓰인 사례다.

佯(거짓 양) ; '羊'을 닮기는 하였지만 진짜 양은 아니라는 뜻에서 '거짓'을 나타낸다.

僞(거짓 위) ; '爲'를 닮기는 하였지만 진짜 '爲'는 아니라는 의미에서 '거짓'을 나타낸다.

따라서 '亻'이 포함된 한자의 경우 그 한자의 근본 의미는 '亻'을 제외한 나머지 부분의 의미 속에 이미 갖추어져 있는 것이다.

다시 말하면 '亻'자는 이미 구성된 하나의 개념을 이용하여 또 다른 새로운 개념을 나타내는 유용한 방법이다.

'소를 닮았다'라는 표현은 '소'에 대한 정의가 이미 전제되어 있을 때 가능한 표현이다.

이것이 한자의 구조를 이해하는 또 하나의 방법이다. 이런 논리를 잘 읽어낼 수만 있다면 많은 한자들의 정체를 밝히는 일이 가능해진다.

③ '文'은 머리의 정수리에 있는 정문(頂門)

'한자(漢字)'와 '깨달음'이라는 말 자체가 조금은 생소한 주제라고 생각할지 모르나 알고 보면 한자는 깨달음을 전제로 만들어진 글자다.

한자를 만든 주체들은 높은 경지의 깨달음을 통하여 관념의 세계를 일목요연하게 표현하는 문자를 창안해 낸 것이다.

이들은 오랜 세월에 걸친 체험과 깊은 수행을 통하여 자신과 세상을 망라하는 '천지인(天地人)'이란 하나의 사고체계를 수립하였으며 이 체계를 설계도 삼아 일사분란하게 사물들의 이름을 지어 부르기 시작하였다.

크게는 우주 자연으로부터 작게는 미세한 생명체에 이르기까지 일관되게 적용할 수 있는 논리체계로 인해 우리가 쓰고 있는 '이름'들은 어느 것 하나 체계적이지 않은 것이 없고 사소한 것이 없다.

우리가 자연에 대해서나 우리 인체의 명칭에 대해서 주의 깊게 살펴야 되는 이유가 여기에 있다.

특히 깨달음에 있어서 우리 인체는 우주의 에너지를 감지하는 감각기관(센서)이며 우주로 통하는 통로이기도 하고 우주가 내려와 머무는 정거장이며 동시에 미시(微視)의 세계로 들어가는 통로이기도 하다.

그래서 우리 몸에 붙여진 다양한 이름들은 우주적 관점에서 보아야만이 비로소 그 뜻을 알 수가 있다.

이런 내용을 상징적으로 보여주는 글자가 '文'자다.

글자를 '문자(文字)'라고 한다. 따라서 '文'자의 풀이 여하에 따라 '문자'의 개념이 달라지게 되며 '文'자의 풀이에 따라 한자 전체의 성격 규명에도 영향을 줄 수 있는 것이기 때문에 '文'자의 바른 풀이는 매우 깊은 의미를 갖는다.

'文'자는 주로 '문자' 또는 '무늬'라는 의미로 쓰인다. 마치 사람의 모습처럼 생긴데다가 옛 글자는 중앙에 '心'이 그려져 있으므로 '사람의 몸에 새긴 문신'을 나타낸다고 풀이하곤 한다. '문신'을 가지고 '문자'라는 용어의 개념으로 쓴다는 것인데 이것은 '문자'의 위상이나 개념을 모르는 억지 해석이다.

한자를 만들고 의미와 소리를 붙인 사람들의 가치관에 비추어 생각하면 '文'자는 그렇게 단순한 글자가 아니다. '文'자의 모양이 '문신'을 나타내는 것도 아니거니와 사람의 모습을 나타내는 글자도 아니다.

〈그림 1-27〉 '文'의 옛글자. 중앙에 있는 해의 모습이 '본심본태양'의 태양이다.

'文'자의 풀이는 이 글자를 '문'이라고 읽는 것에 주목해야 한다. '文'자의 내용을 알 수 있는 단서가 '문'이라는 우리말에 있기 때문이다.

'문'이라는 말의 원형은 우리가 일상에서 열고 닫고 드나드는 '출입문'이다.

'출입문'을 나타내는 한자로는 '門(문 문)'을 주로 쓰기 때문에 '文'을 '출입문'과 연결하기가 쉽지는 않겠지만 '門'과 '文'이 '문'이라는 음을 매개로 서로 같다는 사실이 중요하다.

그렇다면 '文'으로 풀이되는 '문'은 어떤 문이며 어디에 있는 문인가?

옛 한자를 접하기가 어렵기 때문에 대부분 한자의 기원을 살펴보는 데에는 한계가 있지만 '文'자는 원래 사람의 머리 위 중앙에 있는 '숨구멍'을 표시하는 글자다.

이것은 '수행(修行)'에 직접 참여해 보지 않은 사람들에게는 조금 이해하기 어려운 이야기이다. 수행을 모르는 일반인으로서 머리의 정수리에 '문'이 있다고 생각하는 사람이 몇이나 되겠는가?

하지만 우리 선인들은 머리의 정수리에 숨구멍이 있다고 생각했으며 이 숨구멍을 정문(頂門) 또는 천문(泉門)이라고 불렀다. 머리 '정수리에 있는 문'이라는 뜻이다. 머리의 중앙에 나 있는 이 문(頂門)을 통하여 사람의 마음이 하늘과 소통한다고 여겼다.

오늘날에도 단전을 중심으로 진기를 연마하는 전통의 수련법에서는 일정한 경지에 오르면 소위 '양신(하단전에 자리 잡은 빛으로 된 도체라고 수행자들은 말한다)'을 발신하게 되는데 이 양신이 나오는 문이 머리 한 중앙에 있는 소위 '정문(頂門, 숨구멍)'이다.

※ 大泉門(머리의 정중부에서 전두골과 두정골 사이에 있는 천문)
　　小泉門(후두골과 두정골 사이에 있는 천문)

이것이 '수행(修行)'의 요체다.

'수행'을 몸과 마음을 닦는 행위라고도 말하는데 형상이 없는 마음을 어떻게 닦는다는 말인가?

몸속에 자리잡은 마음이 머리의 정문을 통하여 하늘과 소통하면서 끊임없이 하늘(태양)을 닮아가는 과정을 '수행(修行)'이라고 하는 것이다.

'文'의 옛글자에 '心'과 '日'이 자리하고 있는 것도 다 수행의 근본이 '하늘'을 닮기 위한 '마음 공부'에 있음을 말해 준다고 하겠다.

한편, 불교의 개조(開祖)인 석가모니(釋迦牟尼)는, 'Buddha'라는 이름을 음차한 불(佛), 불타(佛陀), 부도(浮圖), 부도(浮屠), 발타(勃陀), 몰타(沒馱) 외에 석가문(釋迦文), 능인적묵(能仁寂默), 능적(能寂), 능유(能儒), 모니(牟尼), 박가범(薄伽梵) 등 여러 이름으로 불리고 있는데, 그 중에서도 가장 널리 알려진 호칭이 석가모니(釋迦牟尼)다.

'석가모니(釋迦牟尼)'란 'Sakyamuni'를 음역한 것으로 '석가모니(釋迦牟尼)'의 '석가'는 부처님이 태어난 종족 이름인 '샤캬(Sakya)'를 음차한 것이며 '모니(muni)'는 존칭으로 '거룩한 어른', '깨우친 이'란 뜻으로 '석가모니'는 '샤카족에서 나신 거룩한 어른'의 뜻으로 알려져 있다.

'석가모니(釋迦牟尼)'의 또 다른 이름인 '석가문(釋迦文)'을 통해서 '모니(牟尼)'와 'muni'와 '문(文)'이 서로 같은 의미로 '거룩한 이' 또는 '깨우친 이'라는 뜻을 내포하고 있다는 것을 알 수도 있다.

'석가모니(釋迦牟尼)'부처님의 이름에서 '文'자와 관련된 의미가 발견된다고 하는 것은 '文'자가 내포하고 있는 '깨달음'의 의미를 더욱 깊게 해준다고 하겠다.

'文'자가 머리의 정문, 즉 '깨달음의 문'을 의미하는 것이 사실이라면 '文'자와 결합하여 만들어지는 '文字'라는 용어나 '文'자로 상징되는 모든 기호 역시 그러한 정신적 철학적 기능을 고려하지 않으면 안된다.
'ㄱ, ㄴ, ㄷ, ㄹ, ㅁ, ㅂ, ㅅ, ㅇ, ㅈ, ㅊ, ㅌ, ㅋ, ㅍ, ㅎ'이나 '一, 二, 三, 四, 五, 六, 七, 八, 九' 등을 보통 '文字'라고 부르는데 이들 기호의 탄생 배경이 '文'자의 경우와 같을 수도 있기 때문이다.
문자를 만든 이들이 수행을 통하여 새로운 차원을 경험한 사람들이었다면 문자의 이해 또한 그런 차원이 고려되어야 한다.
이런 의미에서 문자는 곧 깨달음으로 통하는 문이다. 따라서 문자를 배우면서 깨달음이 없다는 것은 문자의 풀이가 잘못되었다는 말이다.

사물의 인식은 개념의 정의로부터 시작되며 문자는 진리나 학문의 세계로 통하는 문이다.

'窓'자의 '心'은 '本心本太陽(본심본태양)'의 '心'

'창(窓)'은 허공을 향해 열려진 문을 말한다.
중앙의 'ㅿ'와 '心'은 '悤(悤, 바쁠 총)'이 변한 것으로 'ㅿ(사사 사)'자는 '囟(정수리 신)'자가 변한 것이다. 그리고 이 '囟'자의 쓰임이 '腦'자에 드러나 있다.

사람의 머리를 나타내는 '腦(뇌 뇌)'자를 보면 '月(달 월)'과 '巛'과 '囟(정수리 신)'으로 되어 있는데, '月'은 몸 즉 육신을 나타내고 '巛'은 뇌가 하늘과 관계되어 있음을 나타내는 기호이며 '囟'은 뇌를 감싸고 있는 머리의 모양과 기능을 나타낸다.

'心(마음 심)'자는 지금은 생략된 '文'의 옛 글자 중앙에 담겨 있는 '心'자다. 따라서 '文'자의 옛 글자에서 중앙에 그려진 '心'자의 의미를 읽어 내지 못하면 '窓'자에서 '心'의 의미를 읽어 낼 수 없다.
도대체 '창(窓)'에 '마음(心)'이 필요한 까닭이 무엇인가?

'窓'자는 근본적으로 '文'자와 개념이 같다.
'窓'에 들어있는 '心'자는 '文'자에 들어 있는 '心'자로부터 기원한다.

〈그림 1-28〉 '心'의 옛글자(좌측 첫 번째)와 '文'의 옛글자(우측 네 글자)에 담긴 '心'의 흔적. '文'자의 가운데에 들어있는 해(日)의 모습이 점차 변하여 '심(心)'자와 닮았다가 사라져 버리는 과정을 살펴볼 수가 있다.

이것은 본래 사람이 드나드는 '문'이라는 개념이 '文'으로부터 기원하였으며 '文'을 통해 '心(마음)'이 출입하였다는 내력 때문에 '窓'자를 만들면서도 '文'자에 들어있는 '心'을 표시할 수 밖에 없었던 것이다.

'學'자는 '文'자와 근본이 같다

'學(배울 학)'자의 약자에 '斈'이 있다. 사전에는 '學'의 약자(略字)라고만 되어 있을 뿐 더 이상의 풀이가 없다.
'學'자의 윗부분을 어떻게 '文'으로 줄여 쓸 수가 있는 것일까?
옛 사람들의 의중을 알 수 없다고 해서 우리 식으로 생각할 수는 없다. 누군가 그렇게 썼다면 그만한 이유가 있을 것이다.

결론을 먼저 말하면 두 글자 모두 사람의 머리를 나타내는 '囟(정수리 신)'에서 기원하였다. '文'자가 사람의 머리 위에 있는 숨구멍(頂門)에서 기원한 것처럼 '學'이나 '覺'자의 윗부분 역시 사람의 머리에서 기원하였다. 하나의 기원에서 두 개의 글자로 나뉜 것이기 때문에 '文'자와 '學', '覺'자의 윗부분은 모양은 조금 다르다 하더라도 근본 내용은 서로 같다.
'學'자를 '斈'으로 나타낼 수 있었던 것은 바로 이런 배경 때문이다.

그렇다면 '學'자에는 '배우다'의 의미가 어떻게 정의되어 있을까?
'배우다'의 사전적 의미는 '새로운 지식이나 교양을 얻다', '새로운 기술을 익히다', '남의 장점을 따라 익히다' 등으로 되어 있다.

'學'자에서 '子'의 윗부분이 '爻' 자와 같다는 것은 '學'자 역시 '깨달음', '수행'과 관련이 있다는 의미다. '爻'자는 깨달음으로 통하는 문이기 때문이다. 몸속에 있는 마음 (心)이 하늘과 하나가 되기 위해 열심히 출입하는 문(출입문, 통로)이

〈그림 1-29〉 '鬼'의 옛글자. 머리의 정중앙에서 '爻'자와 '學'자가 만들어 진다.

며, 이 출입이 바르게 지속되면 어느덧 하나의 열매를 맺게 되는데 그 열매를 의미하는 글자가 '子'자다.

따라서 '學'자는 '명상과도 같은 수행을 통하여 심신을 연마한 결과로 거둔 결실'을 의미한다.

단순히 새로운 사실을 알고 익히는 것과는 차원이 다르다는 것을 알 수 있을 것이다.

'배움'에 대한 우리의 이해가 '지식의 전달'을 위주로 하는 것이라면 '學'자의 '배움'은 '마음의 수련'을 위주로 하고 있으며, 지금의 배움이 단순히 배우는 과정 위주라 한다면 '學'자가 의미하는 배움은 마음 수행의 결과로 얻어지는 열매까지 포함하는 개념이라는 것을 알 수 있다.

열심히 배우기만 하고 거두는 것이 없다면, 맺는 것이 없다면, 변화된 것이 없다면 그건 바른 '學'이 아니다. '배움'이란 결과로 얻어지는 열매(子)까지를 포함하는 개념이기 때문이다.

'覺'은 '學'에서 이루어진다.

'覺(깨달을 각)'자는 외견상 '學'자와 모양이 비슷하다. '學'자의 '子' 대신 '見'이 들어가 있는 점이 다르기는 하지만, 모양이 같다는 것은 일부분 그 내용이 같다는 것을 의미한다.

따라서 두 글자는 모두 '마음'과 '머리'의 작용을 통한 '배움(깨달음)'과 관계가 있다는 공통점이 있으며 차이라면 '子'와 '見'으로 표현되는 의미의 차이다.

배웠다고 해서 모두 깨닫는 것은 아니라는 것이 '子'와 '見'의 차이다.

'學'자의 '子'는 심신의 수행으로 얻는 포괄적인 열매(변화)를 의미하며 '覺'자의 '見'은 '수행의 열매를 통하여 얻은 안목'을 의미한다. '子'가 일차원의 변화를 의미한다면 '見'은 이차원의 변화까지를 의미한다고 하겠다.

사람의 모습과 의미와 소리를 나타내는 한자

1) 人(사람 인) ; 사람의 옆모습

        大(큰 대) ; 사람은 천지인을 갖추었으므로 크다는 의미

        天(하늘 천) ; 사람이 곧 하늘이라는 의미

        王(임금 왕) ; 하늘에서 내려온 사람이라는 의미

2) 氏(각시 씨) ; 사람의 몸 속에 내재된 씨의 의미

        昏(어두울 혼) ; 해가 지고 남은 씨(황혼)의 의미

        民(백성 민) ; 씨앗이 몸을 가졌다는 의미

        艮(그칠 간, 어긋날 간) ; 하늘이 존재의 머리에 왔다는 의미

        根(뿌리 근) ; 나무의 근본은 뿌리라는 의미

        垠(끝 은) ; 땅은 가다 보면 끝이 있다는 의미

        長(길 장) ; 머리가 길다 즉 연장자라는 의미

        張(베풀 장) ; 해를 섬기는 원로의 의미

3) 儿(사람 인) ; 사람의 다리 모습으로 움직임, 작용을 나타냄

        光(빛 광) ; 빛은 불의 작용이라는 의미

        見(볼 견) ; 눈의 작용이라는 의미

        竟(다할 경) ; 해가 움직임을 멈추고 선다는 의미

4) 亻(사람 인) ; 사람은 하늘을 닮았으므로 '닮았다'라는 뜻으로 씀

     伴(짝 반) ; 반을 닮았다는 의미

     侶(짝 려) ; 하늘과 짝하는 땅을 닮았다는 의미

     他(다를 타) ; 태를 닮기는 하였지만 같지는 않다는 의미

     僞(거짓 위) ; '爲'를 닮기는 하였지만 진짜는 아니라는 의미

     佑(도울 우) ; 하늘의 손을 닮았다는 의미(하늘의 도움)

     佐(도울 좌) ; 땅의 손을 닮았다는 의미(세상의 도움)

5) 女(여자 여) ; 여자는 가정과 혈연의 중심이라는 의미

     妄(허망할 망) ; 중심을 잃었다는 의미

     妨(방해할 방) ; 중심이 둘이어서 방해가 된다는 의미

     始(처음 시) ; 하늘에서 내려와 중심을 잡았다는 의미

제 2 장

한자와 한글은 한 몸의 양면이다

1. 글자는 '말'을 담는 그릇

지구상의 수많은 생명체 중에서 사람이 비약적인 발전을 거듭할 수 있었던 원인으로는 독자적인 글자의 발명을 꼽지 않을 수 없다.

오직 사람만이 자신의 말을 담아 놓을 수 있는 글자라는 그릇을 개발함으로써 경험의 축적이 이루어지고 지혜의 전달이 가능했기 때문이다.

우리는 이 그릇을 '글자(契字)' 또는 '문자(文字)'라고 부른다.

문자를 기준으로 말한다면 우리는 '한글'과 '한자'라는 글자를 통하여 의사를 담아 표현하고 보존하며 전달하는 사람들이다.

'한자'라는 명칭은 지나의 '한(漢)나라' 때 소위 '모범이 될 만한 서체'라는 뜻의 '해서(楷書)'를 '한자'라는 이름으로 부른 것이며 '한글'이라는 명칭이 통용되기 시작한 것은 20세기 이후 최근의 일이다.

일제의 압박 속에 '국어'라는 말 대신 사용한 우리글의 호칭이 '한글'이었다. 그 이전에는 한자와 비교하여 언문(諺文), 반절(反切), 암클, 뒷간글 등의 이름으로 부르기도 하였다.

그럼에도 한자, 한글이라는 명칭이 오랜 역사를 가진 뿌리깊은 이름 만큼이나 친숙하게 들리는 것은 '한'의 상징성에서 기인한다.

한국(桓國), 한(韓), 삼한(三韓), 마립간(干, 칸), 한민족, 한겨레, 대한민국(韓國), 하늘, 하나, 한밤중, 기한(期限), 한(恨) 등 민족, 국가, 지도자의 명칭이나 일상용어를 통해서 알 수 있듯이 '한'은 우리 겨레의 정서를 두루 친숙하게 반영하는 정체어(正體語)이며 특별한 문화어(文化語)다. (김상일著,『인류문명의 기원과 한』참조)

이런 역사적 문화적 배경 때문에 우리 고유의 글자를 '한글'이라 부르면서도 세월의 공백을 느낄 수 없을 정도로 자연스럽게 느껴지는 것이다.
돌이켜보면 한자 또는 한글이라는 이름으로 불리는 시간보다도 훨씬 더 오랜 역사를 가진 글자이지만 한글과 한자라는 호칭은 '하늘의 문자', '하늘의 글'이라는 의미로 풀이할 수도 있어 글자의 기원과 관련한 이름이라고 할 수 있으므로 본 서에서는 우리글을 '한글'과 '한자'라는 명칭으로 통용하고자 한다.

우리 한민족은 한글과 한자를 이용해서 필요한 개념을 자유롭게 표현하는 문화적 역량을 가진 사람들이다.
한글에서 개념을 정의하기 어려운 것은 한자를 이용하여 표현하였다. 한자의 중요한 의미를 한글을 이용하여 나타내기도 하였다. 한자는 형상을 이용하여 나타내므로 '의미'의 전달이 용이하고 한글은 소리의 음가를 비교적 정확하게 표현할 수 있으므로 '소리'를 기록하는데 용이하다.

한자가 모양을 중시하지만 말과 연결되기 위해서는 한글의 도움을 필요로 하고 한글이 음을 중시하지만 정확한 개념 정의를 위해서는 한자의 모양을 필요로 한다.

한글이 없는 한자는 글자로써 완전한 생명을 갖추었다고 보기 어렵고 한자가 없는 한글은 정확하게 하나의 개념을 표시하는 것이 어려워진다.

한자는 한글을 필요로 하고 한글은 한자를 필요로 한다.

한자와 한글은 이와 같이 서로 부족한 면을 채워 주는 보완관계에 있다.

한민족에게 있어서 한자와 한글은 이런 관계에 있다.

행복한 가정을 이루기 위해서는 성장한 남녀가 서로 만나 사랑을 하고 자녀를 낳아 기르는 것이 당연한 것처럼 한자와 한글은 태어나면서부터 서로가 서로를 필요로 하는 남녀, 부부와 같은 존재다.

남녀가 서로 부부로 만나지 못하고 적대시 한다면 그 사이에서 새로운 생명의 탄생을 기대하기 어렵다.

그럼에도 오늘 우리는 '한글은 소리글(표음문자)이며 한겨레의 글자'이고 '한자는 뜻글(표의문자)이며 지나인의 글자'라는 인식에 사로잡혀 이들이 서로 만나는 것을 방해하고 떼어놓기에 급급하다.

견우와 직녀는 비록 일 년에 한 번이나마 서로 만나 아쉬운 정을 나눌 수가 있지만 오천 년이나 되는 오랜 세월을 지나오는 동안 한자와 한글의 사이는 더욱 멀어지고 감정의 골은 더욱 깊어지는 실정이다.

1) 한자와 한글은 태생적으로 한 몸이다

'한자'라는 글자 자체가 모양을 통하여 '뜻'을 쉽게 전달하는 특징이 있으므로 '뜻글자'라는 주장은 틀린 말이 아니다.
하지만 '한자는 뜻글자이므로 소리는 의미가 없다'는 주장과 연결되면 전혀 이야기가 달라진다.

예를 들어 '見'자는 '볼 견'과 '나타날 현' 등 두 가지 음으로 읽는다.
이것은 어떠한 경우에는 '견'이라고 발음하고 어떤 경우에는 '현'으로 발음한다는 의미이다.
과연 이들이 나타내는 '어떤 경우'는 어떤 것을 말하는 것일까? '견'의 'ㄱ'과 '현'의 'ㅎ'은 아무런 의미 없이 경우에 따라 그저 소리만으로 나뉘어지는 것일까?

'參'자는 '간여할 참'과 '석 삼'으로 읽는다. 어떤 경우에는 '삼'으로 발음하고 어떤 경우에는 '참'으로 발음한다는 의미다. 한자의 소리에 의미가 없다면 어떻게 하나의 글자를 서로 다른 음으로 읽어 내용을 구분할 수가 있는가?
'見'자는 '땅'과 관련될 때는 '견'으로 발음하고 '하늘'과 관련될 때는 '현'

으로 발음하며 '參'자는 '생명체의 삶'과 관련이 있을 때는 '삼'으로 발음하고 '하늘'과 관련된 어떤 것을 나타낼 때는 '참'으로 발음한다.
의미가 어떠한지에 따라 '삼과 참', '견과 현'으로 '소리(音)'가 달라진다는 것을 알 수 있다.

見(볼 견, 나타날 현) ; 견과 현으로 'ㄱ'과 'ㅎ'의 관계
降(내릴 강, 항복할 항) ; 강과 항으로 'ㄱ'과 'ㅎ'의 관계
參(석 삼, 간여할 참) ; 삼과 참으로 'ㅅ'과 'ㅊ'의 관계
識(알 식, 표할 지) ; 식과 지로 'ㅅ'과 'ㅈ'의 관계
'가(可)와 하(何)', '가(暇)와 하(瑕)', '과(過)와 화(禍)' 등도 마찬가지다.

굳이 더 많은 예를 찾지 않더라도 '한자는 뜻글자이므로 소리(음)는 의미가 없다'라는 말이 잘못되었다는 것을 알 수 있다.

한자는 원래 글자의 '모양'과 '의미'와 '소리'라는 3개의 요소로 되어 있다.
다시 말하면 어떤 하나의 개념을 나타내기 위해서 글자의 '모양'과 '의미'와 '소리' 이 세 가지를 필요로 한다는 것이며 하나의 한자를 풀이하기 위해서는 이 세 가지를 모두 고려해야 한다는 것이다.
한자의 모양과 의미와 소리는 각각 나타내고자 하는 무언가를 가지고 있기 때문이다.
따라서 한자의 소리(음)는 한자의 모양과 의미만큼이나 소중하고 소중하다.

더구나 우리가 주목해야 할 것은 이 소중한 한자의 음이 한글로 표현된다는
사실이다.

한자의 소리(음)가 중요하다는 것과 한자의 음을 적는 기호가 한글이라는 이
말은 한자와 한글이 불가분의 관계에 있다는 암시다.

한자와 한글은 동전의 양면처럼 한 몸의 양면이다. 이 사실을 알고 나면 한
자 해석의 새로운 경지가 열리게 된다.

한자를 구성하고 있는 세 개의 요소(形音義) 가운데 한 가지가 무시되어서
는 안 되는 것과 같은 이유로 세 가지 요소 가운데 한 가지가 서로 같다는 것
또한 매우 중요한 의미를 갖는다.

세 가지 가운데 하나가 같다는 것은 적어도 33.3%는 같은 점이 있다는 의미
이기 때문이다.

'한자는 중국글' 그리고 '한글은 우리글'이라고 굳게 믿고 있는 사람들에
게 한자와 한글이 한 몸의 양면이라는 말은 쉽게 받아들여지기 어려울지도
모르겠다. 하지만 그것은 사실이다.

특히 기초한자를 탐구해 보면 한자가 우리말과 얼마나 긴밀하게 관련되어
있는지를 실감할 수 있다. 우리가 일상에서 사용하는 말의 개념을 동원해야
만 정체를 알 수 있는 한자가 따로 있다.

그뿐 아니다. 한자의 의미, 한자의 모양, 한자의 소리를 보면 그 속에는 소위
한국사상의 핵심인 하늘과 천지인(天地人), 그리고 음양(陰陽)을 비롯해서

태양과 북두칠성과 자연과 만물에 대한 철학이 가득 차 있다.
소리와 모양의 특성을 이용하여 삼라만상이 하늘과 어떤 관계에 있는지를
나타내는 것이 한자와 한글이라는 두 문자의 관계다.

2) 글자의 생명은 소리에 있다

한자의 정확한 의미를 알아내기 위해서는 한자를 구성하고 있는 세 가지 요
소인 '모양'과 '의미'와 '소리'를 고루 살펴야 하는데 이 세 가지 요소 가운
데서도 '소리(音)'는 특히 문자의 생명과 직결되는 소중한 요소다.
사람의 '말'이 '소리'의 특성을 지니고 있으며, 문자는 말을 표기하는 기호
이기 때문에 소리는 말과 문자를 연결하는 고리가 되는 셈이다.
문자로서 이상적인 모양(形)과는 무관하게 그것이 소리와 연계가 되지 못한
다면 그것은 하나의 평범한 그림이나 낙서에 지나지 않는 것이다.

이처럼 어떤 그림이 문자로 발전하는 계기는 그 그림이 '말'과 대응관계를
맺었는가가 관건이 된다.
한자는 상형문자에서 비롯되지만 많은 형상들이 문자로 발전하지 못하는
이유는 이처럼 말과 특별한 관계를 설정할 기회를 갖지 못했기 때문이다.
한자는 회화적 특성이 강하므로 대상에 따라 그 모양을 이용하여 얼마든지
한자를 만들 수는 있지만 아무리 많은 형상이 있다 하더라도 사람의 말소리
와 연계되지 않는다면 형상은 그저 하나의 그림에 머물고 마는 것이다.

한자에서 음이 소중한 이유가 여기에 있다.

'鳥' 모양의 그림이 문자로써 생명을 가지는 것은 '조'라는 음(소리)과 맺은 관계 때문이며, '隻' 자가 문자로 사용되는 것도 '척'이라는 음과의 인연 때문이다.

'조'라는 음(소리)과 '척'이라는 음 속에는 이미 오래 전부터 축적된 상징과 의미들이 담겨 있던 것인데 '鳥', '隻'이라는 모양의 그림과 만나 서로 동일시하는 과정을 거치면서 글자로 채택되었던 것이다.

음에 대한 개념이 선행되지 않았다면 '鳥(새)'를 '조'라는 말로 부르는 것이 불가능해지기 때문이다.

'개(犬)'도 마찬가지고 '소(牛)'도 마찬가지며 '말(馬)'도 마찬가지다. 개나 소나 말을 한자로 옮길 때 이미 '개=견', '소=우', '말=마'라는 음(소리)의 개념이 먼저 정립되어 있었던 것이다.

따라서 음(소리)의 개성을 나타내는 것은 '한글'의 특성이므로 한자 속에 이미 한글이 담겨 있다는 것을 알 수 있다.

이것은 글자와 말의 관계를 생각하면 그리 이해하기가 어려운 것이 아니다.

맨 처음 사람의 말은 말이라기보다는 소리에 가까웠을 것이다. 점차 소리에 일정한 원리나 규칙을 담을 수 있게 됨으로써 다른 소리와 구분하여 '말'이라고 불렀을 것이고 이 말을 기록하는 수단으로 개발된 것이 글자이기 때문이다.

따라서 '글자'는 불가피하게 '말'의 특성을 따를 수 밖에 없는 것이며 한자

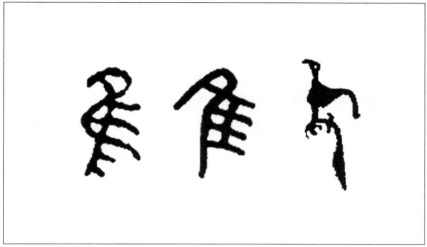

〈그림 2-1〉 '鳥', '隹'와 '隻'의 옛글자. 새의 모습이 사실적으로 그려져 있다는 것을 알 수 있다.

의 음(소리) 역시 말이 지향하는 의미나 목표를 따를 수 밖에 없는 것이다.

'소리(音)'는 바다를 항해하는 선박의 '키'와 같아서 소리(音)가 지향하는 최종 목적지가 설정되어 있는 법이다.

한자와 한글은 만들어지는 당시부터 서로 한 몸일 뿐만 아니라 서로 보완적이다.

3) 한자의 음은 뜻에도 간여(干與)한다

한자에서 우리말이 차지하고 있는 부분은 '소리(音)'만이 아니다.

다음은 '소리(音)'와 '의미(뜻, 訓, 義)'가 서로 간에 어떻게 연결되어 있는지를 말해 주는 사례들이다.

疋 : 발 소(발을 '소'라고 한다)
牛 : 소 우(소를 '우'라고 한다)

⇒ 이 두 글자에서 우리는 우리말 '발', '소', '우'의 관계를 살펴볼 수 있는데, A=B, B=C, A=C의 논리를 이용하여 설명하면, '발'을 '소'라고 하고 '소'를 또 '우'라고 하므로 '발'과 '우'는 서로 같은 의미라는 것을 짐작할 수 있다.

飛 ; 날 비(날을 '비'라고 한다)
雨 ; 비 우(비를 '우'라고 한다)

⇒ 이 두 글자 역시 A=B, B=C이므로 A=C의 논리를 이용하면, '날'은 '비'이고 '비'는 또 '우'이므로 '날=우'의 관계에 있음을 짐작할 수 있다.

生 ; 날 생(날을 '생'이라고 한다)
出 ; 날 출(날을 '출'이라고 한다)
日 ; 날 일(날을 '일'이라고 한다)
事 ; 일 사(일을 '사'라고 한다)
緖 ; 일 서(일을 '서'라고 한다)

⇒ 이들은 조금 복잡해 보이기는 하지만 '날'과 '일'을 중심으로 '생', '출'과 '사'와 '서'가 서로 같다는 사실을 말해 준다.

'날'이라는 말은 어느 경우 '사' 또는 '서'와 같은 의미로 쓰인다는 것이며 그 역의 경우도 마찬가지다.

하늘에서 내리는 비는 왜 '비'라고 했을까?
'雨'자에 그 답이 담겨 있다.
'雨'자는 하늘(一)에서 이 세상이라는 공간(冂)으로 내려오는(｜) 작은 물방울(ㆍㆍㆍㆍ)을 나타내는데 그것의 성격을 나타내는 것이 '비'라는 훈과 '우'라는 음이다.
'비'는 '준비(準備)' 또는 '비행(飛行)'에서의 쓰임처럼 '미리 준비되어 있다'라는 뜻과 '날아 온다'라는 의미이고 '우'는 '하늘', 즉 사람의 머리 '위'라는 뜻이다. 그러니까 '雨'자는 모양과 음 그리고 훈에서 이중 삼중으로 그 속성을 말해 주고 있다고 볼 수 있다.

이것이 한자로부터 읽어낼 수 있는 우리말과의 관련성이다.
한자에는 음과 훈의 관계를 이용하여 우리말의 개념을 정의할 수 있는 요소들이 가득 담겨 있다.
이 요소들을 활용한다면 비, 소, 덕, 입, 목, 육 등 한글에서 명확하게 정의하기 어려운 단음절어들의 의미들을 명확하게 정의할 수 있을 뿐 아니라 뜻을 몰라 이미 사어(死語)가 된 말들을 되살려 낼 수도 있을 것이다.

생각해 보면 '글자'란 머리 속의 생각을 담아 놓은 기호다.
이 기호는 모양과 소리와 의미로 생각과 연결된다.

이 세상의 모든 글자들은 모양과 소리와 의미가 연결된 기호다.

소리를 전하기 쉬운 특성을 가진 한글 같은 글자가 있고 뜻을 전하기에 용이한 특성을 가진 한자 같은 글자가 있을 뿐 모든 글자는 뜻글자이며 동시에 소리글자다.

이제 소개할 한글의 기원은 그 토대가 한자에서 얻어진 자료라는 면에서 주목할 만하다고 할 수 있다.

기존의 연구들과는 궤를 달리하는 것이어서 향후 한글의 연구와 발전에 새로운 전기가 될 수도 있을 것이다.

2. 한글은 어떻게 만들어지는가?

지구상에는 수많은 문자가 있다.

그 중에서도 우리 한글은 '자음(子音)'과 '모음(母音)'으로 구분된 음소(音素)들을 서로 결합하여 여러 가지 생각(개념, 관념의 세계)을 자유자재로 표현할 수 있는 과학적이며 합리적인 문자로 주목을 받고 있다.

더구나 세계 어느 종족의 말이라도 그 음가를 사실에 가깝게 표현할 수 있는 유일한 글자로 밝혀지면서 세계의 통용문자로 거론되기도 한다.

이것은 우리 한글의 기원을 명쾌하게 밝혀야 할 책임이 우리에게 있으며 이 책임을 더 무겁게 더 절박하게 느껴야 한다는 의미이기도 하다.

한글의 성격이나 근본에 관해서는 세종대왕께서 창제하신 훈민정음을 참고하기로 한다.

훈민정음에는 한글의 이해에 참고가 되는 많은 정보들이 담겨 있는데 훈민정음(訓民正音) 해례(解例)의 '제자해(制字解)'에 있는 '훈민정음은 우주자연의 순행이치를 따라 만들었다'라는 구절은 그 중에서도 핵심이다.

'우주자연의 순행이치에 따라 만든 글자'의 의미는 무엇일까?

그것은 까다롭게 말하자면 한없이 까다롭지만 쉽게 말하면 '아침이면 해가 뜨고 저녁이면 해가 진다', '해가 뜨면 세상이 밝고 해가 지면 어둡다', '나이가 들면 늙는다' 등등 우리가 일상에서 너무나 쉽게 보고 듣고 체험한 일들이 모두 우주자연의 이치에 해당한다.

따라서 한글이 만들어지는 원리와 이해도 이와 같을 것이다.

멀리 밖에 있는 것이 아니라 우리가 언제나 보고 듣고 체험하는 생활 속에, 자연 속에 있을 것이다.

이런 생각으로 우리가 세계에 자랑하며 세계가 주목하는 한글이 어떻게 만들어지는지를 살펴보기로 한다.

1) 자음(子音)이 만들어지는 원리

한자의 기원을 설명하면서 한자의 기원으로써의 '•'에 대해서 설명한 바가 있는데 우리가 세계에 대하여 자랑스럽게 여기는 한글 또한 '•'에서 기원한다.

'•'에 대해서는 앞에서 설명한 바가 있으므로 생략하기로 하고 한글이 만들어지는 과정을 설명하기로 한다.

'•'은 두 가지 방법으로 모습을 드러낸다.

하나는 'ㅇㅁ△'과의 결합이다.

'ㅇㅁ△'은 앞에서 설명한 바와 같이 '천지인'을 상징하는 기호다.

'원방각'이라고도 한다. 'ㅇㅁ△'과 '·, ㅡ, 二'가 일정하게 결합하여 한글의 자음 아홉 글자가 만들어진다.

ㅇ에서 'ㅇ, ㆆ, ㅎ'의 세 글자가 만들어진다.

ㅇ + · ⇒ ㅇ
ㅇ + ㅡ ⇒ ㆆ
ㅇ + 二 ⇒ ㅎ

ㅁ에서 'ㅁ, ㅍ, ㅂ'의 세 글자가 만들어진다.

ㅁ + · ⇒ ㅁ
ㅁ + ㅡ ⇒ ㅍ
ㅁ + 二 ⇒ ㅂ

△에서 'ㅅ, ㅈ, ㅊ'의 세 글자가 만들어진다.

△ + · ⇒ ㅅ
△ + ㅡ ⇒ ㅈ
△ + 二 ⇒ ㅊ

이상을 정리하면 다음과 같다.

ㅇ ⇨ ㅇ, ㆆ, ㅎ

ㅁ ⇨ ㅁ, ㅍ, ㅂ

△ ⇨ ㅅ, ㅈ, ㅊ

한글의 자음 9글자를 다시 다음과 같이 한 줄로 나열해 보면 이들 사이에 존재하는 일정한 규칙이 모습을 드러낸다.

ㅇ + • ⇒ ㅇ   ㅁ + • ⇒ ㅁ   △ + • ⇒ ㅅ

ㅇ + ㅡ ⇒ ㆆ   ㅁ + ㅡ ⇒ ㅍ   △ + ㅡ ⇒ ㅈ

ㅇ + 二 ⇒ ㅎ   ㅁ + 二 ⇒ ㅂ   △ + 二 ⇒ ㅊ

즉 'ㅇㅁㅅ'에는 '•'이 포함되어 있고 'ㆆㅍㅈ'에는 'ㅡ'이 포함되어 있으며 'ㅎㅂㅊ'에는 '二'가 포함되어 있는데 이들 '• , ㅡ, 二'가 곧 규칙을 담당하는 부호인 셈이다.

'•'이 모습을 드러내는 두 번째 방법이 'ㅣ'과 'ㅡ'이다.
이 도형으로부터 자음 네 글자가 만들어진다.

• ⇨ ㅡ + ㅣ ⇒ ㄱ

• ⇨ ㅣ + ㅡ ⇒ ㄴ

• ⇨ ㅡ + ㅣ + ㅡ ⇒ ㄷ

• ⇨ ㅡ + ㅣ + ㅡ + ㅣ + ㅡ ⇒ ㄹ

이상을 정리하면 다음과 같다.

• ⇨ ㅣ, ㅡ ⇒ ㄱ, ㄴ, ㄷ, ㄹ

이제 이들을 근거로 자음 14자가 만들어지는 원리를 살펴보기로 한다.

① 자음에 관한 첫 번째 기원

자음이 만들어지는 첫 번째 기원은 앞에서 언급한 '○□△' 이다.

'○' 은 '하늘' 을 나타내는 도형이다.
자음의 'ㅇ' 은 '○□△' 의 '○' 의 모양을 나타낸 것이며 'ㅇ' 의 위에 'ㅡ' 을 더해서 'ㆆ' 을 만들고 'ㅇ' 의 위에 '二' 를 더해서 'ㅎ' 을 만들었다. 'ㅇ' 이 본래 '하늘' 을 나타내는 기호이므로 'ㅇ, ㆆ, ㅎ' 이 '하늘(天)' 을 나타내게 되지만 'ㅇ—ㆆ', 'ㅇ—ㆆ—ㅎ' 으로 모습이 바뀌면서 'ㅇ' 은 '하늘의 움직임, 작용, 변화' 등을 나타내고 'ㆆ' 은 '하늘의 몸, 형상' 을 나타내며 'ㅎ' 은 '하늘의 정신, 마음, 이념' 등을 나타내는 식으로 다시 구분된다.

'ㅁ' 은 '땅' 을 나타내는 도형이다.
자음의 'ㅁ' 은 '○□△' 의 'ㅁ' 의 모양을 나타낸 것이며 'ㅁ' 위에 하늘을 향해 두 개의 선을 세워 'ㅂ' 을 만들고 'ㅁ' 의 위와 아래에 각각 두 개의 선을 나란히 그어 'ㅍ' 을 만들었다. 'ㅁ, ㅂ, ㅍ' 이 본래 '땅(地)' 을 나타내는 기호이지만, 'ㅁ→ㅍ', 'ㅁ→ㅍ→ㅂ'으로 변하면서 'ㅁ'은 땅의 변화, 움직임, 작용, 흐름을 나타내고 'ㅍ'은 땅의 몸, 살을 나타내며 'ㅂ'은 땅의 정신, 마음, 이념 등을 나타낸다.

'△'은 '만물'을 나타내는 도형이다.
자음의 'ㅅ'은 'ㅇㅁ△'의 '△'의 모양을 나타낸 것이며 '△' 위에 'ㅡ'을 더해 'ㅈ'을 만들고 '△' 위에 'ㄷ'를 더해 'ㅊ'을 만들었다.
'ㅅ, ㅈ, ㅊ'이 본래 '사람(만물)'을 나타내는 기호이지만 'ㅅ→ㅈ', 'ㅅ→ㅈ→ㅊ'으로 변하면서 'ㅅ'은 만물의 변화, 흐름, 작용, 움직임 등을 나타내고, 'ㅈ'은 만물의 몸(살), 형상, 멈춤 등을 나타내며 'ㅊ'은 만물의 정신, 마음, 이념을 나타낸다.

이상의 내용을 정리하면 'ㅇㅁ△'으로 표시되는 '천지인'이 또 각각 '천'이 천지인으로 나뉘고 '지'가 또 천지인으로 나뉘며 '인'도 천지인으로 나뉘어 천지인이라는 논리를 고리로 글자들의 모양과 성격이 조금씩 달라진다는 것을 알 수 있다.
이것을 표로 나타내면 다음과 같다.

구분	천	지	인
천(ㅇ)	천의 천	천의 지	천의 인
지(ㅁ)	지의 천	지의 지	지의 인
인(△)	인의 천	인의 지	인의 인

이 표에 각각 'ㅇㅁ△'을 이용하여 만들어지는 자음(9자)을 대입하면 다음과 같다.

구분	천	지	인
천(ㅇ)	천의 천(ㅎ)	천의 지(ㆆ)	천의 인(ㅇ)
지(ㅁ)	지의 천(ㅂ)	지의 지(ㅍ)	지의 인(ㅁ)
인(△)	인의 천(ㅊ)	인의 지(ㅈ)	인의 인(ㅅ)

첫 줄의 'ㅎ, ㆆ, ㅇ'은 하늘의 속성을 천지인으로 나누어서 표현하는 방법이며, 둘째 줄의 'ㅂ, ㅍ, ㅁ'은 땅의 속성을 천지인으로 나누어서 표현하는 방법이고, 셋째 줄의 'ㅊ, ㅈ, ㅅ'은 인(만물)의 속성을 천지인으로 나누어서 표현하는 방법이다.

이렇게 해서 'ㅇㅁ△'을 이용하여 만들어지는 자음 9자의 성격이 정해진다. 이 표에 의하면 우리 한글의 자음 하나 하나는 어떤 실체를 설명함에 있어서 적어도 9가지 개념을 고려하여 표현하고 있다는 것을 알 수 있는데, 지구상에 이처럼 논리정연한 체계를 가진 문자는 한글 외에는 없다고 생각된다. 우리 한글이 세계 언어사상 빼어난 글자로, 담아내지 못할 소리나 개념이 없다는 것은 이처럼 조직적이고 체계적인 기원에서 그 답을 얻을 수 있다.

② 자음에 관한 두 번째 기원

현재 우리가 사용하는 자음의 수는 ㄱ, ㄴ, ㄷ, ㄹ, ㅁ, ㅂ, ㅅ, ㅇ, ㅈ, ㅊ, ㅋ,

ㅌ, ㅍ, ㅎ 등 총 14자이다. 이 가운데 9자의 기원에 대해서는 앞에서 살펴보았고 이제는 나머지 글자들에 대해서 알아보기로 한다.

한글의 자음이 하나의 논리로 설명이 되지 않는다는 것은 또 다른 기원이 있음을 의미하는 것인데, 자음이 만들어지는 두 번째 기원은 'ㅣ, ㅡ'이다.

이 도형으로부터 자음 네 글자 'ㄱ, ㄴ, ㄷ, ㄹ'이 만들어진다.

'ㅣ, ㅡ'과 'ㄱ, ㄴ, ㄷ, ㄹ'의 관계

먼저 'ㅣ'과 'ㅡ'의 모양에 대해서 말하자면 'ㅣ'은 'ㆍ'이 상하(⇧⇩)로 늘어난(팽창) 모양이고, 'ㅡ'은 'ㆍ'이 좌우(⇦⇨)로 팽창한 모양이다.

'ㅣ'과 'ㅡ'이 'ㆍ'의 모습이 변한 것이므로 'ㅣ, ㅡ'과 'ㆍ'은 본질적으로 서로 하나다. 차이가 있다면 아기가 태어나기 전 어머니의 뱃속에 있을 경우와 세상에 태어난 경우의 차이라고 말할 수 있겠다.

뱃속의 아이는 'ㆍ'으로 표시되고 세상에 태어난 아이의 표시가 'ㅣ'과 'ㅡ'인 셈이다.

한편, 'ㅣ'과 'ㅡ'은 기원이 같으므로 근본 바탕은 같지만 생긴 모양으로 인해 'ㅣ'은 '위에서 아래로 내려오다' 또는 '아래에서 위로 올라가다', 즉 '상하로 통하다'라는 의미를 갖게 되며 'ㅡ'은 땅에 수평으로 누운 듯한 모습 때문에 '하늘', '땅', '누었다' 등의 의미를 갖게 된다.

'ㅣ'과 'ㅡ'은 이와 같이 '근본 바탕'과 생긴 '모양' 속에 '주어'와 '술어'를 갖게 되어 하나의 완성된 문장을 이루게된다.

예를 들어 'ㅣ'은 '하늘이 내려오다'라는 문장으로 풀이할 수 있으며 'ㅡ' 역시 '하늘(또는 땅)이 높다' 또는 '땅에서 어떤 역할을 수행하다'라는 의미의 문장으로 풀이할 수가 있는 것이다.

이것은 'ㅣ'과 'ㅡ'이 모두 'ㆍ'이 변해서 만들어진 것이기 때문에 가능한 것이다. 모양은 변했어도 본질은 언제나 'ㆍ'이라는 것을 바탕에 두고 있기 때문이다.

'ㅣ'과 'ㅡ'의 획을 합성하여 만든 글자가 'ㄱ', 'ㄴ', 'ㄷ', 'ㄹ'이다.

'ㄱ(기역)'

'ㄱ'은 'ㅡ'과 'ㅣ'이 합해진 모양의 글자로, 'ㅡ'은 '하늘'의 표시이고 'ㅣ'은 '내려오다'라는 뜻을 나타낸다.

이런 배경 때문에 'ㄱ'은 '하늘이 땅에 내려오다'라는 기본 의미를 가지게 된다.

'가'라는 말이 가다, 옳다, 허락, 더하다, 집, 곁 등의 의미로 쓰이는 것은 주체인 하늘이 땅으로 내려 왔다는 원래의 배경 때문이다.

'ㄴ(니은)'

'ㄴ'은 'ㅣ'과 'ㅡ'이 합해진 모양의 글자로, 'ㅣ'은 'ㄱ'의 경우에서와 같이 '하늘이 내려오다'라는 뜻을 나타내고 'ㅡ'은 땅에 내려온 하늘이 펼치는 작용을 나타낸다.

때문에 우리가 자기 자신을 가리켜 '나'라는 말로 부르는 것은 '하늘에서 내려온 존재'라는 뜻이 담겨 있는 것이다.

비록 뜻을 모르고 사용했을지라도 우리가 쓰는 제1인칭 주어인 '나'라는 말 속에는 한겨레가 자기 스스로를 '하늘백성'으로 여겼다는 인식이 담겨 있음을 알 수 있다.

'ㄷ(디귿)'

'ㄷ'은 'ㄱ'과 'ㄴ'이 결합한 모양의 글자로, '하늘이 내려와 땅에서 수행하는 어떤 역할', 즉 땅에서의 어떤 일이 하늘과 긴밀하게 연결되어 있음을 나타낸다. '천지 합일(天地 合一)'의 의미다.

'다'라고 하는 말은 '어느 것 하나 빠짐없이 모두'라는 뜻으로 하늘과 땅과 그 안에 살고 있는 모든 생명체까지 통틀어 부르는 말이다.

제단이나 북두칠성의 두성, 두목, 단군 등에 쓰인 'ㄷ'은 모두 '하늘과 땅의 연결'을 의미하는 요소로 쓰였다.

'머리'를 나타내는 '頭(머리 두)'자를 '두'라는 음으로 부르는 것도 사람의 머리가 하늘과 직접 연결되어 있다고 여겼다는 의미다.

'ㄹ(리을)'

'ㄹ'은 'ㄱ', 'ㄴ' 그리고 'ㄷ'이 하나로 이어진 것으로, 하늘에서부터 시작해서 아래로 아래로 계속해서 흘러내리는 모양을 이용하여 순환하는 자연의 속성을 나타낸다.

'ㄱ'에서 시작하여 'ㄴ'으로, 다시 'ㄷ'으로 이어지며 하늘에서 땅으로, 땅에서 다시 다음 단계로 마치 물이 흐르듯 자연이 순환하듯 '흐른다'는 뜻이다. 가지를 치렁치렁 뻗어 내리는 버드나무를 '류(柳, 버들 류)'라는 음으로 부르거나 흐른다는 말을 '류(流, 흐를 류)'라는 음으로 부르는 것은 모두 'ㄹ'이라는 기호가 가지고 있는 '위에서 아래로 흐르다'라는 의미를 반영한 것이다.

③ 자음 두 기원의 결합

위에서 살펴본 것처럼 'ㄱ, ㄴ, ㄷ, ㄹ'과 'ㅁ, ㅂ, ㅅ, ㅇ, ㆆ, ㅈ, ㅊ, ㅍ, ㅎ'은 분명 기원이 다르다. 이렇게 기원이 다른 두 종류의 글자(자음)가 걸림이 없이 서로 한 덩어리로 어울려 하나의 논리적 틀 속에서 조화를 이룰 수 있는 것은 자음의 모체가 되는 'ㅇㅁㅿ'과 'ㅣ, ㅡ'이 동일한 바탕, 즉 '•'에서 기원하였다는 것에서 그 답을 얻을 수 있다.

'ㅇㅁㅿ'이나 'ㅣ, ㅡ'이 공동의 바탕에서 기원하였으므로 여기에서 기원한 글자 역시 근본적으로 내용이 같다고 볼 수 있는 것이다.

그럼에도 'ㄱ, ㄴ, ㄷ, ㄹ'과 'ㅁ, ㅂ, ㅅ, ㅇ, ㆆ, ㅈ, ㅊ, ㅍ, ㅎ'이 서로 매끄럽게 연결되려면 그만한 고리가 있어야 하는데 다행히도 이 부분에 대한 언급이 「훈민정음」 해례본의 〈종성해〉에서 발견된다.

'ㄱ'과 'ㆆ'의 관계를 살펴볼 수 있는 기록은 「훈민정음」 해례본〈종성해〉의 다음 구절이다.

'ㆆ'은 천천히 소리내면 'ㅇ'이 되어 늘어진다

'ㄱ'은 천천히 소리내면 'ㆁ'이 되어 늘어진다

'ㆁ'을 되게 소리내면 변하여 'ㄱ'이 되어 급하여진다

『한글창제원리와 옛글자 살려쓰기』(2007년 반재원, 허정원 지음 도서출판 역락 刊. 참조)

이 세 줄의 짧은 기록은 'ㆁ'과 'ㄱ'과 'ㆆ'이 서로 긴밀하게 연결되어 있음을 말해 주는데 특히 「천천히 소리내면 'ㆆ'과 'ㄱ'이 모두 'ㆁ'으로 된다」는 이 구절은 'ㄱ'과 'ㆆ'이 소리를 매개로 서로 같은 의미의 글자라는 것을 말해 준다.

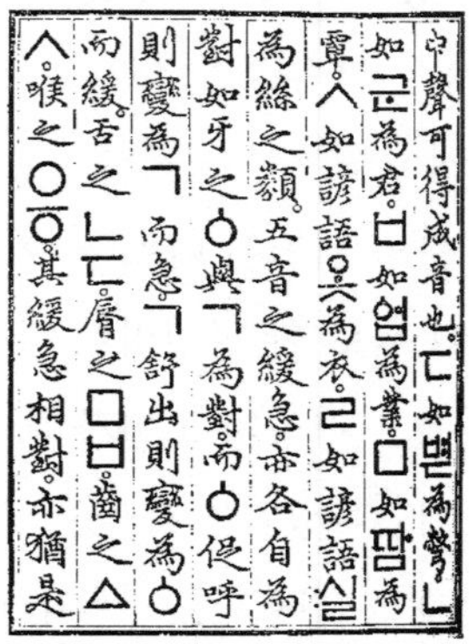
中聲可得成音也。ㄷ如볃爲彆。ㄴ
如군爲君。ㅂ如업爲業。ㅁ如땀爲
覃。ㅅ如諺語옷爲衣。ㄹ如諺語실
爲絲之類。五音之緩急。亦各自爲
對。如牙之ㆁ與ㄱ爲對。而ㆁ促呼
則變爲ㄱ而急。ㄱ舒出則變爲ㆁ
而緩。舌之ㄴㄷ。脣之ㅁㅂ。齒之ㅿ
ㅅ。喉之ㅇㆆ。其緩急相對。亦猶是

〈그림 2-2〉 훈민정음 해례본 종성해

이것은 'ㆆ'이 'ㅎ, ㅇ'과 더불어 '하늘'을 나타내는 기호이며 그 중에서도 'ㆆ'은 하늘의 몸, 하늘의 모습, 하늘의 형상을 나타낸다는 점에서 'ㄱ'과 같은 개념에 속하는 글자라는 논리적 근거를 얻을 수 있다.

우리말 중에 'ㄱ'으로 시작되는 검, 감, 곰, 굼 등이 대개 신성하다, 크다, 위대하다 등의 뜻을 나타내는 것은 모두 'ㄱ'이 가지고 있는 '하늘이 땅으로 내려오다'라는 개념으로부터 비롯된 것이다.

'ㄱ'은 그 자체로 '하늘이 내려오다', '하늘이 형상을 드러내다'라는 상형의 의미를 가지고 있기 때문이다.

그런가 하면 'ㄱ'에 이어 나타나는 'ㄴ, ㄷ, ㄹ'은 'ㄱ' 즉 '땅에 내려온 하늘'이 계속해서 땅 위에서 진행하는 일련의 과정을 나타내는데 'ㄱ'이 '천지인'의 논리 체계에 속해 있는 만큼 'ㄱ'에서 분화되는 'ㄴ, ㄷ, ㄹ' 또한 '천지인'의 논리 체계에 속하게 된다.

'•'에서 '천지인(ㅇㅁ△)'으로, '천지인'에서 또 'ㅇㆆㅎ', 'ㅁㅂㅍ', 'ㅅㅈㅊ'으로 'ㅎ'에서 'ㄱ'으로, 'ㄱ'에서 또 'ㄴ, ㄷ, ㄹ'로 '천지인'의 분화는 계속되는 것이다.

따라서 'ㄴ, ㄷ, ㄹ' 또한 각각 '천지인'과 관련을 맺게 되는데 'ㄴ, ㄷ, ㄹ' 가운데는 'ㄷ'이 '천', 'ㄴ'이 '지' 그리고 'ㄹ'이 '인'에 속한다.

'천지인'이 각각 '천지인'으로 또 각각 '천지인'으로 끊임없이 분화하는 자연계의 질서에 따라 우리의 자랑스런 한글 역시 '천지인'적인 분화를 거듭하고 있는 것이다.

이 관계를 도형으로 표시하면 다음과 같다.

※ 자음과 천지인의 관계

구분	천	지		인	비고
天(圓, ㅇ)	ㅎ	ㆆ, ㄱ(ㅋ)		ㅇ(ㅇ)	ㄴ, ㄷ, ㄹ 은 ㄱ의 속성을 '천지인'으로 구분한 것
		ㄷ(ㅌ)	ㄴ	ㄹ		
地(方, ㅁ)	ㅂ	ㅍ		ㅁ(ㅁ)	
人(角, △)	ㅊ	ㅈ		ㅅ(△)	

이것을 다시 풀어서 설명하면,

하늘의 속성 가운데 성품(정신, 마음, 논리, 가치 등)을 표현하는 자음이

'ㅎ'이고 하늘의 속성 가운데 몸, 형상을 표현하는 자음이 'ㄱ'이며 하늘의 속성가운데 변화, 작용, 움직임 등을 표현하는 자음이 'ㅇ'이다.

'ㄴ, ㄷ, ㄹ'은 'ㄱ'의 개념에 속하는 자음으로, 'ㄱ'이 '천지인'의 개념의 틀 안에서 다시 천지인으로 분화하는 체계에 속해 있다.
'ㄱ'의 속성 가운데 하늘에 속한 성질을 상징하는 자음이 'ㄷ'이고 'ㄱ'의 속성 가운데 땅의 속성을 상징하는 자음이 'ㄴ'이며 'ㄱ'의 속성 가운데 사람(만물)의 속성을 상징하는 자음이 'ㄹ'이다.

땅의 속성 가운데 땅의 정신을 상징하는 자음이 'ㅂ'이고 땅의 속성 가운데 땅의 형상을 상징하는 것이 'ㅍ'이며 땅의 속성 가운데 땅의 변화, 작용을 상징하는 자음이 'ㅁ'이다.

만물의 속성 중에서 정신, 가치, 이념을 나타내는 자음이 'ㅊ'이고 만물의 속성 중에서 몸(살)을 표현하는 자음이 'ㅈ'이며 만물의 속성 중에서 작용, 변화, 흐름을 표현하는 자음이 'ㅅ'이다.

앞의 표에서 보는 것처럼 좌변의 천지인은 음계에 따른 구분이며 동일한 음계 내에서도 또 각각 '천지인'의 성격을 나타내는 자음으로 구분되어 있음을 알 수 있는데, 이것은 우리가 사용하는 14개의 자음이 각각의 독자적인 의미를 가지고 있다는 것을 말해 주는 한편 이들 의미들을 하나로 합치면 '•'이 되어 우주, 하늘, 하느님과 합치된다는 것을 말해 준다.

'•'에서 분화되어 'ㅇㅁ△'이 되고 'ㅇㅁ△'에서 또 분화되어 한글의 자음 14개가 된다는 것은 역으로 자음 14개를 결합하면 'ㅇㅁ△'이 되고 'ㅇㅁ △'을 또 결합하면 '•'이 되는 것으로 우리 한글의 자음 14자가 '•'과 특별한 관계에 있음을 말해 준다.

한글의 자음 하나하나는 결국 '•'으로 표시되는 '하늘(해, 우주, 하나님)'을 나타내는 기호인 것이며 하늘의 어떠한 성질을 나타내는가에 따라 각각 14개의 모양으로 구분된다는 것을 의미한다.
이것이 우리 한글의 자음이 갖는 특성이다.

④ 자음의 의미

이상으로 자음의 기원에 대해서 살펴보았는데, 기원에 따르는 태생적인 배경 때문에 우리 한글의 자음 14자는 다음과 같은 각각의 고유한 의미들을 갖게 된다.

ㄱ ; 하늘이 땅에 내려옴(가다, 감, 거리 등)
ㄴ ; 땅에 내려와 땅 위에 펼쳐진 하늘의 몸(나, 너, 내려오다 등)
ㄷ ; 하늘과 땅의 연결(단, 대, 제단, 북두칠성 등)
ㄹ ; 하늘의 계속된 변화와 작용(흐르다, 물 등)
ㅁ ; 땅의 변화, 작용(몸, 물, 말 등)
ㅂ ; 땅의 정신, 가치, 마음, 개념(밝, 별, 불 등)

ㅅ ; 만물의 작용(삶, 사다, 서다, 수그리다, 솟아오르다 등)

ㅇ ; 하늘의 작용(얼, 아름답다, 오르다 등)

ㅈ ; 만물의 몸, 뿌리(중심, 정지, 주체 등)

ㅊ ; 만물의 정신, 가치, 마음(참되다, 춤추다, 천거 등)

ㅋ ; 'ㄱ'의 의미에 '천지인'의 의미를 더함

ㅌ ; 'ㄷ'의 의미에 '천지인'의 의미를 더함

ㅍ ; 땅의 몸, 형상(퍼지다, 벌판, 평평하다 등)

ㅎ ; 하늘의 정신, 가치, 마음(한, 해, 환하다, 호수 등)

ㆆ ; 점차 의미가 같은 'ㄱ'으로 대체되었다.

'ㅎ종성체언'의 정체

이런 특성이 파악이 되면 비로소 우리 국어 문법에 등장하는 'ㅎ종성체언'
의 정체를 밝힐 수가 있다. 'ㅎ종성체언'에서 말하는 'ㅎ'이야말로 14개 자
음의 바탕이 '하늘'임을 나타내는 기호이기 때문이다.

위의 표에서 보듯이 'ㅎ'은 '하늘 중의 하늘'을 나타내는 상징부호이다.

각각의 체언들이 속에 'ㅎ'을 감추고 있다고 하는 것은 각각의 자음들이 그
안에 '하늘'을 감추고 있다는 것을 의미한다.

2) 모음(母音)이 만들어지는 원리(原理)

오늘날 우리가 사용하는 모음은 'ㅏ, ㅑ, ㅓ, ㅕ, ㅗ, ㅛ, ㅜ, ㅠ, ㅡ, ㅣ' 등 총

10개로 되어 있다. 20세기 초까지만 해도 '•'을 포함하여 모두 11개가 사용되었으나 1933년 한글학자들이 모여 '•'을 제외하기로 결정함으로써 한글의 모음은 11개에서 10개로 줄어들었다. 지금 생각해 보면 훈민정음의 제자 원리에 있어서 '•'자는 'ㅡ', 'ㅣ'와 더불어 '천지인'의 관계를 나타내는 매우 소중한 글자인데도 불구하고 경솔하게 처리한 감이 없지 않다.

훈민정음 해례(解例)의 제자해(制子解)에 따르면 '•'자는 '하늘(天)'을 나타내고 'ㅡ'는 '땅(地)'을 나타내며 'ㅣ'는 '사람(人)'을 나타내는데, '•'과 'ㅡ', 'ㅣ'가 서로 좌우상하로 결합하면서 나머지 모음을 만들어 낸다.

즉 'ㅏ'는 'ㅣ + •', 'ㅓ'는 '• + ㅣ', 'ㅗ'는 '• + ㅡ', 'ㅜ'는 'ㅡ + •'으로 만들어지므로 우리말의 모음 체계에 있어서 '•'의 가치는 절대적이다.

우리 한글의 기원을 우리 한겨레의 역사 기원으로 끌어 올리기 위해서는 다시 '•'을 복원하지 않으면 안된다.
그렇지 않고는 한글의 창제원리로 알려져 있는 '천지인'과의 연결고리를 찾을 수가 없기 때문이다.

① 모음의 모양

'•'은 자신의 모습이 변해서 만들어진 'ㅣ, ㅡ'와 다시 결합하여 모음 11자를 만든다.

• ⇨ •

• ⇨ ㅣ

• ⇨ ㅡ

ㅣ + • ⇨ ㅏ, ㅑ

• + ㅣ ⇨ ㅓ, ㅕ

• + ㅡ ⇨ ㅗ, ㅛ

ㅡ + • ⇨ ㅜ, ㅠ

'•'과 'ㅣ' 그리고 'ㅡ'를 기본 요소로 하여 우리가 일상에서 사용하는 모음 11자가 만들어진다.

(현재는 '•'자를 제외한 10개의 모음이 사용되고 있음)

② 모음의 의미

자음의 경우와 달리 모음은 만들어지는 원리가 비교적 간단하다.

'ㅣ'와 'ㅡ'를 중심으로 어디에 '•'을 두는가에 따라 모양이 달라지며 나타내려는 의미가 서로 달라진다.

따라서 'ㅣ'와 'ㅡ'의 근본 의미를 염두에 두고 있다면 '•'이 놓인 위치만 고려하면 모음의 전체적인 의미가 드러나게 된다.

특히 'ㅣ'와 'ㅡ'를 기초로 하는 모음의 특성상 '•'이 놓인 위치는 좌우(左右)이거나 상하(上下)가 된다.

156

좌우나 상하란 곧 상대적인 관계를 나타내는 말이다.

따라서 '•'이 좌우에 있거나 상하에 있는 글자끼리는 서로 상대적인 관계에 있게 된다.

'아와 어'가, '오와 우'가, '가와 거'가, '고와 구'가 서로 상대적인 관계에 있다. '아와 어', '오와 우'는 'ㅇ'을 중심에 두고 서로 상대적인 관계를 이용하여 확대 사용하는 방법이며 '가와 거', '고와 구'는 'ㄱ'의 의미를 서로 상대적인 관계를 이용하여 다양하게 사용하는 방법이다.

자음이 근본 개념을 나타내는 요소라면 모음은 근본 개념을 2가지, 또는 4가지 방법으로 늘려 사용하는 방법이다.

예를 들어 'ㄱ'이라는 하나의 개념이 있다면 여기에 'ㅏ, ㅑ, ㅓ, ㅕ, ㅗ, ㅛ, ㅜ, ㅠ, ㅡ, ㅣ' 등 10개의 모음이 결합하여 '가, 갸, 거, 겨, 고, 교, 구, 규, 그, 기' 등 10개의 글자를 만들게 됨으로써 'ㄱ'이 가지고 있는 본래의 개념을 10배로 늘려 쓸 수 있게 되는 것이다.

'ㄴ'의 경우도 그렇고 'ㄷ'의 경우도 그러하며 14개의 자음이 모두 그러하다.

이것은 우리 한글이 14개의 자음과 10개의 모음을 통하여 140개의 소리와 개념을 표현할 수 있는 역량을 가진 글자라는 것을 말한다.

14개의 개념을 140개로 늘려 사용할 수 있는 능력!

이것이 모음의 역할이며 작용이다.

이것이 우리 한글의 역량이며 위대함이다.

한글이 빼어난 글자라는 것은 만들어지는 원리가 자연의 그것과 닮아 있으며 자연의 이치를 반영하고 있기 때문에 어디에 적용해도 막힘이 없고 자연스럽다는 점이다.

③ 모음의 의미 풀이

모음이 자연의 이치를 반영하고 있다고 하는 것은 보다 철학적인 이해가 필요하다는 것을 암시하는 표현이다.
보이는 현상을 오해없이 이해하기 위해서는 보이지 않는 관계를 파악하고 있어야 한다.
모음이 만들어지는 기본 요소인 '•'과 '_', 'ㅣ'의 관계를 반복해서 설명하는 까닭이 여기에 있다.

'•'은 '천지인−원방각−ㅇㅁ△'의 합체로써 우주가 생성하기 이전, 사물이 창조되기 이전의 본체를 나타내고, '_'와 'ㅣ'는 태시(太始)에 '•'이 변해서 만들어지는 기호이기 때문에 '•'과 '_', 'ㅣ'는 서로 속해 있는 차원이 다르며 성격도 다르다.
차원이 다르다는 것은 예를 들어 '•'과 '_', 'ㅣ'는 서로 부자(父子)의 관계에 있는 것인데 이 셋을 마치 형제의 관계로 여김으로써 아버지와 아들이라는 이름 속에 맺어지는 무한한 의미들을 부정하는 것에 다름 아니기 때문이다.

'•'은 천지인, 음양이 분화되기 이전의 본체를 나타내고 'ㅇㅁ△'은 '천지인'의 상징이며 천지인은 '우주 자연의 생성원리'를 설명하는 논리체계이고 '_'와 'ㅣ'는 '음과 양'의 상징으로 '우주 자연이 변화하고 발전(운행)하는 원리'를 나타내는 논리체계이므로 이들 사이에는 약간의 미묘한 차이가 존재하기 마련이다.

한자에서 '•'은 '점 주'로 읽으며 해, 하늘, 우주, 하나님, 즉 천지인의 합체를 표시한다.
'ㅡ'와 'ㅣ'는 '•'이 한번 변해서 만들어지는 다른 차원의 글자로 '•'이 상하로 팽창하면 'ㅣ'가 되어 '양'을 나타내는 기호로 쓰이고 '•'이 좌우로 팽창하면 'ㅡ'가 되어 '음'을 나타내는 기호로 쓰인다.
'•'과 'ㅡ', 'ㅣ'가 서로 다른 차원의 '본질'과 '음양'을 상징함으로써 비로소 완성된 하나의 글자인 'ㅏ', 'ㅓ', 'ㅗ', 'ㅜ' 등이 탄생하는 것이다.

이런 과정에 대한 이해가 선행되면 비로소 'ㅣ'는 '양'을 나타내고 'ㅡ'는 '음'을 나타내며 'ㅣ+•'로 만들어지는 'ㅏ'는 '양의 양'을 나타내고 '•+ㅣ'로 만들어지는 'ㅓ'는 '양의 음'을 나타낸다는 것이 자연스럽게 된다.

동일한 논리로 '•+ㅡ', 즉 'ㅗ'는 '음의 양'을 나타내고 'ㅡ+•', 즉 'ㅜ'는 '음의 음'을 나타낸다. 우리가 일상에서 사용하는 10개의 모음은 '음양'과 '음의 양'과 '음의 음', '양의 양'과 '양의 음'의 논리를 바탕으로 하고 있음을 알 수 있다.

〈그림 2-3〉
훈민정음 제자해

3) 한글 풀이의 실제

위에서 14개의 자음과 10개의 모음이 만들어지는 배경과 내용에 대해서 살펴보았다.

이제 이들 자음과 모음이 결합하여 만들어지는 우리말의 실제와 그 의미를 살펴보기로 한다.

① 가와 거

'가'와 '거'는 'ㄱ'의 의미를 음과 양으로 구분하는 방법을 이용하여 만든 글자다. '가'는 'ㄱ'의 양적인 쓰임이고 '거'는 'ㄱ'의 음적인 쓰임이다.

따라서 '가'는 '앞으로 가다'처럼 외부로의 확산이나 팽창을 나타내고(可, 加, 家, 歌, 暇, 街 등) 그에 상대되는 '거'는 '멈춤' 또는 '과거로의 회귀'를 나타낸다(去, 居, 互 등).

② 나와 너

'나와 너'는 'ㄴ'의 의미를 음과 양으로 구분하는 방법을 이용하여 만든 글자다. '나'는 'ㄴ'의 양적인 쓰임이고 '너'는 'ㄴ'의 음적인 쓰임이다.

따라서 '나'는 중심이 되는 '나 자신'을 나타내고 그에 상대되는 '너'는 내가 아닌 상대를 나타낸다.

③ 다와 더

'다와 더'는 'ㄷ'의 의미를 음과 양으로 구분하는 방법을 이용하여 만든 글자다. '다'는 'ㄷ'의 양적인 쓰임이고 '더'는 'ㄷ'의 음적인 쓰임이다.

따라서 '다'라는 말은 '모두', '전부'라는 뜻을 나타내고 그에 상대되는 '더'는 '조금'이라는 뜻의 부족이나 넘침을 나타낸다.

④ 사와 서

'사'와 '서'는 'ㅅ'의 의미를 음과 양으로 구분하는 방법을 이용하여 만든 글자다.

'사'는 'ㅅ'의 양적인 쓰임이고 '서'는 'ㅅ'의 음적인 쓰임이다.

따라서 '사'라는 말은 삶, 살다, 사다처럼 새로움으로 나아간다는 의미이고 그에 상대되는 '서'는 '서다'의 경우에서 보듯이 멈춤이나 근본으로의 회귀 등을 나타낸다.

⑤ 아와 어

'아와 어'는 'ㅇ'의 의미를 음과 양으로 구분하는 방법을 이용하여 만든 글자다. '아'는 'ㅇ'의 양적인 쓰임이고 '어'는 'ㅇ'의 음적인 쓰임이다.

따라서 '아'라는 말은 '아침'과 같이 '해'라는 뜻의 양(陽)을 나타내고 그에 상대되는 '어'는 '어둠'과 같이 음(陰)을 나타낸다.

'아와 어'는 '아버지'와 '어머니'에서 그 쓰임을 다시 확인할 수가 있다. 아버지는 하늘과 같은 분이고 어머니는 땅과 같은 분이라는 뜻이다. 하늘과 땅이 상대적인 관계에 있으므로 이 관계를 이용해서 나를 낳아준 아버지와 어머니의 호칭을 삼은 것이다.

⑥ **자와 저**

'자와 저'는 'ㅈ'의 의미를 음과 양으로 구분하는 방법을 이용하여 만든 글자다.

'자'는 'ㅈ'의 양적인 쓰임이고 '저'는 'ㅈ'의 음적인 쓰임이다.

따라서 '자'는 외부지향적인 의미를 나타내며 그에 상대되는 '저'는 내부지향적인 의미를 나타낸다.

自(스스로 자), 子(아들 자), 者(놈 자), 字(글자 자), 資(재물 자) 등 한자의 '자'의 의미가 그러하며 著(분명할 저), 低(밑 저), 貯(쌓을 저), 箸(젓가락 저), 這(이 저), 儲(쌓을 저) 등 한자의 의미가 그러하다.

⑦ **차와 처**

'차와 처'는 'ㅊ'의 의미를 음과 양으로 구분해서 쓰는 방법을 이용해서 만든 글자다. '차'는 'ㅊ'의 양적인 쓰임이고 '처'는 'ㅊ'의 음적인 쓰임이다.

따라서 '차'는 외부지향적인 의미를 나타내는가 하면 그에 상대되는 '처'는 내부지향적인 의미를 나타낸다.

車(수레 차), 且(또 차), 此(이 차), 次(버금 차), 借(빌 차), 差(어긋날 차), 茶(차 차) 등의 의미가 그러하며 處(살 처), 妻(아내 처) 등 한자의 의미가 그러하다.

⑧ **타와 터**

'타와 터'는 'ㅌ'의 의미를 'ㅏ'와 'ㅓ'의 서로 상대적인 관계를 이용하여 만든 글자다.

'차를 타다', '불에 타다'처럼 '타'는 보다 새로움으로 나아가는 과정을 의미하며 '터'는 '집터'처럼 중심을 지향하는 의미가 강하다.

⑨ 하와 허

'하와 허'는 'ㅎ'의 의미를 음과 양으로 나누어 사용하는 방법을 이용해서 만든 글자다.

'하'는 'ㅎ'의 양적인 쓰임이고 '허'는 'ㅎ'의 음적인 쓰임이다.

따라서 '하'로 소리나는 河(강 이름 하), 下(아래 하), 夏(여름 하), 何(어찌 하), 賀(하례 하) 등은 외부지향적 또는 새로움의 의미를 내포하고 있으며 許(허락할 허), 虛(빌 허) 등은 '하'에 상대되는 개념을 나타낸다.

⑩ 고와 구

'고와 구'는 'ㄱ'의 의미를 'ㅗ'와 'ㅜ', 즉 상하로 구분해서 쓰는 방법을 이용해서 만든 글자다.

따라서 '고'는 땅에서 하늘을 향한다는 의미이며 '구'는 하늘에서 땅을 향한다는 방향성을 갖게 되는 것이다.

高(높을 고), 考(상고할 고), 告(알릴 고), 古(옛 고), 固(굳을 고), 故(옛 고), 苦(쓸 고) 등의 한자에서 하늘이나 근원을 향한 방향성을 읽어 내야 하는 것은 그런 이유 때문이며 九(아홉 구), 究(궁구할 구), 口(입 구), 久(오랠 구), 句(글귀 구), 臼(절구 구) 등의 한자에서는 하늘에서 땅으로의 방향성을 느껴야 하는 것 또한 마찬가지다.

⑪ 노와 누

'노와 누'는 'ㄴ'의 의미를 'ㅗ'와 'ㅜ', 즉 상하로 구분해서 쓰는 방법을 이용해서 만든 글자다.

따라서 '노'는 땅에서 하늘을 지향한다는 의미를 내포하고 있으며 '누'는 하늘에서 땅을 지향한다는 의미를 내포하고 있는 것이다.

⑫ 도와 두

'도와 두'는 'ㄷ'의 의미를 'ㅗ'와 'ㅜ', 즉 상하로 구분해서 쓰는 방법을 이용해서 만든 글자다.

따라서 '도'는 'ㄷ'의 의미를 '하늘 지향'의 의미로 쓰는 것이며 '두'는 'ㄷ'의 의미를 '땅 지향'의 의미로 쓴다.

道(길 도), 刀(칼 도), 到(이를 도), 都(도읍 도), 徒(무리 도) 등의 의미 풀이에 하늘의 어떠함을 고려해야 하는 것은 그 때문이며 頭(머리 두), 斗(말 두), 豆(콩 두), 亠(두돼지해밑 두) 등의 풀이에 하늘에서 땅으로의 의미를 염두에 두어야 하는 것도 그 때문이다.

⑬ 모와 무

'모와 무'는 'ㅁ'의 의미를 'ㅡ'를 기준으로 위와 아래 지향이라는 상대적인 관계를 이용하여 만든 글자다.

'모'는 'ㅁ'의 의미를 하늘 지향의 의미로 쓰는 방법이고 '무'는 'ㅁ'의 의미를 땅 지향의 의미로 쓰는 방법으로, 母(어미 모), 毛(털 모), 某(아무 모), 牟(소 우는 소리 모) 등이 아래에서 위로 향하는 의미를 내포하고 있으며 無

(없을 무), 武(굳셀 무), 務(일 무), 巫(무당 무), 毋(말 무) 등이 위에서 아래로 향하는 의미를 내포하고 있다.

⑭ 조와 주

'조와 주'는 'ㅈ'의 의미를 서로 상대적인 관계에 있는 'ㅗ'와 'ㅜ'를 이용하여 만든 글자다.

朝(아침 조), 旱(새벽 조), 祖(조상 조), 趙(나라 조), 鳥(새 조) 등 '조'로 발음되는 한자들이 대부분 하늘을 지향하는 의미를 갖는 것은 '조'자가 만들어지는 원리와 관련된 것이며 主(주인 주), 周(두루 주), 舟(배 주), 朱(붉을 주), 酒(술 주), 宙(집 주) 등 '주'로 발음되는 많은 한자들이 하늘에서 땅으로의 방향성을 갖는 것도 그 때문이다.

⑮ 토와 투

'토와 투'는 'ㅌ'의 의미를 'ㅗ'와 'ㅜ'라는 서로 상대적인 관계를 이용해서 만든 글자다.

'토하다'의 '토'는 아래에서 위를 향한다는 의미이며 '투하'의 '투'는 위에서 아래로 향하는 의미가 있다.

⑯ 호와 후

'호와 후'는 'ㅎ'의 의미를 서로 상대적인 관계에 있는 'ㅗ'와 'ㅜ'를 이용하여 만든 글자다.

따라서 'ㅗ'로 만들어지는 '호'는 땅에서 하늘로의 방향성을 갖는 것이며

해의 모양과 의미와 소리를 나타내는 한자

1) 日(해 일) ; 둥근 해라는 의미
    旦(아침 단) ; 해가 땅 위로 떠올랐다는 의미
    亘(걸칠 궁) ; 하늘과 땅 사이에 해가 걸쳐 있다는 의미
    易(바꿀 역, 쉬울 이) ; 해와 물은 바꾸기 쉽다는 의미
2) 十(열 십) ; '해의 씨'라는 의미
    卒(군사 졸) ; 해(임금)를 호위하고 나아가는 군대라는 의미
    米(쌀 미) ; '해의 살'이라는 의미
3) 羊(양 양) ; 양은 태양족의 토템으로 태양을 상징
    岡(북두칠성 강) ; '어둠 속의 해'라는 의미
    朔(초하루 삭) ; 태음력으로 '첫 날'의 의미
    逆(거스를 역) ; '음의 태양'이라는 의미
4) 止(발 지) ; 해의 밝음(=발)을 나타냄
    寺(절 사) ; '밝'을 섬기는 사람들이 있는 곳
    紫(자줏빛 자) ; 해와 북두칠성의 빛이 결합된 색이라는 의미
5) 弓(활 궁) ; 활은 불을 일으키는 도구
    夷(태양 이) ; 큰 활은 '태양'의 의미
    弘(넓을 홍) ; 태양이 작용하는 영역의 의미
6) 不(아닐 불) ; '불'이 해와 연관됨
    丕(클 비) ; 땅 위에 떠오른 큰 해의 의미
    胚(아이 밸 배) ; 배가 해처럼 둥그렇게 솟아 있다는 의미

7) 禾(벼 화) ; 벼는 해가 기른다는 의미

年(해 년) ; 벼농사는 1년에 한 번 짓는다

禿(대머리 독) ; '해 같은 머리'의 의미

8) 卜(점 복) ; '하늘에서 해가 내려왔다'는 의미

外(밖 외) ; 해가 있는 쪽의 의미

鹵(소금 로) ; 소금은 해의 작용으로 만들어진다는 의미

9) 而(말 이을 이) ; 해의 작용을 의미

耐(견딜 내) ; 해를 손으로 잡았다는 의미

輀(상여 차 이) ; 해로 가는 수레의 의미

10) 亦(또 역) ; 해의 작용을 의미

迹(자취 적) ; 해가 지나간 흔적이라는 의미

奕(클 혁) ; 해의 흔적처럼 크다는 의미

赤(붉을 적) ; 해의 색을 의미

11) 해 ; 하늘에 있는 '해'의 음(소리)을 나타냄

海(바다 해) ; '땅에 있는 해'의 의미

奚(어찌 해) ; 해의 작용을 나타냄

'ㅜ'로 만들어지는 '후'는 상대적으로 위에서 아래로의 방향성을 갖는 것이다.

예로 好(좋을 호), 戸(지게 호), 護(보호할 호), 乎(어조사 호), 弧(활 호), 虎(범 호) 등은 땅에서 하늘로 나아가는 의미를 내포하고 있으며 后(임금 후), 後(뒤 후), 候(물을 후), 厚(두터울 후), 侯(과녁 후) 등 '후'로 소리나는 한자들은 위에서 아래로의 방향성을 가지고 있다는 것을 알 수 있다.

3. 한자의 모양과 의미 그리고 소리의 관계

1) 한자의 모양과 소리의 관계

한자의 모양과 의미가 소리와 어떻게 연관되어 있는가를 종합적으로 살펴보기 위해서 몇 가지 사례를 들기로 한다. 한자의 음이 한글의 자모를 이용하여 나타내는 소리와 어떻게 연관되어 있는지를 알 수 있다.

① 高(높을 고)와 鎬(호경 호)

'高'자는 '높을 고'자이고 '高'에 '金'을 더한 '鎬'자는 '빛나는 모양 호' 또는 '밝은 모양 호'자다.

따라서 이 두 글자로부터 '鎬'자의 '밝고 빛나는 모양'이 '높다'라는 의미와 관련이 있다는 것을 알 수 있으며, '金'자가 '밝고 빛난다'는 의미와 관련이 있다는 것을 짐작할 수 있다.

이처럼 우리는 글자의 모양을 통하여 한자의 의미가 어떻게 형성되는지를 알 수가 있을 뿐만 아니라 한자의 모양과 음(소리)의 관계까지도 유추해 낼 수가 있다.

高(고)와 鎬(호)자는 모양에서 보면 '¬'에 '숲'이 더하여 'ㅎ'으로 바뀌었다는 것을 알 수 있는데 이것은 우리글 자음 'ㅎ'의 의미가 '숲'과 관련이 있다는 것을 말해 준다.

그렇다면 'ㅎ'과 '숲'의 공통점은 무엇일까?

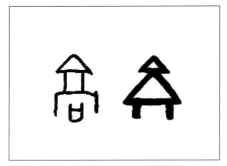

〈그림 2-4〉 '高'의 옛글자. 삼각형은 천지인의 표시로 선조에게 제사를 드린다는 의미

앞서 우리는 '鎬'자가 '밝고 빛나는 모양'을 나타낸다는 것을 살펴보았는데, 'ㅎ'과 관련되어 있으며 저 '높은 곳에서 밝게 빛나는 모양'은 무엇을 나타내는 것일까?

그것은 곧 하늘에 높이 떠서 세상 만물을 나게도 하고 키우기도 하며 거두기도 하는 '해'이며 '하늘'이며 '하느님'이다. 우리글 자음의 'ㅎ'이 '하늘', '하나', '해', '하느님', '한' 등으로 표현되는 것을 보면 'ㅎ'은 해(하늘)와 관련이 있다는 것을 단정지을 수 있으며 이런 개념을 나타내기 위해 '높다'는 뜻의 '高'자에 '숲'을 더하여 '鎬'자를 만들고 '호'라고 발음하였던 것이다.

② 瓜(오이 과)와 弧(활 호)

'瓜(오이 과)'자는 오이가 넝쿨손을 뻗으며 자라나는 모양을 나타낸 글자다. '오이과' 식물은 넝쿨이 손이므로 인체의 손톱을 나타내는 '爪(손톱

조)'와 근본이 같다. 손톱은 인체에서는 말단이지만 자연순환의 이치에 따라 근본(뿌리)으로 연결되는 뿌리로 보기 때문에 식물의 넝쿨손(瓜)을 손톱(爪)과 같은 모양으로 표시하는 것이다.

여기에 '弓(활 궁)'을 더한 '弧'자는 '활 호'자로 '瓜'에 '弓'이 더해짐으로써 '과 → 호'로 음이 변했다는 것을 알 수 있는데, 이것은 앞서 살펴본 高(고)와 鎬(호)의 경우와 마찬가지로 초성이 'ㄱ'인 글자에 어떤 의미 요소가 더해지면 'ㅎ'으로 바뀌는 것이다. 이것을 '천지인'의 요소로 설명하면 'ㄱ'은 주로 '땅'의 의미를 나타내고 'ㅎ'은 주로 '하늘'의 의미를 나타낸다.

'弓'은 활이며 활은 불(火)의 상징이다. 따라서 '弓'은 '불'로 상징되는 '하늘(天)', '해(陽)', '선조(祖)', '뿌리(根)', '손발톱(爪)'의 개념을 내포하고 있기 때문에 땅(ㄱ)과 관련된 의미들을 하늘(ㅎ)과 관련된 의미와 소리로 변화시켜 버리는 것이다. 이것은 한글과 한자가 얼마나 긴밀하게 연결되어 있는지를 말해 주는 단적인 증거다.

③ 冂(먼데 경)과 迥(멀 형)

'冂'자는 '멀 경'자다. 아래쪽 터진 부분을 관찰자가 서 있는 중심으로 보고 멀리 있는 경계를 표시한 모양의 글자로 '국경은 나라의 중심으로부터 멀다'라는 뜻을 나타낸다.
글자 자체가 먼 곳에 있는 경계를 염두에 두고 만들어진 것이다.

'冂(먼데 경)'자와 음은 다르나 같은 의미의 글자에 '迥(멀 형)'자가 있다. '迥'자는 '向'과 '辶'으로 이루어진 글자로, '辶'자는 움직이는 형상을 나타내는 의미 요소이므로 '迥'자에서 '형'이란 음과 관련이 있는 요소는 '向'이라는 것을 알 수 있다.

'向'은 '~를 향하다'라는 뜻의 '향할 향'자다. '향하다'라는 말은 지향하는 방향성을 갖는 용어로써 만들어질 당시에 이미 어디를 지향하는지를 전제하고 만들어진 글자다. 따라서 '向'자에는 지향하는 곳이 어디인지를 말해주는 요소가 담겨 있는데, '向'자는 '冂 + 丿 + 口'로 이루어진 글자이므로 '멀리(冂) 빛이 비치는(丿) 태양(口, 하늘, 우주)'이 '向'자의 지향하는 방향이다.

이상 살펴본 바와 같이 '冂'의 '경'이라는 음이 '迥'의 '형'으로 바뀌는데 작용한 요소는 '口(입 구)'라는 사실을 알 수 있으며 '口'가 '입'의 형태로 우주를 나타내기 때문에 '迥'자는 '형'으로 발음하며 우주적 의미를 갖는 것이다.

'경'으로 발음되는 '冂'은 '(땅 위에서) 먼 곳'을 나타내며 '형'으로 발음되는 '迥'은 '(하늘과 관련하여) 먼 곳'을 나타낸다는 것도 알 수가 있다.

그렇다면 사람의 '입(口)'이 어떻게 '하늘'을 나타내는가?
이것이 사람을 우주적 존재로 인식해야 할 필요성을 말해 주는 부분이기도 하다. 사람의 입은 그 자체로 하나의 우주라고 여겼으며 입 안에 들어 있는 이(齒牙)들을 하늘의 '해'와 동일한 것으로 보았다.
신라의 유리이사금과 탈해왕이 떡을 입으로 물어서 이의 수가 많은 사람이

왕이 되었다는 설화(說話)가 있는데 '이빨(齒)'의 '발'은 '연세'의 '세(歲-햇 세)'와 같은 의미로 '해'를 나타내므로 '이빨=해=나이'의 관계에 있음을 알게 된다.

이런 인식 때문에 내부에 여러 개의 해를 가지고 있는 입은 그 자체로 하나의 '우주'가 되는 것이다.

④ 共(함께 공)과 洪(큰물 홍)

'共(함께 공)'자와 '洪(큰물 홍)'자는 'ㆍ'자가 더해짐으로써 'ㄱ'이 'ㅎ'으로 변한 경우다. '共'자는 원래 두 손을 모아 어떤 물건을 받드는 모양의 글자다. 마치 제단에 정성스럽게 제물을 올리거나 어른께 예의를 갖춰서 물건을 드리는 모양을 나타낸 글자로 '함께'라는 의미는 '두 손을 나란히'라는 뜻이다.

'洪'자는 '共'자에 'ㆍ'가 더해진 것으로 'ㆍ'는 '물'과 '물의 성질' 또는 천지인의 세 번째인 '인'을 나타내는 의미 부호인데, 'ㆍ'자 자체가 천지인의 관계를 내포하고 있으므로 '洪'자에는 '물'과 천지(天地)를 내포한 존재로써의 '크다'라는 뜻이 동시에 반영되어 '큰 물'을 나타내는 글자로 쓰이게 된 것이다.

이런 사례는 '大'자에서도 발견된다. '大'자는 '사람의 모습'을 이용하여 만든 글자인데 '사람의 모습'으로 '크다'라는 뜻을 나타내는 것은 천지인적인 존재로써 '천지'를 그 안에 내포하고 있기 때문에 사람을 '크다'라는 뜻으로 쓰는 것이다.

결국 '氵'가 더해짐으로써 '공(共)'이 '홍(洪)'으로 변했다는 것은 땅에 속한 기호인 'ㄱ'을 하늘에 속한 기호인 'ㅎ'으로 변화시켰다는 것으로 '氵'이 하늘과 관련된 의미로 쓰였다는 것을 말한다.

⑤ 干(방패 간)과 汗(땀 한)

'干-汗'자 역시 '共-洪'과 동일한 논리 위에 있는 글자다.

'干(방패 간)'자는 '二'와 'ㅣ'이 결합하여 마치 해(二)가 땅에 내려와 장대 (ㅣ) 위에 걸린 듯한 모양의 글자다. '10간 12지'의 호칭인 '간지(干支)'라는 쓰임에서 보듯이 '干'자는 원래 하늘을 뜻하는 글자였다. 이것이 '방패'의 뜻으로 쓰이는 것은 하늘 또는 천지신명이 보호한다는 믿음이 반영된 것이다.

'汗(땀 한)'자는 '干'자에 '氵'가 더해진 것으로, '干'자가 '장대에 걸린 해'를 뜻하므로 그와 관련된 물(氵), 즉 '해(뜨거움, 더위)와 관련된 물'이라는 의미에서 '땀'을 나타낸다.

'汗'자가 '땀'을 나타내며 '한'으로 소리나는 것은 '氵'자의 의미가 '물', '하늘'과 관련이 있는 글자라는 사실을 말해 준다.

이처럼 '간'과 '한'은 'ㄱ-ㅎ'의 관계에 있는 것으로, 하늘의 속성인 'ㅎ'이 땅에 내려오면 'ㄱ'이 되고 'ㄱ'에 하늘의 속성이 강조되면 'ㅎ'이 되는 것이다.

⑥ 昆(형 곤)과 混(섞을 혼)

'昆(형 곤)'과 '混(섞을 혼)' 역시 '干-汗'과 동일한 논리 위에 있는 글자다.

'昆(형 곤)'자는 '日(해 일)'과 '比(견줄 비)'로 구성되어 '해를 견주다' 즉 '나이를 견주다'라는 의미로, '昆'자는 형, 맏, 나중, 자손, 후예 등의 뜻을 나타낸다.

'昆'에 '氵'가 더해진 '混'은 '昆'의 자손, 후예 등의 의미에 '氵'의 의미가 더해진 것인데, 이때의 '氵'는 '천 → 지 → 인'의 '인'을 나타내는 기호다. 하늘(•)과 땅(冫)에 이어 세 번째 존재(氵)인 삼라만상을 상징한다.

'곤(昆)'에 '氵'가 더해져 '혼(混)'이 되는 것은 개념의 출발이 '땅(地)'에서 '하늘(天)'로 바뀌었다는 것을 의미하는 것이다.

⑦ 可(옳을 가)와 河(강 이름 하), 何(어찌 하)

可(옳을 가)와 河(강 이름 하) 그리고 可(옳을 가)와 何(어찌 하) 역시 마찬가지다. '可'는 '옳을 가'자로, '가'의 'ㄱ'과 'ㅏ'는 '하늘이 땅에 내려와 새로운 삶을 시작하다'라는 뜻이며 '하늘이 땅에 내려온 것은 옳은 일이다'라는 신념이 담겨 있는 글자다. '옳다'라는 말도 원래는 '하늘 → 해 → 알 → 올 → 올다 → 옳다'의 과정을 겪었을 것이다.

이 可(옳을 가)자에 '氵' 또는 '亻'이 붙으면 河(강 이름 하)가 되고 何(어찌 하)가 되는데 이 또한 '하늘'의 속성을 나타내는 의미 요소로 쓰였음을 말해준다.

⑧ 工(장인 공)과 紅(붉을 홍)

工(장인 공)과 紅(붉을 홍)은 '糸'자를 매개로 'ㄱ'이 'ㅎ'으로 변화되었음을 알 수 있다. '工(장인 공)'자는 두 개의 '一'로 되어 있는데 위에 있는 '一'은 하늘을 의미하고 아래에 있는 '一'은 땅을 의미하며 가운데의 'ㅣ'은 하늘과 땅의 연결을 의미한다.

따라서 '工'자는 '천지의 합일'을 나타내는 글자라는 것을 알 수 있으며 '장인'이라는 의미도 '하늘의 일을 땅에서 하는 사람'으로 이해할 수 있다. 예술가나 기술자를 '장인'이라고 부르는데 이때의 의미는 '하늘에 속한 일을 하는 사람'이라는 의미다.

'紅(붉을 홍)'자는 '工'자에 '糸'가 더해져서 '붉다'라는 뜻을 나타내는데 '工'자의 '천지합일'의 개념 가운데 하늘의 의미가 더욱 강조되었음을 알 수 있다.

'糸'자는 '가는 실 사'자로 '工'자와 결합하여 'ㄱ'을 'ㅎ'으로 변화시켰다는 것은 '糸'자의 근본이 '하늘'과 관련이 있다는 것을 의미한다.

⑨ 黃(누를 황)과 廣(넓을 광)

'黃(누를 황)'과 '廣(넓을 광)'자를 통해서는 'ㄱ→ㅎ'의 관계가 아닌 'ㅎ→

'ㄱ'의 관계를 살펴볼 수가 있다.

'黃'자는 원래 모계 중심의 사회에서 한 가정을 이루는 두 부인과의 관계를 내용으로 한 글자다.

집에서는 여성이 중심이므로 '黃'자는 '중심'을 나타내며 특히 5행에서 중앙의 '土'와 대응되면서 흙의 색, 중앙의 색 등을 의미하기도 한다.

한편, '黃(황)'자에 '广'을 더하면 '廣(광)'이 되어 '황'이라는 음에서 '광'으로 변하게 된다.

우리는 앞에서 'ㅇ'나 'ㅓ' 등의 요소와 결합하여 'ㄱ'이 'ㅎ'으로 변하는 예를 살펴보았다.

그런데 '广'과 결합하여 'ㅎ'이 'ㄱ'으로 변했다면 '广'의 성격이 'ㅇ'와 다르다는 것을 알 수 있다.

'广'자는 '집 엄'자다. '집'이라는 것은 형체를 가지고 있으며 형체는 곧 땅의 속성이다.

이런 이유로 '황(黃)'이 '广'을 만나면 '광(廣)'으로 그 본래의 음이 바뀌는 것이다. 의미가 변했으므로 소리가 바뀌는 것이며 소리는 반드시 천지인의 속성을 나타내는 방식을 따르게 된다는 것을 알 수 있다.

⑩ 竹(대 죽)과 竺(대나무 축)

'竹'자는 '대나무 죽'자이며 '竺'자 역시 '대나무 축'자다.

대나무를 나타내는 글자에 '竹'과 '竺' 두 글자가 있는 셈인데, 의미가 같은 만큼이나 두 글자는 모양도 닮아 있고 음(소리)도 닮아 있다.

다만 차이가 있다면 '竹'에 '二'를 더하여 '축'으로 발음한다는 것이 다를 뿐이지만 대수롭지 않게 보아 넘길 이 차이에서 우리는 한자와 한글의 미세한 연결고리를 발견하게 된다.

위의 글자에서 보면 '竹'자에 '二'가 더해지면 'ㅈ'이 'ㅊ'으로 변화된다는 것을 알 수 있는데, 어떻게 한자인 '二'가 한글의 'ㅈ'을 'ㅊ'으로 변화시킬 수 있는가?

한자와 한글 사이에 일어나는 이런 변화를 어떻게 설명할 수 있는가?

이것을 설명하기 위해서는 숫자 '二'의 정체를 알아야 되고 'ㅈ'과 'ㅊ'의 관계를 알아야 한다.

'二'자는 '두 이'자로 '一'을 두 개 쌓았다는 말이다. 따라서 '二'의 근본 내용은 '一'이다. '一'은 '한 일'자로 '한(또는 하늘)을 일이라 한다'라는 뜻이므로 '二' 역시 '하늘'을 나타내는 기호라는 것을 알 수 있다.

근본은 하나(一)이되 '一'로 '하늘(해)'을 나타내고 '二'로 '땅(지)'을 나타내는 식으로 쓰임이 다를 뿐이다.

'ㅈ'과 'ㅊ'은 'ㅅ'과 더불어 천지인(天地人) 가운데 인(人)의 속성을 나타내는 기호다. 원방각(圓方角, ㅇㅁ△)으로 말하면 '△'으로부터 만들어지는 한글의 자음이 이들 'ㅅ'과 'ㅈ'과 'ㅊ'이다.

따라서 이 세 가지 자음은 다른 자음과 비교하여 '인(人)'의 속성을 나타내는 기호이며, 이들 가운데에서도 또 천지인으로 그 역할이 나뉘게 되어 'ㅊ'

이 '천'의 개념을 나타내고 'ㅈ'이 '땅'의 의미를 나타내며 'ㅅ'이 변화하고 움직이는 '인'의 속성을 나타내게 되는 것이다.

따라서 '竹'자를 '죽'으로 발음하는 것은 '형상(몸)'을 중시한 것이며 여기에 '하늘'의 의미인 '二'를 더하면 '竺'이 되어 정신이나 가치가 중시되는 '축'으로 발음하는 것이다.

⑪ 中(가운데 중)과 沖(빌 충)

中(가운데 중)과 沖(빌 충)을 통해서는 'ㅈ'과 'ㅊ'의 관계를 살펴보는 것이 가능하다.
'中'은 '가운데 중'자다. 우주적 존재(○)의 가운데를 꿰뚫은 모양(中)을 이용하여 '가운데'라는 뜻을 나타냈다. 무게의 중심이 땅을 향하여 미치는 힘을 '중력(重力)'이라고 하는 것도 같은 의미다. '중심'이라는 뜻이다.

이 '中(가운데 중)'자에 '氵'를 더하면 '沖(빌 충)'이 되어 '중'이라는 음(소리)이 '충'으로 변한다.
이미 위에서 여러 차례 살펴본 '氵'의 쓰임을 상기하면서 '중 → 충'의 관계를 살펴보면 'ㄱ'과 'ㅎ'이 '氵'를 매개로 특별한 관계에 있었던 것처럼 'ㅈ'과 'ㅊ'이 또한 특별한 관계에 있다.
'ㄱ'과 'ㅎ'이 '땅(地)'과 '하늘(天)'의 관계에 있었던 것처럼 'ㅈ'과 'ㅊ'이 또 땅(地)과 하늘(天)의 관계에 있다.

'ㄱ'과 'ㅎ', 'ㅈ'과 'ㅊ'은 차원을 달리하며 '땅(地)'과 '하늘(天)'을 나타내는 기호로 쓰이고 있는 것이다.

⑫ 牛(소 우)와 午(말 오)

'牛(소 우)'와 '午(말 오)'는 한자와 한글의 관계와 관련하여 많은 점을 시사해 준다. 먼저 '牛'자와 '午'자는 글자의 생긴 모양이 비슷하다. 차이가 있다면 '牛'자에 있는 위로 솟은 획이 '午'자에는 없다는 점이다. 이런 모양 때문에 '뿔이 있는' 소(牛)와 '뿔이 없는' 말(午)로 구분해서 말하기도 한다.

그런가 하면 '牛'자와 '午'자는 한글로 표기했을 경우 '우'와 '오'로 또 비슷하다. '우'와 '오'는 'ㅇ'으로 표시되는 어떤 개념을 'ㅜ'와 'ㅗ', 즉 '음과 양'으로 구분해 쓴 것이다.

이런 점을 고려하면 고대 선인들이 소와 말이라는 가축을 어떻게 생각했고 어떤 철학을 담아 불렀는지를 알 수 있다.

우선 '牛'자와 '午'자는 기존의 상식처럼 소나 말의 모양이 아니라 '뿔'의 있고 없음을 고려하여 만들었다.

그렇다면 '뿔'이 있다는 것은 무엇을 의미하는 것일까?

'뿔'은 '뿌리'와 같은 의미로 '불'에서 기원한다. 그리고 불은 하늘의 해를 의미하므로 '뿔'은 '하늘에 내린 뿌리'를 의미한다.

따라서 '뿔'이 있는 '소'는 '하늘'에 뿌리를 내렸다는 의미에서 '하늘을 상징하는 동물'로 여겼던 것이다.

그렇다면 뿔이 없는 말은?

그것을 알 수 있는 단서가 '牛'자와 '午'자의 새김인 우리말 '우'와 '오'에 있다. '우'와 '오'는 'ㅇ'이라는 음가를 공유하고 있으므로 우선 두 글자의 근본이 서로 같다는 것을 알 수 있으며 다만 쓰임에 있어서 'ㅜ'와 'ㅗ'로 구분한 것으로 '우'는 음적인 쓰임을, '오'는 양적인 쓰임을 나타낸다.

앞서 '牛'자는 '뿔이 있음'을 근거로 하늘과 관련이 있다고 말했는데 일상 언어에서도 '우'는 주로 '위'를 뜻한다. '위'라 하면 조금 막연하게 들리지만 '사람의 머리 위 해가 있는 쪽' 정도로 생각하면 적당한 표현이다.

그리고 '午'의 음가인 '오'는 '우'와 상대적인 것으로 '하늘'에 상대되는 '땅'을 나타낸다.

'소'는 하늘(ㅇ)과 관계가 있으므로 그 상대인 땅을 지향하여 'ㅜ'로 나타내고 '말'은 '땅'에 있으므로 그 상대인 하늘을 지향하여 'ㅗ'로 나타내는 것이다.

이것으로부터 우리는 동양의 선인들이 소와 말을 구분하기를 '하늘과 땅'의 관계, 즉 음양의 관계를 이용하였다는 것을 알 수 있다.

소는 뿔이 있음을 이용하여 하늘을 상징하는 동물(가축)로, 말은 뿔이 없으므로 하늘에 상대되는 땅을 상징하는 동물(가축)로 여겼던 것이다.

동양의 고대 국가들이 천제(天祭)의 희생으로 소를 바치고 힌두교에서 소를 숭배하며 불교에서 깨달음의 과정을 '소를 찾는 과정(尋牛圖)'으로 나타내고 소부리, 수메르, 쇠뿔(세뿔, 삼각, 셔울, 서울) 등 동양사에 등장하는 '소' 관련 명칭이나 지명, 풍습 등은 모두 '소'가 상징하는 하늘의 속성과 관계가 있다.

'午'자를 이용하여 만든 '仵(짝 오)'자가 '짝'이라는 의미를 가지게 되는 것도 '午'자가 원래 만들어질 때 '牛'의 '짝'으로 만들어졌다는 것을 뒷받침한다.
'午'자가 원래 '牛'자의 '짝'의 개념으로 만들어졌기 때문에 여기에 '亻'을 더하여 '짝 오'로 쓰는 것이다.

⑬ '犵'가 '후'로 소리나는 까닭

한자에서 송아지, 망아지, 강아지, 병아리 등 어린 새끼는 '句'자를 이용하여 나타낸다. 예를 들면 송아지는 '牛(소)'에 '句'를 더하여 '犼(송아지 후)'를 쓰고 망아지는 '馬(말)'에 '句'를 더하여 '駒(망아지 구)'를 쓰며 '강아지'는 '犬(견)'에 '句'를 더하여 '狗(강아지 구)'가 된다.

이처럼 '句'자는 천성이 바로 서지 못하고 무언가에 기대서 자라는 넝쿨식물과 같은 성질을 나타내는데 이것이 구부리다, 굽다, 구부정하다 등 우리말의 '구'의 의미와 연결되어 한자와 한글의 관계를 말해 주기도 한다.

한편, '犬'과 '句'가 결합한 '狗'는 '구'로 발음하고 '馬'와 '句'가 결합한

'駒' 역시 '구'로 발음하는데 '牛'와 '句'가 결합한 '牱'는 왜 '후'로 발음 하며 '女'와 '句'가 결합한 '姁'는 왜 '후'로 발음하는 것일까?

위의 글자들을 살펴보면 '犬', '馬'와 '牛', '女'가 각각 'ㄱ', 'ㅎ'과 관련이 있다는 것을 알 수 있다.

이것은 다시 'ㄱ'으로 발음되는 '犬', '馬'와 'ㅎ'으로 발음되는 '牛', '女'로 정리할 수 있으며 이것으로부터 '牛', '女'의 어떤 속성이 'ㄱ'을 'ㅎ'으로 변화시킨다는 것을 알 수 있다.

그렇다면 'ㄱ'을 'ㅎ'으로 변화시키는 '牛', '女'의 속성은 무엇일까?

'ㄱ'을 'ㅎ'으로 변화시켰다는 것은 천지인적 사고 체계에서 '땅'과 관련된 것에서 '하늘'과 관련된 것으로의 변화를 의미하며 이런 변화의 원인은 '牛'와 '女'자가 가지고 있는 '하늘'과 관련된 속성에서 기원한다.

'牛'는 '소 우'자로 두 뿔을 가진 소라는 가축의 특성을 이용하여 하늘의 이 치, 천지자연의 운행 원리를 나타내고 '女'자는 '여자 여'자로 가정과 사회 의 '중심'이 '여자'라는 의미인데 이 '중심'이라는 개념이 '우주(하늘, 태 양)'에서 기원한 것이기 때문에 '女'자에는 본래부터 '하늘'의 개념이 내재 되어 있게 되는 것이다.

⑭ 過(지날 과)와 渦(소용돌이 와), 媧(여왜 와)와 禍(재앙 화)

이들 네 글자를 통해서는 한글의 자음 가운데 'ㄱ'과 'ㅇ'과 'ㅎ'의 관계를 살펴보는 것이 가능하다.

'冎(뼈발라낼 과)'자는 머리의 뼈 모양이다. 단독으로 쓰이는 경우 보다는 주로 입을 뜻하는 '口'와 결합하여 '咼(입 비뚤어질 괘)'자가 되어 '아귀가 맞지 않는다', '어긋나다'라는 뜻을 나타낸다.

'咼'자와 결합해서 만들어진 過(지날 과), 渦(소용돌이 와), 媧(사람이름 왜), 禍(재화 화) 등의 글자들이 '정상이 아니다'라는 의미를 갖게 되는 것은 이 때문이다.

過(辶+咼) ; 쉬엄쉬엄 가다가 서로 만나는 것이 정상인데 서로 어긋났으므로 '초과' 또는 '지나치다'의 의미로 쓰이게 된다. 또 '초과'에서 의미가 확장되어 '허물'을 의미하기도 한다.

渦(氵+咼) ; 물은 높은 곳에서 낮은 곳으로 흐르는 것이 정상인데 물과 관련하여 '정상이 아닌 것'이라는 의미에서 '소용돌이'를 나타낸다.

禍(示+咼) ; 하늘로부터 정상적으로 내려오는 것이 복(福)인데 그렇지 못하다는 의미에서 '재앙'을 나타낸다.

媧(女+咼) ; 여자가 자궁으로 아이를 낳는 것이 정상인데 여와는 흙으로 빚어서 사람을 만들었으므로 보통 여성과 다른 여성이라는 의미에서 '여와'의 이름자로 쓴다.

근본이 같은 글자들이 의미를 공유하는 것은 당연하다.

그런데 이들 글자를 잘 들여다보면 '咼'자에 어떤 요소가 더해지면 본래의 음이 변하는데, 음가(音價)는 주로 'ㄱ', 'ㅇ', 'ㅎ'의 테두리 안에서 변하고 있다는 것을 알 수 있다.

'ㄱ', 'ㅇ', 'ㅎ'은 앞에서 살펴본 바와 같이 한글의 자음 가운데 '천(하늘)'의 속성을 나타내는 기호들이며 이들이 또 각각 천지인의 속성을 나타내는 것인데 過(지날 과), 渦(소용돌이 와), 媧(사람 이름 왜), 禍(재화 화) 등의 글자가 우리 한글 자음의 원칙 안에 있다는 것은 한자의 음이 우리 한글과 무관하지 않다는 것을 말해 준다고 하겠다.

이상에서와 같이 한자 속에는 한글의 의미를 살펴볼 수 있는 많은 사례들이 존재한다.

이것은 사례라기보다는 당연한 원리에 속하는 것으로 한글을 만든 이들이 한자를 만들었기 때문에 한자에 통용되는 원리가 한글에도 통용되는 것은 당연하다고 하겠다.

2) 의미 없는 말은 없다

한자에 간여(干與)한 우리말이 있다는 것은 앞서 살펴본 사례들을 통해서 짐작할 수 있으리라고 생각한다.

한자가 어떤 모양을 하고 있건, 나타내려는 의미가 무엇이든 모든 한자는 우리말이 가지는 음가를 이용해서 표현되었기 때문에 한자에서 우리말의 위력은 결정적이다.

따라서 한자를 대하면서 먼저 고려해야 할 것은 한자의 음이다. 그리고 그 음이 우리의 일상에서 어떻게 쓰이는지를 떠올리는 것이 한자를 쉽게 습득하는 한 가지 방법이다.

한편, 한자에는 글자마다 하나 이상의 음가를 가지고 있기 때문에 이 음가들의 관계를 잘 살펴보면 우리가 일상에서 사용하는 말의 의미를 파악하는 것도 가능하다.

이제 한자의 음을 통해서 우리 일상 언어들의 의미를 찾는 일을 시작해 보자.

① 목

우리 인체에는 여러 개의 '목'이 있다.

머리와 몸통을 연결하는 '목(neck)'을 비롯해서 손과 팔, 발과 다리가 연결되는 손목, 발목 그리고 길목이나 다리목 등의 경우를 생각해 보면 '목'은 이쪽과 저쪽의 연결을 의미한다는 것을 짐작할 수가 있다.

'목'은 원래 하늘(ㅗ)과 땅(ㄱ)을 연결해 주는 어떤 형체(ㅁ)라는 뜻에서 '이쪽과 저쪽의 연결'을 의미한다,

이제 '목'으로 소리나는 한자들을 통해서 우리말 '목'이 어떻게 쓰였는 지

를 살펴보기로 한다.

木(나무 목)

나무는 땅에 뿌리를 두고 하늘을 향해 가지를 뻗고 자란다. 이런 모양 때문에 '木'자는 하늘과 땅을 연결하는 상징으로 쓰인다.

'木'자와 결합해서 만들어지는 많은 한자들이 '제사'와 관련된 의미를 갖는 것은 '木'자의 '하늘과 땅의 연결'이라는 상징 때문이다.

고대 신화(神話)에 등장하는 나무나 조선 사화(史話)에 등장하는 '각목', 고구리의 고분 벽화에 등장하는 '우주목(宇宙木)'은 모두 하늘과 땅의 연결을 나타내는 상징이다. 나무 한 그루를 세워 놓고도 그 곳을 우주의 중심이라고 생각했던 것은 '木'자의 하늘과 땅의 연결이라는 의미 때문이다.

目(눈 목)

눈은 몸의 외부에 관한 갖가지 정보를 입수하여 내면(뇌)으로 보내는 기관이다. 뇌는 입력된 정보에 입각하여 다시 우리 몸의 곳곳에 명령을 내려 필요한 행동을 취하게 한다.

눈을 '목'이라고 부르는 것은 '木(나무)'자의 경우와 마찬가지로 안과 밖을 연결해 주는 눈의 기능을 고려한 것이다.

穆(화목할 목)

'穆'자는 '禾+白+小+彡'로 되어 있는데, '禾'는 '벼 화'자로 벼를 키우는 태양을 나타내고 '白'은 햇빛을, '小'는 땅위로 쏟아져 내려옴을 그리고 '彡'

은 몸에 붙은 털을 나타내는데 이들을 종합한 의미는 중심(하늘, 해)과 말단(갈라져나온 털)을 서로 연결한다는 뜻이다. 화목이란 하늘을 중심으로 천지인이 서로 잘 연결된 것을 의미한다는 것을 알 수 있다.

한편 '穆'자의 쓰임에 '소목(昭穆)'이 있는데, '소목'이란 제사에 모시는 신위의 배차를 나타내는 말이다. 소(昭)는 여자 쪽으로 장가들어 나간 혈육을 나타내고 목(穆)은 다시 본댁으로 장가들어 온 본래의 핏줄을 나타내므로 '소목'에서도 '穆'자는 '자기 핏줄의 이어짐'을 나타낸다는 것을 알 수 있다.

牧(칠 목)

'牧'자는 소(牛)를 꼴이 있는 곳으로 안내하는 목동이 손에 쥔 지팡이를 나타내는데, 단순히 소와 꼴을 연결하는 정도가 아니라 사물의 이치에 맞도록 이끈다는 의미다.

따라서 대상이 무엇이든 그로 하여금 우주자연의 이치에 합당하게 자연의 질서에 동참하도록 이끈다(연결하다)는 뜻에서 '목'으로 발음하는 것이다.

목포(木浦)

'목포는 항구다'라는 노래 가사도 있듯이 '목포'는 전라남도의 남서쪽 바닷가에 위치한 항구도시다. '목'자의 의미를 통해서 목포의 지형을 가늠해 볼 수도 있다.

'목'은 '연결'이라는 뜻이 있으므로 '목포'의 '목'도 '연결'의 의미일 것이며 '포'가 '나루'를 나타내므로 이를 종합하면 '연결하는 나루'가 된다.

따라서 '목포'는 강에서 바다로, 바다에서 강으로, 강과 바다가 만나는 길목에 있는 나루라는 뜻에서 붙여진 이름이라는 것을 짐작할 수 있다.

② 김

'김'이라는 음가는 한글의 자모인 'ㄱ'의 쓰임과 관련이 있는데 'ㄱ'은 '하늘(一)의 내려옴(丨)'을 상징한다.

이런 원리로 만들어졌기 때문에 'ㄱ'으로 시작되는 말들은 대부분 신성하다, 크다, 많다, 위대하다 등의 뜻을 나타낸다.

고대에 제사장을 '왕검(王儉)'이라 부르고, 제사장이 들고 있는 칼을 '검(劍)'이라 부르며, 제사에 쓰는 악기를 '금(琴, 거문고)'이라 부르고, 신성한 곳을 두르는 표시를 '금(禁)줄'이라 부른 것은 모두 'ㄱ'이라는 음가가 가진 신성성, 큼, 위대함과 관련이 있다. 우리말의 검, 감, 곰, 금, 김 등이 모두 그런 뜻을 가지고 있다.

중앙아시아에 있는 '알타이산'을 우리말로는 '금산'이라고도 하는데 '알타이'의 어근인 'altar'는 신성한 곳, 지성소, 제사드리는 곳의 뜻이며 경남 고령에 있는 '알터바위'는 그 대표적인 유적이다.

고대인들이 태양에 제사지내는 곳을 우리말로 알터 또는 알터바위, 알바위라고 부르는데 이 말이 그대로 영어로 옮겨져 'altar(지성소)'로 살아 있는 것을 보면 고대 문명 가운데 우리 한민족의 문화적 위상을 엿볼 수 있다.

한편, 솥에다 물을 넣고 불을 때면 데워지면서 김이 솟아오르는데 이것을

'김'이라고 부르는 것은 앞서 설명한 바와 같이 '불과 물과 김'을 천지인이라는 사유체계에 비추어서 본 것이다.

'김'은 식용으로 먹는 '김' 외에도 모락모락 피어오르는 '김'과 성씨로 쓰이는 '김' 등이 있지만 '金'자 외에는 다른 한자도 없어 의미를 파악하는데 어려움이 있다. 하지만 이들이 서로 '김'이라는 음을 같이 사용하고 있는 한 일부분 공통점이 있을 것이다.

성씨(姓氏)로 쓰이는 '김'

우리나라 274개 성씨 가운데 '김'을 성씨로 사용하는 사람들이 있는데, 우리나라에서는 가장 인구가 많은 관계로 '삼한갑족(三韓甲族)'으로 꼽히고 있다. '金'씨의 시조는 동양역사의 초기에 등장하는 삼황오제 가운데 소호금천(少昊金天)씨다.

금천(金天)씨는 태양을 숭배하던 태양족의 임금으로서 자기 종족을 해의 주위에 무리지어 있는 '김' 같은 존재로 여겼다.
'해무리'처럼 해의 둘레를 빙 둘러싸고 있는 기운 같은 존재라는 뜻에서 '김'을 성으로 한 것이다.

'金'자는 '화살'과 그 주위에 달라붙어 있는 '점'으로 이루어진 글자다. '화살'은 '햇살'의 상징이며 '점'들은 햇살의 곁에 붙어 있는 '기운'의 표시다. 뜨거운 솥에서 피어오르는 '김'과 같은 의미다.

〈그림 2-5〉 '金'의 옛글자. 이들로부터 화살의 이미지를 떠올려야 한다.

아지랑이와 같이 기운의 의미로 쓰이는 '김'

'steam, vapor' 등 우리가 '김'이라 부르는 현상은 '불'과의 관계로부터 비롯된다. 언땅이 녹을 때 나는 김은 하늘의 해로부터 비롯된 것이며, 솥에서 나는 김은 아궁이에 지피는 불에서 비롯된 것이며 화날 때 사람의 머리 위에서 솟아오르는 '김'도 심장의 열로부터 비롯된 것이다.

따라서 '김'이라고 부르는 용어의 내용을 살펴보면 대부분의 경우 '불 → 물 → 김'이라는 관계를 찾아낼 수가 있다.

'불 → 물 → 김'은 '해 → 햇살 → 김'과 논리를 같이 한다.

식료품으로 식욕을 돋구는 '김'

'laver, seaweed'으로 표기되는 '김'은 감태(甘笞), 청태(靑笞), 해태(海苔), 해의(海衣)라고도 하는데, 특히 '해의(海衣)'라는 명칭을 주목할 필요가 있다.

'해의(海衣)'는 '해의 옷'이라는 뜻이다.

'衣(옷 의)'자는 '해 → 햇살' 그리고 햇살 끝에 맺힌 '기운'의 모양을 이용하여 만든 글자로, '옷'은 '살' 위에 입는 것이며, '살'은 '햇살'과 대응되므

191

로 '해 → 햇살 → 옷'으로 나타낼 수도 있다.

그런데 '김' 역시 '옷'과 동일한 논리구조 위에 존재한다.

김은 해초를 햇살에 말려서 만들게 되는데 '바다'는 '海', 즉 '해'가 되므로 이들 사이에서 '해 → 햇살 → 김'의 관계를 유추해 낼 수 있기 때문이다.

풍년을 기원하는 '김매기'의 '김'

'weeding'으로 표기되는 '김매기'는 벼 포기 사이사이에 난 잡풀을 제거하는 일을 말하는 것으로 '김을 매다'라는 표현에서 보면 소위 잡풀을 '김'으로 부른다는 것을 알 수 있다.

농사란 벼(곡식)를 잘 길러서 많은 수확을 얻기 위한 작업이므로 농사의 중심은 '벼'라고 할 수 있으며 벼는 일조량에 의해 결실하는 곡식이므로 해와 특별한 관계에 있다.

따라서 벼와 논의 잡풀을 해와 햇살과 기운의 관계로 이해하였다는 것을 알 수 있는데, 벼는 해로, 논은 햇살로, 잡풀은 해의 옷, 해의 기운으로 본 것이다.

'김'이라는 말 속에는 '해 → 햇살 → 김'이라는 논리가 존재하고 있으며 이 것을 기준으로 삼아 농사에 적용하였음을 알 수 있다.

③ 감

'감'은 자음 'ㄱ'을 중심으로 'ㅏ'와 'ㅁ'이 결합된 것으로 'ㄱ'은 하늘의 상징인 '•'이 땅으로 내려온다는 뜻이다.

감이 신성하다, 위대하다, 높다, 크다 등의 뜻을 나타내는 것은 '가다'의 주체가 '하늘'이기 때문이다.

다음의 글자들을 통해서 '감'이라는 우리말의 의미와 쓰임을 살펴보기로 한다.

凵(입벌릴 감)

'凵'자는 위로 입을 벌리고 있는 그릇 모양의 글자다. '감'으로 소리내는 것은 이 그릇에 '하늘'이 내려와 담기기 때문이다.

하늘이 내려와(감) 담긴다는 말은 '제사'와 관련된 것으로 '제기(祭器)'를 의미한다.

'凵'자가 '제사용 그릇'을 의미한다는 사실은 '去'자에서도 확인이 된다.

'去(갈 거)'자는 '大+凵'으로 된 글자로 '大'는 '사람'을 나타내고 '凵'은 제기(祭器)를 나타낸다.

따라서 '去'자는 '제기 위의 사람'의 모양이며 '제기 위의 사람'은 '제사를 받는 사람'의 뜻으로 '죽었다'라는 의미다. '去'자로 표현되는 '가다'의 원초적인 의미는 '죽었다'는 것이다.

甘(달 감)

'甘'자는 북두칠성의 국자 머리모양을 이용하여 만든 '井(우물 정)'자에서 변형된 글자다.

'井'은 '하늘을 담고 있는 우물'이란 뜻에서 '井'자의 가운데에 '•'을 더하여 표시하는데, 이 세상의 물이 발원하는 '하늘 샘'이란 뜻이다.

이 하늘 샘이 땅으로 내려오면 모양이 변하여 '甘'자가 된다.

'甘'자는 '井'자의 아랫부분이 정리된 모양으로 '井이 땅으로 내려오다' 즉 '가다'라는 의미에서 '甘'자를 '감'이라 발음하는 것이다.

坩(도가니 감)

'坩'자는 '土'와 '甘'이 결합된 것으로 '土'는 흙이라는 소재를 나타내고 '甘'은 '하늘 샘' 곧 '井'을 말한다.

'井'자의 가운데서 솟아오르는 '하늘(•, 해)'의 이미지를 배경으로 '坩'자는 쇠를 녹이는 용광로 또는 쇠붙이를 녹이는데 쓰이는 토기(그릇)를 나타낸다. 이 토기를 '감'이라 부르는 것은 신성한 '하늘(•, 해)'이 내려온 것이기 때문이다.

甘(감초 감)

'甘'자는 '艸'와 '甘'으로 되어 있는데, '艸(풀 초)'가 풀의 종류를 나타내는 의미 요소이고 '甘(달 감)'이 어떤 성질을 나타내는 의미 요소다.

따라서 '甘'자는 '甘의 성질을 갖는 풀'의 뜻으로 '달다'라는 감초의 약성을 나타낸다는 것을 알 수 있다.

'약방의 감초'라는 말이 생긴 것처럼 '감초'는 어느 약초와도 서로 조화를 이루어 독성을 감하고 약성을 높여 준다고 하며 단맛을 특징으로 하는 약초다.

감초의 단맛은 북두칠성의 오묘한 맛과 관련이 있으며 감초의 약성은 북두칠성의 기운과 관련이 있음을 추측할 수 있다.

感(느낄 감)

'感'자는 '咸(다 함)'자와 '心(마음 심)'이 결합된 글자로, '마음과 관련된 정서'를 의미한다.
몸과 관련된 정서를 촉각이라고 한다면 마음과 관련된 정서는 느낌이라고 할 수 있다. 마음이 느끼는 모든 감각을 표현하는 말이다.
그런데 사람의 마음은 하늘과 근본이 동일하므로 하늘의 신성함을 나타내기 위해 '感'자를 '감'으로 부르는 것이다.

龕(감실 감)

'龕'자는 종묘나 사당에서 신주를 모셔 놓는 내밀한 곳을 일컫는 말로써, 종묘 또는 사당에서 가장 신성한 곳을 말하는데, 이 감실을 나타내는 한자가 '龕'자다.
'龕'자는 '合'과 '龍'으로 이루어진 글자로, '合(합할 합)'이 '뚜껑이 덮여 있는 그릇'의 모양으로 '신주를 넣어두는 합' 또는 '신주를 모셔 두는 공간'을 나타내고 '龍(용 용)'은 왕조시대의 임금을 나타내는 상징동물이며 상징어다.
'신령이 내려와 머무는 신성한 공간'이라는 뜻에서 '龕'자를 '감'으로 부른다.

監(볼 감)

'監'자는 '臣'과 '又' 그리고 '皿'으로 되어 있는데, '臣'과 '又'는 제곡 고신의 신하였던 '중여(衆艅) 곤'이 눈에 형벌을 가하는 감독관(형집행관)으로 임명되었음을 기념하여 만든 글자이고, '皿'은 후손들이 그를 제사 모신다는 뜻을 나타내는 의미요소다.

관리란 백성을 보살피는 것이 본연의 책무이므로 이 '監'자 또한 '보살피다'가 원래의 뜻이다.

그러나 점차 따뜻하게 보살피는 온후한 정서는 사라지고 힘으로 억압하는 듯한 의미의 '보다'라는 뜻으로 쓰이고 있다.

임금이 보낸 신하를 하늘의 내려옴과 동일하게 여겨 '신성하다', '위대하다'라는 뜻에서 '감'으로 부른다.

④ 명

'명'이라는 말은 명령과 밝음과 이름 등을 떠올리게 하는데 '명'으로 소리 나는 몇 개의 한자를 모아서 '명'의 의미를 살펴보기로 하자.

名(이름 명)

'名'자는 '夕'과 '口'로 구성되어 있는데, '夕(저녁 석)'자는 '해의 걸음'을 의미하고 '口(입 구)'자는 '경지' 또는 '영역'을 의미한다. 따라서 '名'자는 '열심히 살아서 어떤 특정한 경지에 오르다'라는 뜻을 나타낸다.

사람이 '~에 이르렀다'는 것을 그 존재를 드러내는 것으로 여겨 '名'자를 '명'으로 발음한다.

明(밝을 명)

'明'자는 '해(日)와 달(月)'로 구성되어 있으므로 '밝다'라는 뜻의 '명'이

'세상 만물을 드러내다'의 의미라는 것을 알 수 있다. '해와 달'은 이 세상에 밝음을 주는 근원이다. 해와 달이 있음으로써 이 세상 만물의 모습이 드러나게 되는 것이다.

命(목숨 명)

'命'자는 '亼'과 '㔾'으로 이루어진 글자로, '亼'은 조상을 모시는 '집'을 의미하고 '㔾'은 조상 앞에 엎드려 예를 갖추는 모양이다.

우리의 생명은 선조의 몸을 통해서 하늘로부터 오는 것이며, 조상들은 모두 돌아가 하늘에 계신다고 생각했으므로 하늘로부터 오는 것을 조상으로부터 오는 것으로 여겼던 것이다.

하늘로부터 또는 조상으로부터 받은 '命'을 '명'이라 부르는 것은 명(생명)이 몸(육체)을 밝혀 주는 것이기 때문이다.

皿(그릇 명)

'皿'자는 굽이 높은 그릇을 말하는데 굽이 높은 그릇이란 주로 제사용 그릇, 즉 '제기(祭器)'를 의미한다.

그릇은 그 자체보다는 그 안에 무엇을 담는가에 따라 의미가 달라지며 그릇의 목적은 담은 내용을 더욱 가치있게 하거나 보관의 용이 또는 안전하게 하는데 의미가 있는 것이다.

'皿'자를 '명'이라 부르는 것은 그릇이 그 안에 담고 있는 내용, 즉 '음식을 드러나게 하는 존재'이기 때문이다.

冥(어두울 명)

'冥'자는 '冖'과 '日'과 '六'으로 되어 있는데, '冖'은 '덮을 멱'자로 큰 보자기나 천막 같은 것으로 위를 '덮어 버리다'라는 뜻이고 '日'은 '해'를, '六'은 '햇살'을 나타낸다.

가운데에 '日(해, 밝음)'과 '六(햇살, 살)'을 두고 그 위를 큰 보자기와 같은 것으로 완전히 덮어 버린 모양이다.

'冖'의 아래에 '日'과 '六'을 나란히 쓴 것은 일종의 강조법이다. 해 뿐만 아니라 햇살까지도 완전히 덮어 버렸다는 뜻으로 빛이 완전히 차단된 진한 어두움을 나타낸다.

'밝음'을 이르는 말이 '명'인데 어떻게 진한 어두움, 생명조차 멸절된 어둠을 또 '명'이라고 부르는 것일까?

이것은 '명(明)'이 해와 달의 밝음으로 세상 만물을 드러나 보이게 하듯이 어두움은 역으로 밝음을 드러내는 바탕이 되기 때문이다.

鳴(울 명)

'鳴'자는 '새(鳥)'와 '입(口)'을 합쳐서 '새의 입'으로 구성된 글자다. 새의 입은 먹이를 먹기 위한 중요한 기관이지만 또 의사소통을 위해서도 빼놓을 수 없는 기관이다.

울음소리를 듣고 어떤 새인지를 구분하는 것을 보면 새는 울음소리로 자신의 존재를 나타낸다고 볼 수 있다. '鳴'자를 '명'으로 발음하는 것은 새의 울음소리를 그 새의 존재를 드러내는 것으로 여겼다는 것을 의미한다.

이상 '명'이라는 말의 쓰임을 살펴보았다. 이 사례들을 통해서 '명'이라는 우리말이 '존재를 드러나게 하다'라는 뜻을 나타낸다는 것을 알 수 있다.

⑤ 불

'불'은 어떤 물질이 산소와 결합하여 높은 온도로 빛과 열을 내면서 타는 현상을 일컫는 말인데, 고대 우리 선조들은 이 세상에서 일어나는 많은 불 가운데서도 가장 근원적인 불을 '해(태양)'로 보았다.

그런데 해는 단순히 하늘에 떠있는 불덩어리일 뿐만 아니라 이 세상에서 '오직 하나'라는 의미의 상징으로 여겨지면서 하늘을 나타내는 표상으로도 쓰였다. '불'이라는 소리는 '불=해=하늘'이라는 관념과 연결되면서 다양한 상징성을 띄게 되는데 다음은 불과 관련된 의미와 한자들이다.

→ 根(뿌리 근) ; 뿌리의 고어가 불휘, 불에서 기원

→ 不(아니 불) ; 뿌리가 아직 땅 위로 싹을 내지 않음

→ 角(뿔 각) ; 뿔은 하늘에 내린 뿌리, '뿌리=불'

→ 嘴(부리 취) ; 부리는 뿌리의 한 형태, '불'에서 기원

→ 原(근원 원) ; 해가 근원이라는 의미, '불=해'에서 기원

→ 朱(붉을 주) ; 붉음은 밝음의 한 형태, '불'에서 기원

→ 明(밝을 명) ; '밝'은 밝음, 불에서 기원

→ 朴(성 박) ; 박은 해처럼 둥근 모양

→ 北(뒷 북) ; 북쪽은 밝이 있는 쪽(명태=북어)

→ 白(흰 백) ; 백은 햇빛처럼 밝은 색의 의미
→ 外(밖 외) ; 밖은 해가 있는 쪽이라는 뜻

이것이 우리말 불을 어근으로 하는 글자들의 일부이며 한글 자음의 'ㅂ'이라는 음가의 속성이다.

⑥ 물

하늘에 해가 있다면 땅에는 물이 있다. 물은 하늘(해)이 몸을 바꾸어 나타난 것으로 물의 기원은 하늘이다.
이 세상의 삼라만상을 '물', '물건'으로 부르는 것은 이들의 기원이 하늘로부터 비롯되었다는 인식의 표현이다.

'물'자는 'ㅁ'과 'ㅜ'와 'ㄹ'로 이루어져 있는데 'ㅁ'은 형체를 말하고 'ㅜ'는 아래라는 의미이며 'ㄹ'은 흐른다는 의미다.
따라서 '물'은 형상을 가진 어떤 물체가 아래로 계속 흐른다(작용한다)는 뜻으로 그 기원이 하늘 저 위라는 것을 암시하기도 한다.
물은 저 높은 하늘에서 기원해서 땅으로, 아래로 흘러내리는 것이다.

勿(말 물)

남자가 있으면 여자가 있고 낮이 있으면 밤이 있으며 하늘에 '해'가 있다면 땅에는 '물'이 있다는 방식을 이용하여 서로 상대되는 두 개념을 나타냈다.

'하라'라는 긍정 의미와 '마라'라는 금지, 부정의 의미는 해와 물의 관계에서 차용하였다.

해의 작용을 나타내는 '爲'를 만들고 '하다'라는 의미로 쓰고 물의 흐름을 나타내는 '勿'을 만들고 '마라'라는 의미로 쓴다. 물은 하늘로부터 와서 땅 위를 흐르면서 하늘(해)의 이치를 드러낸다. 드러난 개개의 존재를 그래서 '물(物)'이라 하는 것이다. 하늘의 이치를 담고 있다는 뜻이다.

沕(아득할 물)

'물(勿)'에 '氵'를 더하여 '물의 작용'의 뜻으로 쓴다.

물은 일정한 형상이 없기 때문에 오히려 다양한 형상을 가질 수 있다는 특성을 지닌다.

홍수와 같은 큰 물은 마치 물건을 숨긴 것처럼 온 들판을 덮어 버리므로 숨다, 숨기다 등의 의미가 파생되어 쓰이게 되었으며 넋을 잃고 홍수를 바라보는 눈길로부터 '망연하다'라는 의미가 파생되었다.

物(만물 물)

'物'자는 '牛'와 '勿'이 결합한 것으로, '牛(소)'는 가축의 하나이면서 동시에 '하늘의 이치'라는 철학적 의미를 나타내고 '勿(물)'은 보이지 않는 하늘이 그 몸을 드러내 땅 위를 흐른다는 의미다.

흐르는 물을 나타내는 '勿'이 온갖 사물의 상징으로 쓰이는 이유다.

'物'자를, 모든 사물(事物)에는 하늘의 섭리가 담겨 있다, 모든 존재는 궁극적 섭리의 작용이다, 모든 존재는 보이지 않는 하늘의 모습이다 등의 의미로 풀이하는 배경이다.

習(새벽 물, 새벽 흘)

'習'자는 '勿'이 위에 있고 그 밑에 '日'이 있어 마치 해가 물 아래 있는 모습이므로 해가 아직 떠오르지 아니한 '새벽'의 의미로 쓴다.

해와 물은 일출과 일몰 시 두 번의 만남을 생각할 수 있는데 물과 해와의 관계에서 해가 우선이며 해는 또 긍정의 의미를 가지므로 일몰의 부정적 이미지 보다는 일출 시의 분위기를 나타내는 것이다.

'물' 또는 '흘'의 두 가지로 발음되는 것은 '물은 흐르는 것'이란 개념을 반영한 것으로 물은 흐르는 것이 천성이기 때문이다.

籾(고운 가루 물)

'米(껍질을 벗긴 곡식 미)'자는 해와 햇살의 모양을 나타낸 글자로 '곡식은 해의 살이다'라는 뜻의 글자다.

여기에 더해진 '勿'은 곡식이 마치 물처럼 흐르는 상태라는 것을 나타내는 기호다. 곡식이 물처럼 흘러 내린다는 것은 곡식을 미세하게 분쇄하여 가루가 되었음을 의미한다.

⑦ 우

'우'는 '하늘이 땅으로 내려오다'라는 말이다. 비와 소와 토란을 '우'라고

부르는 이유가 그것이다. '우'는 위를 의미하고 '위'는 하늘을 뜻하기 때문
이다.

上(위 상)

'上'자는 지금은 '上'으로 쓰지만 옛날에는 '二'와 같이 썼다.
이것은 '두 이(二)'나 '위 상(上)'이 모두 사람의 머리 위에 있는 하늘을 나
타내기 때문에 같이 쓸 수가 있는 것이다. 사람의 머리 위는 해가 있는 곳이
며 하늘이기 때문이다.

牛(소 우)

'牛'자는 '소 우'자로 '소를 우라고 한다'라는 뜻이다. 牛자의 '우'라는 음
은 사람의 머리 위 저 하늘을 나타낸다. 소의 머리에 난 두 개의 뿔이 마치
하늘을 향해 뿌리내린 것처럼 여겼으므로 하늘의 의미를 나타내기 위하여
'우'라고 불렀다.

雨(비 우)

'雨'자는 하늘에서 날아오는 빗방울의 모습을 나타내는 글자다. '비'는
'준비(準備)'와 '날아온다(飛行)'는 뜻이고 '우'는 '위', 즉 땅에서의 하늘
을 나타낸다. 미리 준비되어 있다가 위에서 날아온다는 뜻이다.

右(오른쪽 우)

'右'자는 '手'과 '口'로 이루어져 있는데 '口'는 하늘의 표시다. 따라서

'右'자는 '하늘에 속한 손'이 되어 오른쪽이 하늘에 속한 쪽이고 왼손은 그와 상대되는 땅에 속한 쪽임을 알 수 있다.

좌우(左右)의 구분이 단순히 사람의 두 팔을 이용하여 만든 것이 아니라 움직일 수 없는 하늘을 기준으로 삼고 이로부터 상대되는 쪽을 왼쪽으로 불렀음을 알 수 있다.

'右'에 '숭상하다'라는 뜻이 내포되어 있는 이유도 '口'가 하늘과 관련이 있기 때문이다.

佑(도울 우)

'佑'자는 '亻'과 '右'가 결합된 것으로 '右'는 '하늘의 손'을 나타낸다. 따라서 '佑'자는 '하늘의 손을 닮았다'라는 뜻에서 '도움'을 나타낸다.

고대인들의 관념에서 '도움'은 하늘로부터 오는 것이었다. '우'라고 표시하는 까닭이다. '佑'는 하늘의 도움을 나타내고 '佐'는 땅의 도움을 나타내는 것으로 구분해 쓰기도 한다.

禑(복 우)

복(福)을 '우'라고 하는 것은 그것이 하늘로부터 오는 것이기 때문이다.

宇(집 우)

'宇'자는 '宀'과 '于'가 결합된 것으로 '宀'은 '집'이라는 구조물을 나타내고 '于'는 '二'가 해(하늘)를 나타내고 'l'이 '내려오다'라는 의미를 나타낸다.

따라서 '宇'자는 '집'을 '하늘이 내려와 머무는 곳'으로 본 것이며 '사람이 곧 하늘'이라는 인식이 반영되어 있음을 알 수 있다.

旴(클 우)

'旴'자는 '日'과 '于'로 이루어져 있는데 '日'자는 해(태양)를 나타내고 '于'자는 '갈 우'자로 '해가 가다'라는 뜻이다. 따라서 '旴'자는 해가 가다, 해가 떠오르다 등 해와 관련이 있다는 의미에서 '크다'라는 뜻으로 쓴다.

羽(깃 우)

'羽'자는 새의 날개를 이용하여 만든 한자다. '깃'은 '옷'과 같은데 이것을 '우'라고 하는 것은 새가 사람의 머리 위를 날아다니기 때문이다. 날개는 곧 날아다니는데 소용이 되는 것이므로 '위'와 관련이 있는 '우'로 발음한다.

芋(토란 우)

'芋'자는 '艹'와 '于'로 되어 있는데, '艹'는 풀의 종류를 나타내고 '于'는 '위'를 나타낸다. 따라서 '芋'자는 '위'가 특색인 식물로 토란을 나타낸다. 토란은 뿌리와 줄기의 크기보다 상대적으로 위를 덮고 있는 잎의 크기가 매우 넓다. '于'가 '위'와 관련이 있음을 말해 준다고 하겠다.

迂(멀 우)

'迂'자는 '辶'과 '于'가 결합한 것으로 '辶'은 쉬엄쉬엄 움직이는 모양을 나타내고 '于'는 '해가 가다'라는 뜻을 나타낸다. 따라서 '迂'자는 해가 쉬엄쉬엄 가서 저 멀리 갔음을 나타낸다. 이동하고 움직이는 주체가 하늘이므로 이것을 나타내기 위해 '우'로 발음한다.

釪(악기 이름 우, 바리때 우, 밥그릇 우)

'釪'자는 '金'자와 '于'가 결합한 것으로 '金'은 신성함을 나타내고 '于'는 '해'와 관련이 있는 표시다.

'釪'자의 의미 가운데 '바리때', '창자루 끝에 매단 원추형 쇠뭉치' 등이 있는데 이것은 해의 둥근 모양과 관련이 있다.

창자루 끝에 매단 원추형 쇠뭉치는 마치 해처럼 둥글게 생겼으며, 스님이 사용하는 밥그릇을 '鉢(바리때 발)'이라고 하는데 이 '발'은 '밝'으로 곧 해를 의미한다.

'于'가 해와 관련이 있으므로 '위에 있는 해'라는 의미에서 '우'로 발음하는 것이다.

⑧ 이

'이'는 하늘이 땅에 내려오거나 하늘의 작용, 변화, 움직임 등의 의미를 나타낸다. '이'의 주체는 '하늘'이거나 '하늘'과 동일한 대상 또는 동격이라고 생각하면 거의 틀림이 없다. '우'와 '위'는 '이'와는 비록 말이 다르지만 어간이 'ㅇ'으로 서로 같은 유형에 속하는 말이다.

약간의 미묘한 차이가 없을 수는 없지만 대체로 이들의 글자가 같은 의미로 쓰이는 것은 이 때문이다.

二(두 이)

'二'자는 '一'이 두 개 모여서 만들어진 글자로 '一'이 '하나', '한'으로 하늘 또는 해를 나타내는데 이것을 두 개 겹쳐서 경우에 따라 하늘 또는 하늘과 상대되는 땅을 나타내기도 한다.

하나 위에 또 하나를 두었다는 뜻으로 '둘'이라 하며 '이'라는 음은 '위의 하늘'을 뜻한다.

以(써 이)

우리 선조들은 하늘이 내려옴으로써 비로소 이 세상(땅)의 역사가 시작되는 것으로 여겼는데 이런 내용을 나타내기 위하여 '以'자를 만들고 '하늘이 내려옴으로써 비로소 ~하다'라는 뜻으로 쓰게 되었다.

'以'자는 'ㅿ'와 기원이 같은 글자로 '위에서 내려오다'라는 뜻이다.

夷(근본 이)

'夷'자는 모양이 '大'와 '弓'의 결합으로 이루어졌으므로 '큰 활을 쓰는 사람들'이라고 풀이한다.

그러나 '夷'자의 '弓'은 활을 나타내지만 활은 해를 나타내는 상징기호다. 따라서 '大+弓'은 '큰 활'이 아니라 '太陽'의 표시다.

우리 겨레의 옛 이름의 하나인 '東夷'라는 호칭은 '동쪽의 큰 활을 지닌 겨레'의 뜻이 아니라 '태양같은 겨레'라는 뜻이다.

고대 우리 선조들은 하늘(해)을 숭배하는 신앙을 가지고 있었으므로 자신들을 땅에 있는 해라고 여겼다. 하늘의 해에 비견하는 존재라는 뜻이다.

而(말 이을 이)

'而'자는 '햇빛이 비치는 모양'을 이용해서 만든 한자다. 햇빛이 하늘에서 땅으로 길게 비치는 모양, 즉 햇살의 모습을 나타낸다.

'而'자를 '이'라고 발음하는 것은 햇살이 해(하늘)의 작용이기 때문이다. '而'자를 '사람의 수염'을 이용해서 만들었다고 말하지만 이것은 글자의 기원과는 거리가 있는 풀이다. 지금은 주로 접속사로 쓰이고 있는 실정이다.

〈그림 2-6〉 '而'의 옛글자. '天'자와 모습이 닮았다

已(이미 이)

'已'자는 '己', '巳' 등의 글자와 마찬가지로 '하늘이 내려오다'라는 뜻의 'ㅣ'이 변한 것으로 '已'자는 이미 땅에 내려왔다는 의미에서 '이미'의 뜻으로 쓰고 '己'자는 형체를 이루었다는 뜻에서 '몸'의 뜻으로 쓰며 '巳'는 'ㅿ'와 마찬가지로 하늘에서 내려왔다는 의미에서 '씨앗'의 뜻으로 쓴다.

移(옮길 이)

'移'자는 '禾'와 '多'로 이루어졌으며 '禾'는 '벼 화'로 곡식을 나타내는데 곡식은 해의 산물이므로 해의 표시로도 쓰며 '多'자는 사람의 발의 중첩된 모양으로 해의 움직임을 나타낸다.

따라서 '移'자는 '해의 움직임'이 본래의 뜻인데 사람을 하늘과 같은 존재라고 여겼으므로 '해의 이동'으로 '사람의 이동'을 나타낸다.

사람의 움직임으로 해의 움직임을 나타내고 해의 움직임으로 또 사람의 움직임을 나타내는 것이다.

耳(귀 이)

'耳'자는 사람의 '귀'를 이용해서 만들었을 것으로 생각되지만 사실은 북두칠성의 머리 네 별의 표시인 '井'자를 이용해서 만든 글자다.

사람이 죽어서 돌아가는 곳이 북두칠성이라고 생각했으므로 소리가 들어가는 귀의 기능과 동일하다고 여겨 북두칠성의 '井'을 이용하여 '耳'자를 만들었다.

귀를 북두칠성과 관련하여 '耳'로 쓴 것은 눈을 해와 관련하여 '眼'으로 쓴 것과도 상관이 있는데 해와 북두칠성이 서로 상대적인 관계에 있는 것처럼 눈과 귀를 상대적인 관계로 여겼다는 것을 의미한다.

소리라는 것 자체가 보이지는 않지만 느낄 수 있으므로 영혼에 속한 것으로 여겨 '이'라고 발음한다.

利(이로울 이)

'利'자는 '禾'와 '刂'자가 합해진 글자로, 결실한 곡식을 거두는 작업을 묘사한 글자다. '벼(禾, 곡식)를 칼로 자르다'라는 뜻이다.

사람이 섭취하는 곡물은 대부분 해의 정기가 응결된 것으로 '벼'라는 이름 자체가 햇볕을 의미하는 '볕'과 같다.

'利'자의 음을 '이(리)'라고 하는 것은 '벼(禾)'는 해가 기른 것이므로 '利'

의 내용이 해와 관련이 있음을 나타내기 위함이다.

吏(벼슬아치 이)

"여봐라, 이방!"하고 외치면 어디선가 "예, 나으리"하고 달려 나와 굽실거리며 사또의 명을 받드는 사극의 한 장면을 떠올려 보자. 사또나 이방이나 나라의 녹을 받고 대신 국사를 처리하는 면에서는 모두 '吏'에 속한다. 그러나 사또와 이방 이 둘만의 사이에서는 이방이 '吏'가 되는 상대적인 개념이다.

'吏'자는 '史', '事', '使' 등과 뿌리가 같은 글자다.

누군가의 명을 받고 명령을 대신 수행하는 사람 또는 그 일을 나타낸다.

모든 벼슬아치를 일컬어 '이'라고 하는 것은 모두 임금을 대신해서 백성을 보살피는 사람들이므로 임금이 보냈다는 의미에서 '이'라 하는 것이다.

易(쉬울 이, 바꿀 역)

'易'자는 '日'과 '勿'의 합성자이다. '日'은 하늘의 '해'를 뜻하고 '勿'은 땅을 뚫고 솟아나 땅 위를 흐르는 '물'을 의미한다.

쉽다, 바꾸다, 다스리다, 고치다 등 '易'자의 의미는 모두 해와 물의 속성으로부터 기원한 것이다.

해와 물은 생명체가 살아가는데 있어서 필요 불가결한 본질적인 존재다. 이세상의 모든 사물들이 존재하는데 필요한 절대적인 가치다.

그래서 세상 만물이 해로부터 비롯되었다고 말하며 이 세상의 만물을 '물'이라 부른다. 우리 몸에서 산소를 실어 나르는 혈관처럼, '땅' 위를 흐르는 물은 해의 정기를 실어 나르는 혈관이다.

한편, 동양의 철학자들은 해와 물, 이 두 가지 요소를 이용하여 이 세상과 천지 자연에 내재된 관계를 설명하곤 했다.

소위 '易(역)'의 탄생이다.

해는 天, 아버지, 남자, 긍정, 낮, 우, 日, 日, 齒, 眼, 晝, 外, 陽…으로
물은 地, 어머니, 여자, 부정, 밤, 좌, 井, 月, 牙, 耳, 夜, 內, 陰…으로

그 의미를 확대하며 모든 자연현상을 설명하는데 거침이 없다.

소위 '한역(韓易)'은 해와 물의 이분법적 사고체계를 전 자연계에 확대 적용한 한민족 경험철학의 소산이다.

李(오얏 이)

'李'자는 '木'과 '子'가 결합하여 만들어진 글자로, '木'은 나무의 모양이며 천지의 합일을 나타내는 한편 사람을 나타내는 상징이기도 하다.

정수리의 정문을 통해 하늘의 기운을 받아들이고 용천과 회음을 통해 땅의 기운을 받아들여 단전에서 금단을 일깨우는 사람의 몸이 하늘의 이치와 땅의 이치를 연결하는 나무의 기능과 닮아 있기 때문에 사람이 곧 나무고 나무가 곧 사람의 상징으로 쓰이는 것이다.

'子'는 '씨앗'을 의미한다.

따라서 '李'자는 '천지 자연의 이치를 깨우친 정신적 지도자의 후손'을 나타

낸다.

과거 정교의 분리가 이루어지기 전에 종족을 이끌었던 지도자를 나타내는 표시이므로 신성하다는 뜻에서 '이'로 발음한다.

鳦(제비 이)

한민족과 제비의 관계는 그 유래를 찾기 어려울 만큼 오래 되었다. 따뜻한 봄기운이 대지를 녹일 무렵 강남 갔던 제비가 돌아와 주인의 허락도 없이 무턱대고 처마 밑을 차지해도 넉넉한 웃음으로 처마를 내줄 만큼 서로 친밀한 사이다.

흥부와 놀부의 설화에 제비가 등장하는 것은 제비와 더불어 오랜 세월을 같이한 한민족의 정서와 무관하지 않다.

제비를 나타내는 한자가 '鳦'자다.

'鳦'자는 '而'와 '鳥'로 이루어졌는데 '而'는 '해'를 나타내고 '鳥'는 '새'를 나타낸다. 따라서 '鳦'자는 '해의 새', 즉 '불사조'를 의미한다. 전통적으로 태양 속에 산다는 세발 달린 새, 즉 '삼족오'는 '제비'일 가능성이 크다.

태양과 연결되어 '신성하다' 라는 뜻에서 '이'로 부른다.

輀(상여차 이)

'輀'자는 '車'와 '而'로 만들어 졌다. '車'는 수레를 나타내고 '而'는 해를 나타낸다. 따라서 '輀'자는 '해로 가는 수레'라는 뜻이다.

'상여'를 '해로 가는 수레'로 본다는 것은 이 글자를 만든 이들이 자신들을 해로부터 왔다가 죽으면 다시 해로 돌아간다고 생각했다는 것을 의미한다.

죽어서 하늘로 갈 때 타는 수레를 '輀'로 나타낸 것이다.

'鴯(제비 이)'자와 더불어 '而'자가 해와 관련있다는 것을 뒷받침해 준다.

鮞(곤이 이)

'鮞'자는 '魚'와 '而'로 이루어졌는데 '魚'는 물고기를 나타내고 '而'는 '해' 또는 '해의 둥근 모양'을 나타내기도 한다.

물고기의 알은 해처럼 둥근 모양이므로 해의 둥근 모양을 이용하여 '鮞'로 나타낸다. '곤이'는 물고기의 알이다.

⑨ 초

'楚(모형 초)'자는 장기판에서 쉽게 볼 수 있는 '초나라 초'자이지만 '횃불 나무 초'라고도 부른다.

'楚'자의 '횃불나무'라는 의미를 정확하게 이해하려면 '楚'자가 옛날 동양 고대에 갑골을 불에 구워서 점을 치던 의식과 관련이 있음을 알아야 하는데, 갑골을 굽는 행위 자체가 하늘의 뜻을 묻는 의식이므로 이 의식에 사용된 장작을 특별히 구분하여 '楚'라 부르고 '횃불'로 여겼던 것이다.

'楚'자는 두 개의 '木'과 '疋'로 되어 있는데, '木'은 나무로 불을 피우는 여러 개의 장작을 나타내고 '疋'자는 사람의 발(足)로써 '불'을 나타낸다.

우리 인체에서 '발'은 '불'이며 '불'은 '뿌리'이고 이 세상 만물의 뿌리는 '해'라는 의미에서 '발 = 불 = 뿌리 = 해'의 관계로 이해하는 것이다.

'楚'라는 나라 이름도 '횃불처럼 밝게 빛나는 나라'라는 뜻이다.

⑩ 삼

'삼'은 '셋'이며 '삶'이다.

'셋'은 '하늘'과 '땅'에 이은 '세 번째'의 뜻으로 '삼'으로 표현되는 것들은 대부분 그 근본이 하늘과 땅을 전제로 한다.

그런 의미에서 '삼'은 우리의 '삶'과도 같은 말로써, 삶이란 죽음의 상대 개념으로 사는 일을 말한다. 세간에서 흔히 쓰는 살림살이라는 말과도 같은 의미다.

그래서 살아있는 모든 것은 하늘의 곁에 붙어있는 '세 번째'라고 표시하는 것이며 생명은 하늘로부터 타고난다고 하는 것이다.

三(석 삼)

'三'자는 '一'과 '二'와 더불어 숫자를 나타내는 수사(數詞)의 하나로, '셋'을 나타내는 상징기호다.

'三'은 '一'이 세 개 모여서 이루어진 것이므로 '三'을 알려면 먼저 근본인 '一'부터 알지 않으면 안된다.

'一'은 '한 일'로 풀이하는데, '한'은 '하늘', '해'를 나타내므로 이 세상에서 유일한 것의 상징이며, '日'을 '날 일' 또는 '해 일'로 풀이하는 것처럼 '일'은 '날' 또는 '해'를 나타내는 기호다. '해'를 '하늘'과 같이 보는 것은 '해'가 '하늘'의 상징이기 때문이다.

'한 일'은 '해를 일이라 한다'는 말이다.

'二'자는 '두 이'로 풀이하는데, '두'는 '두다', '둘'이라는 말로 (물건을 어딘가에 두는) 동작을 나타내며, '이'는 '위'와 같이 쓴다.

따라서 '二'자는 '一'자 위에 또 하나의 '一'을 두어 하늘에 벗하는 '땅'의 개념을 나타낸다는 것을 알 수 있다.

이런 이유로 '二'자는 '천지(天地, 하늘과 땅)'의 상징으로 쓰이며 '위', 즉 하늘을 나타내는 기호로도 쓰인다.

'上'자를 옛날에 '二'와 같이 썼던 것은 이 때문이다.

'示(보일 시)'자의 윗부분에 놓여있는 '二'자는 '하늘'을 나타낸다.

'二'자는 '하늘과 땅'을 나타내면서 동시에 '二'자의 구성이 '一'이 두 개 겹쳐진 것이므로 '一'과도 동일하게 여기는 것이다.

'三'자는 '一'과 '二'에 이어 세 번째로 등장하는 숫자다.

'석 삼'이라고 풀이하는 '三'자는 '二', 즉 '하늘과 땅' 사이에 또 하나의 '一'을 끼워 넣은 것으로, '석'이라는 의미는 '섞다', '섞이다'라는 뜻이다. 둘 사이에 하나가 섞여 있다는 의미다.

'삼'이란 음은 '삶'의 의미로 살아 움직이는 존재 또는 삶을 가진 존재라는 뜻이다.

하늘과 땅 사이에 섞여 '삶'을 가지고 있는 존재는 '천지인(天地人)'의 '人'에 해당하는 것으로, 이때의 '人'은 살아 움직이는 모든 존재의 의미다.

'천지인'과 '일이삼'의 관계만으로도 한자를 만든 고대인들이 우주 자연과 사람이 서로 별개의 것이 아니라 분리될 수 없는 운명적 관계에 있음을 이미 체득하고 있었다는 것을 알 수 있다. 풀 한포기에서도 기어 가는 벌레 한 마리를 보고도 우주를 읽어 냈던 것이다.

이처럼 숫자란 관념의 세계와 현실 사이에서 일어나는 조화의 법칙과 순환의 과정을 나타내는 기호이며 글자다.

彡(터럭 삼)

'彡'자는 '毛(털 모)'자와 마찬가지로 털을 나타낸다. '터럭 삼' 또는 '털삼'이라고 풀이하는데, 털은 짐승의 가죽이나 사람의 피부에 뿌리내리고 자생하는 또 하나의 생명체다.

털을 '삼'이라 하는 것은 인체를 천지인적인 논리구조로 보고 '마음'은 '천'이고, '몸'은 '지'이며 몸(地) 위에 풀처럼 나있는 '털'을 '인'으로 본다는 것이다. 이것이 '털'을 '삼'이라 부르고 세 개의 획으로 쓰는 까닭이다.

터럭 하나라도 하늘과 땅과 더불어 세 번째로 인식했음을 알 수 있다.

杉(삼나무 삼)

'杉'자는 '삼나무 삼'자다. '木'자는 '나무목 변'으로 이 글자가 나무를 나타낸다는 표시이며 이 나무의 속성을 나타내는 요소는 '彡'이다.

'彡'은 앞서 보았던 것처럼 '터럭'의 상징이다.

따라서 '杉'자는 짐승의 몸에 난 터럭처럼 삼나무를 땅(대지) 위에 난 터럭으로 여긴다는 표시다.

森(나무 빽빽할 삼)

'森'자는 '木'자를 세 개 합쳐서 만든 글자로, '木'자는 개개의 나무를 나타

내고 '林'자는 숲을 나타내며 '森'자는 나무가 빽빽하게 들어서 있는 모양
을 나타낸다. '森'자를 '삼'이라고 발음하는 것은 '森'자가 숫자 '삼'이 가
지고 있는 의미를 나타내려고 만든 글자라는 것을 말해 준다.

동양철학에서는 전통적으로 '3'을 '여럿'으로 인식하는 경향이 있다.
삼라만상을 하늘과 땅에 이어 세 번째로 보기 때문이다.
이와 같은 방식으로 만들어진 한자는 다음과 같은 것들이 있다.

屮 → 艸 → 卉 (屮-싹 철, 艸-풀 초, 卉-풀 훼)
木 → 林 → 森 (木-나무 목, 林-수풀 임, 森-빽빽할 삼)
口 → 呂 → 品 (口-입 구, 呂-음률 려, 品-물건 품)
台 → 冶 → 治 (台-별 태, 冶-불릴 야, 治-다스릴 치)

衫(적삼 삼)

'衫'자는 '衣'와 '彡'으로 되어 있는데, '衣'는 '옷'을 나타내고 '彡'은
'적삼'을 '털'과 같은 것으로 본다는 의미다.
사람의 마음과 몸과 털이 천지인의 관계에 있는 것처럼 마음과 몸과 옷이 또
천지인의 관계에 있으므로 '털(彡)'과 '옷(衣)'을 서로 같은 것으로 여겼던
것이다. 옷은 옷이되 '해의 기운'과 같은 '세 번째'라는 뜻이다.

參(석 삼, 간여할 참, 섞이다)

'參'자는 숫자 '三'과 비슷한 내용의 글자다. 세 개의 'ㅿ'는 원래 '별'의 표

시인데, 별을 '해(日)의 씨'로 보아서 'ㅿ'로 표시한 것이며 하늘이 열린다는 뜻의 '八' 그리고 만물을 나타내는 '彡'으로 구성되어 있다.

하늘이 열려 하늘의 성품과 땅의 존재가 서로 섞이는 장면을 묘사한 '參'자는, 만물의 입장에서는 '하늘의 간여'가 되고 중간에서 보면 양자가 서로 섞이는 것이 되며 위에서 보면 땅에 있는 모든 존재들은 하늘과 땅에 이은 세 번째 만상이 되어 상하로 천지인의 관념을 반영하고 있다는 것을 알 수 있다.

'參' 자가 '삼성(參星)'의 이름자로, '천지인 음양 천지인'의 구조로 되어 있다는 것은 동양 천문학의 기원에 대한 한겨레의 역할을 말해 준다고 하겠다.

〈그림 2-7〉 '參'의 옛글자. '세 개의 해'는 별이 '해의 씨앗' 이라는 의미다.

⑪ 천

'천'은 'ㅊ'과 'ㅓ' 그리고 'ㄴ'이 결합된 것으로, 'ㅊ'은 삼라만상의 정신적인 속성을 나타내고 'ㅓ'는 양의 음을 나타내며 'ㄴ'은 땅에서의 연속을 나타낸다. 따라서 삼라만상의 하늘과 관련된 속성을 '천'이라 한다. 사람의 마음을 하늘의 태양(本心本太陽), 즉 '천'과 같이 보는 것은 이 때문이다.

泉(샘 천)
샘은 물이 솟아나는 우물이다. 우물은 윗 물, 즉 하늘 물이다.

물은 하늘(해)이 땅에 모습을 드러낸 것으로, 샘과 계곡을 흐르는 물을 모두 '샘 천', '내 천' 등 '천'으로 발음하는 것은 이 때문이다.

'泉'자는 '白+水'의 모양으로 '해(白)의 물(水)'을 나타낸다. 샘에서 솟아나는 물을 하늘을 향해 솟아오르는 것으로 본 것이다.

'井(우물 정)'이 멈추어 있다는 의미에서 음(陰)의 우물이라면 '泉'은 하늘을 향해 솟아오른다는 의미에서 양(陽)의 우물이다.

天(하늘 천)

'天'자는 '사람의 모습'을 이용하여 만든 글자다. 사람의 모습으로 하늘을 나타내는 것은 천지인의 관념이 반영된 것이다.

하늘을 '천'으로 소리하는 것은 만물의 입장에서 하늘을 나타낸다는 의미다.

하늘을 나타내는 '천'의 'ㅊ'이 '인(天地人의 人)의 하늘'을 나타내기 때문이다.

〈그림 2-8〉 '天'의 옛글자. '사람의 머리'가 특별히 강조되었음을 알 수 있다

川(내 천)

샘에서 솟아난 물이 개울을 따라 흐르는 것을 '내'라고 한다.

'혁거세(赫居世)'가 '불구내(弗矩內)'와 같고 '불구내'가 '붉은 해'가 되는 것처럼 '내'라는 말은 '해'를 말한다. '내'가 '해'이므로 '내 천'은 '하늘(해) 천'과 같다. 해가 내려온다는 말과도 통한다.

'시내'라고 하는 것은 내의 의미를 더욱 분명히 하기위해 '해'를 의미하는

'시'를 더하여 '시내'라 한 것이다.

샘에서 솟아난 물이 흘러가는 모양을 나타낸다.

千(일천 천)

우리가 일상에서 사용하고 있는 一(해 일), 十(열 십), 百(일백 백), 千(일천 천), 萬(일만 만) 등의 수사는 주로 하늘이나 해와 별 등을 이용하여 나타냈는데 '一'은 '하늘'을 나타내고 '十'은 '해'를 나타내며 '百'도 '해'를 나타내는 사례를 참고한다면 '千'자 역시 하늘의 천체와 관련 있을 가능성이 크다.

'千'자는 'ノ'과 '十'이 합해진 글자로, 'ノ'은 별이 비치는 모양을 나타내며 '十'자는 해의 상징기호 또는 해의 문양이다.

'一'에서 '十'으로 '十'에서 '百'으로 다시 '千'으로 변해 가는 과정을 보면 '一'과 '十'의 관계, '十'과 '百'의 관계, '百'과 '千'의 관계 속에 들어 있는 '一, 十, 日'이 일정한 의미를 유지하고 있다는 것을 알 수 있다.

遷(옮길 천)

'遷'자는 'ⅰ(쉬엄쉬엄 갈 착)'과 '䙴'자가 합해진 것으로 'ⅰ' 자가 '움직임'을 나타낸다.

문제는 'ⅰ'자가 등에 업고 옮기는 내용에 관한 것이다. '䙴' 자는 지금은 단독으로는 쓰이지는 않으나 '僊(춤출 선)'처럼 실체가 분명하다.

'西'는 '해'를 의미한다. 서쪽(西)은 해가 하루 일과를 마치고 서(쉬다)는 방향이다. 해를 두 손으로 받들고 있는 모습이 '晜'자의 내용이다.

'(해를) 옮기다'라는 뜻이다. 옮겨 가는 것의 내용이 '해'이므로 하늘과 동일시하여 '천'이라고 발음하는 것이다.

'僊(춤출 선)'으로부터는 '해를 흉내내는 행위'를 춤이라 한다는 것을 알 수 있다.

遄(빠를 천)

'遄'자는 땅속에서 갓 솟아나 산비탈을 흘러내리는 시냇물을 의미하는 글자인데 여기에 '간다'는 의미의 '辶'을 더하여 '빨리 가다'라는 의미로 사용하였다.

음이 '천'인 것은 시내물이 하늘을 향해 간다고 보기 때문이다.

茜(꼭두서니 천)

'艹'와 '西'가 합해져서 꼭두서니를 나타낸다. 꼭두서니는 여러해살이 덩굴풀로 빨간 꽃이 피는 식물이다. '茜'자를 '천'으로 발음하는 데에는 꼭두서니의 빨간 꽃에 연결 고리가 있다. '西'자는 해를 말한다.

해를 의미하는 '西'자가 꼭두서니의 '빨간 꽃'과 연결되어 '茜'자를 '꼭두서니 천'으로 풀이하는 것이다. 의미는 빨간 꽃을 피는 꼭두서니를, 음은 해를 의미하는 '천'을 적절하게 선택해 사용한 것으로 '西'로 표시되는 빨간색은 아침에 솟는 해의 색이 아니라 저녁 노을에 볼 수 있는 그런 색이라고 할 수 있다.

蚕(누에 잠)

'蚕'은 '天虫'이 합해진 글자로 '하늘 벌레'라는 뜻의 누에(蠶)를 일컫는 말이다.

고대인들은 누에를 쳐서 옷감에 필요한 실을 얻는 한편 누에의 4단계 생태학적 변화를 통해서 자연의 변화에 대해서 눈뜨게 되었다. 때문에 누에에 대한 고마움으로 사람들은 누에를 '하늘벌레'라고 높여 불렀던 것이다.

한편, 누에의 애벌레를 '용'이라 부르는데 지렁이가 마치 누에의 애벌레를 닮았기 때문에 지렁이를 땅에 사는 용이라는 뜻에서 토룡(土龍)이라 부르고 누에의 상징인 '蚕'을 같이 쓰게 된 것이다.

穿(뚫을 천)

'穿'자는 구멍을 나타내는 '穴(구멍 혈)'과 어금니를 나타내는 '牙(이 아)'자가 결합된 글자다. '穴'은 '밖으로 통하는 창과 같은 구멍'을 의미하고 '牙'는 북두칠성의 머리별 '井'이 변한 것으로 '어둠의 하늘'을 의미한다.

그 음이 '천'인 것은 뚫는 구멍 자체를 '하늘을 향해 있다' 또는 '하늘과 연결한다'는 의미로 보기 때문이다.

舛(어그러질 천)

'舛'자는 두 발이 서로 어그러진 모양으로, '어긋지다'라는 의미를 나타낸다. 사람의 발은 '발=밝'의 의미로 하늘의 해를 나타낸다.

사람을 해로 보기 때문에 사람의 발 역시 해의 밝음을 나타내며 두 발 모습을 '천'이라고 발음하는 것이다.

辿(천천히 걸을 천)

물의 흐르는 성질 때문에 '巛(빠를 천)'자는 '빠르다'라는 현상을 나타내는 글자로 쓰이지만 '巛' 대신에 '山'을 쓴 '辿'자는 '산'의 고정성과 빨리 달리기 어려운 산의 이미지 때문에 '천천히 걷다'라는 의미를 나타낸다.

그 음을 '천'이라 하는 것은 하늘의 해가 원래 서두르지 않고 천천히 걷는다는 사실을 반영한 것이다.

喘(헐떡거릴 천)

'喘'자는 노인성 질병 가운데 '천식(喘息.)'을 말할 때 쓰이는 한자다. 'ㅁ (입 구)'와 '耑(시초 단)'이 합해져 '입'과 관련된 '耑'을 말하는데 '耑'자는 '山'과 '而'가 합쳐진 글자이고 '而(말이을 이)'자는 '땅 위를 비치는 해' 를 의미하는 '이'자다. '而'자 위에 해가 앉으면 '昜'자가 되고 '而'자 위에 산이 앉으면 '耑'자가 된다. '昜'자는 해로부터 비롯되어 땅 위에 내려 쪼이는 따뜻한 볕을 의미하는 '陽(볕 양)'자가 되고 '耑'자는 산에서 비롯되어 땅 위를 흐르는 물의 기원이 된다.

'耑'자를 처음, 시초, 처음 생겨난 실마리, 구멍 등으로 풀이하는 것은 모두 산에서 발원하여 흘러내리는 물의 의미들이다.

⑫ 발

우리가 일상에서 사용하는 말이 모두 그러하지만 특히 인체와 관련된 말들은 더욱 특별한 의미를 가지고 있다.

그 속에는 사람이 스스로를 어떻게 인식했는지에 대한 단서가 담겨 있기 마련이다.

'발'은 우리 인체에서 가장 낮은 곳에 위치하는 기관이다.

인체에서도 가장 낮은 곳에 위치하는 '발'에 대하여 우리 선조들은 어떤 의식을 가졌을까?

鉢(바리때 발)

'鉢'자는 '金'과 '本'으로 되어 있는데, '金'은 '신성함'을 의미하고 '本'은 '근본', '바탕'을 의미한다.

따라서 '鉢'자는 어떤 본질적이며 신성한 것을 나타낸다는 것을 알 수 있는데 '鉢'자는 어떻게 스님들의 밥그릇과 가사(옷)를 나타내게 되는 것일까?

불교에서는 스님들이 밥을 먹는 공양구(그릇)나 입는 옷(가사)을 '바리때' 또는 '바리때기'라고 한다.

한편, 우리 한국인은 밥그릇을 '사발(沙鉢)'이라고 한다. '바리때'나 '사발'이나 핵심어는 모두 '발'이다. '발'은 우리 인체의 '발'과 같은 의미다.

'발'은 '밝'과 같아서 해의 밝음을 나타낸다. 밝음은 해의 몸이다.

스님들은 태양을 숭배하는 일을 맡은 사람들이었으므로 그들이 사용하는 밥그릇조차 태양을 상징하는 둥근 모양의 '발'로 부른 것이다.

불교(佛敎)는 우리말 그대로 불교다. 불을 숭상하는 신앙의 한 형태다. 고대 인도나 중동에 퍼져 있던 배화교(拜火敎-조로아스터교) 역시 그런 신앙형태의 하나다. '불'은 '해(태양)'의 몸이기 때문에 불을 숭배하는 신앙은 곧 태양을 숭배하는 신앙이다. 한국인의 선조들이 고대에 태양을 숭배하는 태양족이었으므로 사람을 '해'에 비유하여 실제로 '해'라고 불렀다. '아내'는 '안에 있는 해'라는 뜻이며 '아이'는 '아해', 즉 '어린 해', '올케'는 '오빠의 해'라는 뜻이며 '그이', '저이'의 '이'가 또 '해'라는 말이다.

한국인의 생활용어가 주로 해를 중심으로 이루어진 것은 한민족의 전통문화가 고대 태양을 숭배하던 선조들로부터 기원하였기 때문이다.

'鉢'자는 불교와 한민족의 뿌리가 고대 태양족의 태양숭배와 관련이 있음을 말해 주고 있다.

癶(등질 발)

'癶'자는 사람의 두 발이 서로 등지도록 놓여 있는 모양을 이용하여 서로 등을 돌리고 돌아서는 모습을 나타냈다.

'발'이라는 음은 '사람의 발'의 명칭이며 '발'은 '밝'으로 해의 밝음을 나타낸다. 발은 밝음이고 밝음은 해의 몸이므로 사람의 발은 언제나 해를 향해 있어야 옳다고 생각했다.

이것을 반영한 글자가 '是(옳을 시)', '正(바를 정)'자다.

'옳다', '바르다'라는 말의 의미를 알 수도 있다.

發(쏠 발)

'發'자는 '癶'과 '弓' 그리고 '殳'로 되어 있는데, '癶'은 사람의 두 발을 나타내고 '弓'은 활의 표시로 해(태양)의 상징이며 '殳'는 소를 모는 목동이

발의 모양과 의미와 소리를 나타내는 한자

1) 足(발 족) ; 발의 모양

　　　促(재촉할 촉) ; 발을 닮아 바삐 걷는 것과 같다는 의미

　　　趾(발 지) ; 발로 지탱한다는 의미

2) 疋(발 소, 필 필) ; 둘이 모여 하나가 되는 관계

　　　胥(서로 서) ; 두 발이 서로 떨어져 있다는 의미

　　　定(정할 정) ; 발이 틀을 갖추었다는 의미

3) 之(갈 지) ; 발이 앞으로 나아간다는 의미

　　　乏(가난할 핍) ; 가고 또 가서 다 갔다는 의미

　　　芝(지초 지) ; 붉은 색을 띤 풀의 의미(발=붉음)

4) 止(발 지, 그칠 지) ; 발이 멈추어 있다는 의미

　　　步(걸음 보) ; 걸어 가는 발걸음이라는 의미

　　　正(바를 정) ; 발이 하늘을 향해 있으면 '바르다'는 의미

　　　址(터 지) ; 발이 서 있는 곳의 의미

　　　武(굳셀 무) ; 발(해)에서 취했다(얻었다)는 의미

　　　此(이 차) ; 해(발)와 북두칠성의 의미

5) 夕(저녁 석) ; 해가 걸어서 밝음과 어둠이 섞이는 시간

　　　名(이름 명) ; 어떤 지경에 이르렀다는 의미(이름의 정의)

　　　多(많을 다) ; 해의 작용으로 생긴 것이 많다는 의미

6) 夊(뒤져서 올 치) ; 뒤 떨어져서 온다는 의미

夂(천천히 걸을 쇠) ; 천천히 걷는다는 의미

麥(보리 맥) ; 벼에 이어서 봄에 자라는 곡식이라는 의미

7) 舛(어그러질 천) ; 두 발이 서로 맞지 않는다는 의미

舞(춤출 무) ; 두 발이 서로 멋대로 움직인다는 의미

舜(순임금 순) ; 모계를 부계로 바꾼 사람

8) 韋(다룸가죽 위) ; 주위를 돌며 호위한다는 의미

偉(훌륭할 위) ; 보통 사람과는 다른 사람이라는 의미

衛(지킬 위) ; 왕래하며 호위한다는 의미

9) 癶(등질 발) ; 두 발이 서로 등을 돌렸다는 의미

登(오를 등) ; 제단을 향하듯 위로 올라간다는 의미

發(쏠 발) ; 해를 향해서 나아간다는 의미

10) 辶(쉬엄쉬엄 갈 착) ; 천천히 걸어간다는 의미

逍(거닐 소) ; 천천히 걷는다는 의미

造(지을 조) ; 사리에 맞게 진행한다는 의미

11) 廴(길게 걸을 인) ; 천천히 발을 끌듯이 걸어간다는 의미

廻(돌 회) ; 원을 그리듯 빙빙 돈다는 의미

손에 들고 있는 회초리와 같은 도구를 나타낸다. '發'자는 '사람의 발이 해를 향하도록 하다'라는 뜻이다.

따라서 '發'로 만들어지는 '출발' 등의 개념은 원래 사람이 해를 향해 나가 간다는 뜻이었음을 알 수 있다.

⑬ 인

담배를 오래 피우다 보면 인이 박힌다고 한다.

'인'이란 '뿌리'의 다른 말이다. '뿌리'의 어근은 '불'이다. 세상만물의 원인 가운데 제1원인이 해다. 태양이다.

해를 일컫는 말이 '불'로 변하여 '불휘 → 뿌리'가 된다.

그런데 사람을 또 '인(人)'이라 부른다.

이것은 사람을 하늘의 해와 같은 존재로 여긴다는 뜻이며 해가 뿌리이므로 사람 또한 뿌리가 된다는 의미다.

우리 선조들이 주창한 '인내천(人乃天)'의 정체가 곧 이것이다.

그런가 하면 사람이 머리로 물건을 옮기는 행위를 '머리에 이다' 또는 '머리에 인 물건' 등으로 표현하는데 이것은 '사람은 하늘(해)을 머리에 이고 사는 존재'로 여겼다는 것을 말해 준다.

人(사람 인)

'人'자는 '사람의 형상'을 이용하여 만들었으므로 사람의 내면적 가치는

'인'이라는 음에 담겨 있다.

사람을 '인'이라 부르는 것은 사람을 해와 같은 뿌리로 여긴다는 뜻이다. 해는 세상 만물의 '중심'이므로 사람이 곧 세상의 중심이라는 뜻이다.

〈그림 2-9〉 '人'의 옛글자. 사람의 옆모습이 강조되었음을 알 수 있다.

囙(인할 인)

'囙'자는 '口'와 '大'로 되어 있는데, '口'는 하늘 또는 우주로 표현된 이 세상을 나타내고 '大'는 사람의 형상을 이용하여 천지인적인 존재의 의미를 강조한다는 표시다.

따라서 '囙'자는 '이 세상 모든 원인을 이루는 근본이 천지인이다'라는 뜻을 나타낸다.

세상 만물은 저마다의 원인을 가지고 인과법칙에 따라 변하기 마련인데 변화의 원리는 한민족의 근원적인 사고체계인 천지인이라는 것을 바탕으로 만들어진 글자라는 것을 알 수 있다.

仁(어질 인)

'仁'자는 '亻'과 '二'로 되어 있는데, '亻'은 '닮다'라는 뜻을 나타내고 '二'는 해(하늘) 또는 하늘과 땅을 나타낸다.

따라서 '仁'자는 '하늘을 닮은', '해를 닮은', '땅을 닮은' 또는 '천지(하늘

과 땅)를 닮은'의 뜻을 나타내는데 여기서는 특히 하늘과 땅의 자애로움과
같은 속성을 나타낸다.

온갖 생명을 머금고 있다가 토해 내는 땅의 자애로움과 땅이 토해 낸 생명을
기르는 해의 자애로움이 생명을 살리는 원천이다.

만물을 낳고 기르는 것은 땅과 해다. 그래서 땅과 해의 속성을 '어질다'라고
하는 것이다.

천지만물을 골고루 살펴 제각각의 생명이 뿌리내리고 싹을 틔워 열매를 맺
도록 이끌어 주는 하늘(해)과 땅의 자애로움을 배경으로 한 글자다.

刃(칼날 인)

'刃'자는 '刀'와 '•'으로 되어 있는데 '刀'는 칼을 나타내고 '•'은 '불',
'뿌리'를 나타낸다. 따라서 이 두 글자가 결합한 '刃'자는 '칼의 뿌리'인
'칼 날'을 나타낸다.

'刃'자를 '인'으로 발음하는 것은 '刃'자에 더해진 '•'을 '불'로 본다는
의미다.

불은 해이며 해는 일(日)이고 일은 날이며 날은 뿌리와 동일하므로 칼날을
칼의 뿌리라는 의미에서 '인'이라 하는 것이다.

⑭ 견

'견'이란 말의 쓰임을 '어깨 견(肩)'과 '개 견(犬)'등의 글자를 통해서 알아

보기로 한다.

犬(개 견)

'犬'자는 '大'와 '•'이 결합된 글자다. '大(큰 대)'는 사람의 모습으로 천지인의 원리를 갖춘 존재를 의미하며 '•'은 '해(하늘)' 또는 '우주'를 나타낸다.

따라서 '犬'자는 '사람의 곁에 붙어 있는 해'로 풀이할 수 있다.

'犬'자를 '견'이라 부르는 것은 어깨를 '견'이라 부르는 것처럼 '붙어 있다', '따라 다니다'라는 뜻을 나타내기 위한 것이다.

개가 언제부터 야성을 버리고 사람 곁에 붙어 살게 되었는지는 명확하지 않다. 다만 다른 동물에 비하여 유달리 사람의 곁을 떠나지 않고 친근하게 교류하다 보니 그저 흔한 것, 하찮은 것을 지칭할 때 '개~'를 붙여 부르는 것이 언어습관이 되었다.

그러나 본래 '개'라는 말의 의미는 다르다.

고구리에서는 왕자의 호칭으로 '개아지'를 쓰기도 했는데 '개아지'란 '해아지'라는 말로써 '어린 해'라는 뜻이다. 왕을 하늘의 해에 비견하므로 상대적으로 '작은 해'라는 의미다.

개복숭아, 개나리의 '개'는 돌배의 '돌'과 같은 의미다.

돌은 들이며 들은 들판, 벌판으로 벌을 말하고 벌은 불의 변음이다. 개가 해를 의미하고 돌은 불을 의미하므로 결국 이들이 지향하는 바는 해라는 것을 알 수 있다. 해가 키우고 하늘이 키웠다는 뜻이다.

'개'는 결코 '하찮은 것'을 의미하는 글자가 아니다. '犬'자는 단순히 개의 형상과 의미를 나타낸 글자가 아니다. 동물의 호칭 하나에도 태양을 숭상하는 광명족의 철학이 담겨 있음을 알 수 있다.

肩(어깨 견)

'肩'자는 '戶'와 '月'로 이루어져 있는데, '戶'는 사람을 나타내고 '月'은 '떨어져 나간 몸'을 나타낸다. 따라서 이들이 결합한 '肩'자는 '사람의 몸에서 별도로 구분되는 부분'이라는 뜻으로 '어깨'를 나타낸다.

('戶'는 'ノ'과 '尸'가 결합한 것이다. 'ノ'은 '비칠 별'자로 '비치다' 또는 '별도'의 의미를 나타내고 '尸'자는 '주검 시'자로 알고 있지만 원래 북두칠성의 표시로 사람의 몸 또는 천손족이 사는 집을 나타낸다. 북두칠성이 보호하는 공간이라는 뜻이다)

'肩'으로 표현되는 '어깨'는 두 팔을 몸통에 연결하는 기관으로 몸통과 구분된 것으로 인식했음을 알 수 있다.

몸통이 움직이면 어깨는 언제나 따라서 움직이게 되므로 몸통에 따라다니는 존재라는 뜻에서 '肩'으로 쓰고 '견'으로 발음했던 것이다.

치우천황의 부인을 '견비(肩臂)'라 불렀는데 '肩臂'란 '어깨와 팔'이라는 뜻으로 몸이 가면 언제나 따라다니는 속성을 이용하여 부부를 일컫는 호칭으로 사용했으며 껄렁거리며 다니는 젊은이들을 흔히 '어깨'로 부르는데 이것은 떼를 지어 몰려다니는 모습이 마치 몸통을 따라다니는 '어깨'의 속성을 닮아 있기 때문에 그렇게 부르는 것이다.

畎(밭도랑 견)

'畎'자는 '田'과 '犬'으로 되어 있는데, '田'이 밭이나 경작지를 나타내고 '犬'은 '붙어 있다', '따라다니다' 등의 뜻을 나타낸다.

따라서 이들이 결합한 '畎'자는 밭에 붙어 있는 것, 밭하면 으레히 따라다니는 것이라는 뜻에서 '밭도랑'을 나타낸다.

밭은 주거지의 곁에 붙어서 주로 먹을 거리를 공급하는데 경작을 위해서는 급수와 배수가 필요하므로 밭에는 의례히 도랑을 내기 마련이다.

이런 도랑을 나타내기 위해서 '밭에 붙어 있는 것'이란 표현을 쓴 것이다.

⑮ 벼와 볕

인류와 벼의 만남은 특별한 의미가 있다.

벼로 상징되는 농경문화는 인류가 떠돌이 생활을 그치고 정착생활을 영위했다는 상징일 뿐만 아니라 문명이 싹틀 바탕과 잉여생산물로 인한 사유재산의 탄생 등 인류 역사상 중요한 계기가 되기 때문이다.

당시로써는 혁명과도 같은 큰 변화를 가져온 '벼'라는 농작물을 당시인들은 어떤 의미로 표현했을까?

다음의 한자들을 통해서 알아보기로 하자.

禾(벼 화)

인류의 생활이 유목 중심에서 벗어나 농경 위주로 변화되는 과정에서 가장 대표적인 곡물을 '벼'라고 하고 '禾'로 나타냈다.

'벼'는 일조량과 뗄 수 없는 불가분의 관계에 있으므로 해와 관련이 있다는 의미이고 '禾'는 '익어 고개 숙인 벼의 모습'을 이용하였으며 벼를 기른 해를 기념하여 '화'로 불렀다. '불'을 '화(火)'로 소리내는 것과 마찬가지다.

'벼'라는 새김은 불, 볕, 빛과 관련이 있는 말이다.

陽(볕 양)

'陽'자는 'ß'가 언덕을 뜻하고 '昜'이 해(日)와 땅(一)과 그 위를 흐르는 물(勿)이 합해진 글자로 단순한 햇볕만이 아니라 물이 흐르는 땅 위에 따뜻한 해가 내려 비치는 그런 곳 즉 해가 비치는 양명한 언덕을 말한다.('陽'은 언덕의 표시인 'ß' 없이 '昜'만으로 쓰기도 한다.)

'볕'을 '양'이라고 하는데 '양'은 '해'의 기운을 말하는 것으로 '양' 가운데서도 가장 큰 양을 '태양'이라고 하는 것이다. 또 '양'은 '향'과도 같은 말로써 향이 위, 즉 해를 지향하는 말이므로 '양'은 곧 '해'인 것이다.

가축 중에서 소의 위를 다른 가축의 위와 구분하여 '양'이라고 부르는 것에서도 '소'나 '우'나 '위'의 상호 관련성을 유추해 볼 수 있다.

〈그림 2-10〉'陽'의 옛글자

⑯ 도와 두

'도'와 '두'는 'ㄷ'을 기본 내용으로 'ㅗ'와 'ㅜ', 즉 양(陽)과 음(陰)의 쓰임으로 나뉘어진 글자이다.

한글 자모 중의 하나인 'ㄷ'은 하늘(위의 一)과 땅(아래의 一)을 연결(ㅣ)하는 모양 그대로 초보적인 '하늘과 땅의 연결' 또는 '천지의 합일'을 나타낸다. 다시 말하면 'ㄷ'은 '하늘'의 속성을 나타내는 기호이며 땅의 어떠함이 하늘과 연결되어 있다는 의미다.

이것은 다음의 쓰임을 통해서도 살펴볼 수가 있다.

道(길 도) ; 길은 땅에서 찾는 하늘의 이치라는 뜻

都(도읍 도) ; 도읍은 땅에 펼쳐진 하늘의 고을이라는 뜻

島(섬 도) ; 섬은 해(海, 하늘)를 향해 가다가 멈추어 선 땅이라는 뜻

圖(그림 도) ; 땅에 있는 그림은 하늘을 흉내낸 것이라는 뜻

刀(칼 도) ; 칼은 하늘의 이치에 따라 '가르는 도구' 라는 뜻

禱(빌 도) ; 땅에서 비는 대상이 하늘이라는 뜻

稻(벼 도) ; 땅에서 자라는 벼는 하늘이 기른다는 뜻

導(이끌 도) ; 하늘의 이치에 맞도록 이끌어 준다는 뜻

途(길 도) ; 땅에 있는 길은 모두 하늘을 향해 있다는 뜻

到(이를 도) ; 하늘에서 땅에 이르렀다는 뜻

'도덕(道德)'의 '도(道)'는 땅에 펼쳐진 천지 자연의 운행 이치를 의미하는 말로써 그것을 찾는 과정이나 찾아가는 행위 또는 찾는 대상 그 자체를 우리는 보통 '도'라 한다. 'ㄷ'이 땅의 어떠함이 하늘과 긴밀하게 연결되어 있다는 의미를 나타낼 때 쓰는 기호라는 사실을 알 수 있다.

이러한 사실은 '두'라는 음(소리)으로 소리나는 다음의 경우를 통해서 더욱 분명해진다.

頭(머리 두)

'頭'자는 '豆(콩 두)'와 '頁(머리 혈)'로 구성되어 있는데, '豆'는 주로 '콩 두'라고 알려져 있지만 원래는 제사에 쓰이는 제기(祭器)를 일컫는 말이다. 따라서 '頭'자는 제사와 관련된 머리, 하늘과 관련된 머리 라는 뜻의 '우두머리', '서열의 으뜸'을 나타낸다.

'머리'를 나타내는 또 다른 글자인 '首(머리 수)'자가 주로 벼슬, 관직 등과 관련된 의미로 쓰인다면 '頭'자는 주로 제사와 관련된 의미로 쓰인다.

'首'와 '頭'의 차이가 우리 한글의 자음 'ㅅ'과 'ㄷ'의 의미의 차이다.

豆(콩 두)

'豆'는 '제기(祭器)의 모양'인데, '콩'의 의미로 쓰는 것은 콩이 해처럼 둥근 모양이므로 제물의 상징처럼 여겨진 데서 비롯된 것으로 보인다.

亠(두돼지해밑 두)

주로 '제단에 하늘이 내려온 모양'의 의미로 쓰인다.

斗(말 두)

'斗'자는 '二'와 '十'이 결합된 것으로, '二'는 '하늘과 땅', 즉 '둘'을 뜻하고 '十'은 '해'를 나타낸다. 따라서 '斗'자는 '두 번째 해'라는 의미에서 별

중의 별인 북두칠성을 나타낸다.

이렇게 본다면 '斗'자는 '말 두'라는 풀이 보다는 '북두칠성 두'라고 부르는 것이 보다 근원적이라 할 수 있다.

이것은 별을 나타내는 한자인 '星'자가 '日(해 일)'과 '生(날 생)'으로 되어 '해가 낳았다'라는 의미로 풀이되는 것을 알면 쉽게 이해가 될 수 있을 것이다.

'말 두'의 '말'은 '마리', '머리'와 같은 의미로, '으뜸'의 뜻이다.

'머리'는 인체에서 하늘과 연결되어 있는 '첫 번째(으뜸) 부위'라는 뜻에서 붙여진 이름이고 이것을 '두(頭-머리 두)'라고 부르는 것은 '하늘과 연결된 곳'이라는 뜻이다.

한겨레가 '북두칠성'을 하늘의 여러 별 가운데 으뜸으로 여기는 것은 이런 인식이 반영된 것이다.

해가 사라진 밤에 나타나는 별을 '해가 낳은 씨앗(새끼)'으로 여겼으므로 한겨레에게 있어서 북두칠성은 태양과 동일한 것이었다.

한겨레의 풍습에 해 보다는 북두칠성이 더 많이 자리잡은 것을 보면 오히려 밝은 대낮에 떠 있는 해보다는 어둔 밤 하늘에 떠있는 북두칠성이 보다 더 필요하고 또 친근하게 여겨졌던 모양이다.

아이가 태어나면서부터 한이레 두이레 세이레.... 일곱이레를 계산하고, 커가면서 색동옷을 입히며, 장가를 들 때면 혼수단자를 색실로 일곱 번을 돌려 감싸며, 장독대에 물 한 그릇을 떠놓고 빌던 대상이 북두칠성이었으며, 땅 위로 솟아나는 우물 물을 북두칠성의 국자 머리별의 물과 동일하게 여겼으며, 심지어 죽어서도 칠성판을 타고 북두칠성으로 간다고 생각했다.

1) ㇒(삐침 별) ; 별 빛이 비치는 모양
2) ㄥ (사사 사) ; 하늘에서 내려왔다는 의미
      私(사사 사) ; 하늘과 개체와의 고유한 관계를 의미
      弘(넓을 홍) ; 해의 작용이라는 의미
      台(별 태, 나 이) ; 사람은 별에서 태어났다는 의미
3) 幺(작을 요) ; 하늘에서 내려오고 또 내려와서 작다는 의미
      幼(어릴 유) ; 세대가 흐른 뒤 어린 자손의 의미
      幻(변할 환) ; 흐르고 바뀌어서 변했다는 의미
4) 久(오랠 구) ; 시간이 흐르고 흘러서 오래되었다는 의미
      灸(뜸 구) ; 오랫동안 불에 굽는다는 의미
5) 勹(쌀 포) ; 보자기와 같은 것으로 싼다는 의미
      句(글귀 구) ; 하나의 뜻을 담고 있는 글의 의미
      勾(굽을 구) ; 굽은 성질을 나타냄
6) 冖(덮을 멱) ; 보자기와 같은 것으로 덮었다는 의미
      冥(어두울 명) ; 해와 햇살을 덮어 어둡다는 의미
      宀(집 면) ; 지붕을 덮어서 비바람을 면한다는 의미
      家(집 가) ; 돼지를 토템으로 하는 사람들의 가옥
      厚(두터울 후) ; 해와 해의 씨까지 내포하고 있다는 의미
      序(차례 서) ; 여럿이 있을 때 순서를 정한다는 의미
      廳(관청 청) ; 백성의 소리를 듣는 곳이라는 의미

7) ㇏ (파임 불) ; 어긋난다는 의미(우행은 자연의 이치를 거스른다고 여김)

弋 (주살 익) ; 하늘이 취한다, 빼앗아 간다는 의미

戈 (창 과) ; 하늘에서 취하는 것과 같은 의미의 도구

式 (법 식) ; 하늘과 땅에서 취한 것이 법이라는 의미

伐 (칠 벌) ; 창을 사용하는 것과 닮았다는 의미

8) 八 (여덟 팔) ; 사람의 두 팔처럼 좌우로 열리고 닫힌다는 의미

介 (끼일 개) ; 하늘이 열리고 그 사이로 내려온다는 의미

小 (작을 소) ; 나누어진 것은 원래의 것보다 작다는 의미

9) 分 (나눌 분) ; 둘로 구분한다는 의미

粉 (가루 분) ; 곡식을 나누어 만든 가루라는 의미

昐 (햇빛 분) ; 해에서 나누어진 것이 햇빛이라는 의미

10) 公 (공변될 공) ; 사적인 것을 나누었다(공유)는 의미

訟 (송사할 송) ; 옳고 그름을 가리는 공적인 말이라는 의미

11) 斤 (도끼 근) ; 도끼나 대패 등의 도구를 이용해서 개척한다는 의미

斥 (물리칠 척) ; 주거 시설과 경작지를 마련한다는 의미

近 (가까울 근) ; 봉지는 도읍에서 가깝다는 의미

新 (새 신) ; 봉지를 받아 새로 시작한다는 의미

무가(巫歌)에서도 북두칠성의 일곱 별을 칠원성군으로 의인화(擬人化)하여 신앙의 대상으로 삼았으니 가히 한겨레를 북두칠성(北斗七星)족이라 불러 흠이 없을 것이다.

한국인 전통의 정서에 점철되어 있는 북두칠성(北斗七星)과의 관계는 정말 각별하다고 말하지 않을 수 없다.

이 '북두칠성'의 이름에서 '북'은 '북쪽 방향'을 나타내고 칠성(七星)은 일곱 개의 별로 이루어졌다는 말이므로 '북두칠성'이란 북쪽에 있는 일곱 개 별을 두성이라 한다는 말이다.

결국 '북두칠성'이란 '두'라는 별을 일컫는 말로써 이 '두'라는 말이 '하늘과 땅의 연결'임을 뜻하므로 다음과 같은 상상이 가능하다.

우리 선조들은 우주 자연에 대한 통찰력으로 북두칠성의 특성을 꿰뚫어 보고 이 별이 우리가 살고 있는 지구와 긴밀하게 연결되어 있으며 특히 우리 한국인의 선조들이 살았던 땅과 직접 관련이 있다는 사실을 알았기 때문에 이 별을 '두'라는 음으로 불렀을 것이다.

이 사실은 천문학에서 우리나라 땅이 북두칠성의 기운이 직접 미치는 지역으로 꼽히고 있다는 사실에서도 뒷받침된다.

동양 천문학에서는 두 개의 두성에 대해서 언급하고 있다.

하나는 '북두칠성(北斗七星)'이고 다른 하나는 '남두육성(南斗六星)'이다.

이 두 개의 두성 가운데서도 우리 선조들은 해질 무렵 동쪽하늘에서 일정하게 떠오르는 북두칠성을 기준으로 삶을 꾸려갔으므로 한국인의 삶과 정서 속에 북두칠성이 뿌리깊게 자리잡았다는 것은 어쩌면 당연한 일일 것이다.

한자를 통해서 본 10진법의 내용

• (알)

一(한 일) ; 하늘, 해, 하나, 한, 첫번 째

二(두 이) ; 땅, 둘, 두 번째

三(석 삼) ; 만물, 셋, 세 번째

四(넷 사) ; 사람, 넷, 네 번째

五(다섯 오) ; 나(인식하는 주체), 다섯, 다섯 번째

　　　　吾(나 오) ; 나 자신을 의미함

　　　　悟(깨달을 오) ; 깨닫는 주체는 바로 나 자신이라는 의미

六(여섯 육) ; 육신(몸, 살), 여섯, 여섯 번째

　　　　冥(어둘 명) ; 해와 햇살을 덮어 어둡다는 의미

　　　　堂(잎 육) ; 나무의 잎이 살이라는 의미

七(일곱 칠) ; 정신(마음, 키 등 하늘의 속성)의 성장, 일곱, 일곱 번째

八(여덟 팔) ; 몸(살 등 땅의 속성)의 성장, 여덟, 여덟 번째

　　　　分(나눌 분) ; 팔을 벌리듯 나눈다는 의미

九(아홉 구) ; 짝(두 손과 같은 음양의 구비), 아홉, 아홉 번째

十(열 십) ; 열매(새로운 해, 새로운 씨), 열, 열 번째

　　　　早(일찍 조) ; 아직 해가 씨를 떨쳐 버리지 못했다는 의미

241

제 3 장

어휘(語彙)로 보는 한자

1. '無'자를 모르면 '만수무강(萬壽無疆)'에 지장이 있다.

의례히 손윗 어른에게 드리는 인사말로 흔히 쓰는 말 중에 '만수무강하십시오' 라는 말이 있다.

생활용어로는 왠지 어색하기만 하여 이제는 사극(史劇)에서나 편히 들을 수 있는 용어가 된 '萬壽無疆'은 뜻밖에도 한자에 관한 우리 지식의 한계를 일깨우는데 좋은 소재가 된다.

대부분의 사람들은 '만수무강'의 뜻을 잘 알고 있다고 생각한다. 그만큼 귀에 익숙해져 있기 때문이다. 그러나 막상 '만수무강'을 한자인 '萬壽無疆'으로 써 놓고 풀이를 하려면 당황하지 않을 수 없다.

'萬壽'는 알겠는데 '無疆'은?

'만수무강(萬壽無疆)'은 '萬壽'와 '無疆' 두 개의 낱말이 결합된 것으로 '萬壽'는 '오래오래 수를 누리다', '할아버지 할머니! 오래 오래 사세요' 라는 뜻이다.

그렇다면 '無疆'은 어떻게 풀어야 할까?

'無疆'은 '아무 탈없이' 라고 풀이하는 것이 보통이므로 '疆'자가 '탈'의 의미를 나타내야 하는데 '疆'자는 '강역(疆域)'이라는 쓰임처럼 주권이 미치는 '영역', '영토', '땅', '한계' 등을 나타내는 말이지 '탈'이라는 의미와는 상관이 없다.

'疆'자는 고대 국가로부터 벼슬하는 대가로 받은 '땅' 즉 '식읍(食邑)'을 의미한다. 요즈음 말로 월급, 연봉과 같은 개념이다.

따라서 '疆'자는 단순히 '영토'를 나타내는 것이 아니라 수입, 재력, 재산, 부귀의 개념으로 쓰이고 있음을 알 수 있다.

'無疆'에서 '疆'이 재산의 의미라면 '無'자는 어떻게 풀이해야 하는가?

어떻게 해서 '無'자는 '없다'라는 의미를 나타내게 된 것일까?

'無'의 의미

천자문(千字文)식 한자학습서를 보면 '無'자는 '없다'라는 의미로 '무'라고 발음한다.

따라서 이들로부터 '없다'는 말과 '무'라는 말이 관련이 있으며 '無'라는 모양과도 무언가 상호 연결된 고리가 있다는 것을 짐작할 수는 있지만 왜 이 글자를 '없다'라는 의미로 쓰는지, 왜 '무'라고 발음하는지 현재로써는 그 단서를 얻어낼 만 한 방법이 없다.

'無'자의 옛 모양을 살펴보아도 '세 개의 화살 모양'을 확인할 수 있을 뿐 아리송하기는 마찬가지다.

'없다'라는 뜻을 나타내는데 쓰인 화살의 의미는 무엇일까?

세 개의 화살로 나타내려한 것은 무엇일까?
그리고 '셋'이 의미하는 것은?

'군중(群衆)'이라는 말이 있다. 무리지어 있
는 많은 사람들의 뜻이다.

'群衆'의 '衆'자는 '∴'과 '눈'이 결합한 모
양으로, '∴'은 '셋', '세 번째'를 의미하고
'눈'은 '臣', 즉 '신하'를 의미한다.

'衆'자는 이처럼 '세 번째 신하'를 나타내는
글자에서 기원한 것으로, 옛날 어느 임금이 자

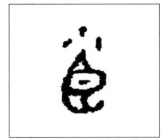

〈그림 3-1〉 '衆'의 옛글자, 세 번째 눈의
의미다.

신의 셋째 아들을 재상으로 임명하면서 자기를 대신해서 '백성을 보살피는
눈'이 되라는 뜻에서 만들어준 이름자에서 비롯되었다.

'셋'은 셋째 아들의 표시이고 '눈'은 '임금을 대신하여 백성을 보살피는
눈'이라는 의미에서 '신하'를 나타낸다.

따라서 '衆'자를 통해서도 '셋'이라는 숫자가 '무리'와 관련이 있다는 사실
을 알 수 있을 뿐 '셋'과 '무리'를 직접 연결할 고리를 발견할 수는 없는데,
바로 이 경우 일견 서로 무관해 보이는 이들을 하나의 관계로 연결할 때 사
용하는 도구가 소위 철학이다.

한자를 만든 주체들은 '일즉다 다즉일(一則多 多則一)', '일석삼극 무진본
(一析三極 無盡本)', '회삼귀일(會三歸一)', '집일함삼(執一含三)' 등의

용어로 풀이되는 '하나와 셋', '하나와 여럿' 그리고 '셋과 여럿'의 관계와 의미에 대해서 익숙하였으며 사고의 중심에는 언제나 천지인(天地人)이 자리잡고 있었다.

천지인이란 하늘과 땅과 만물을 함축하여 일컫는 말로써 온 세상을 감싸고 있는 제1 원인인 '하늘'과 그 하늘에 짝하는 존재로써의 '땅' 그리고 그 땅에 뿌리 내리고 삶을 영위하는 모든 '존재'를 한꺼번에 일컫는 말이다.

하늘은 존재의 근본 바탕이므로 첫째로, 하늘과 짝하는 땅은 '두 번째 하늘'로, 하늘과 땅이 있어야 비로소 존재할 수 있는 삼라만상은 '세 번째 하늘'로 여겼다.

이런 사고가 반영되어 만들어진 한자가 '一, 二, 三,...十'이다.

'一'과 '二'와 '三'은 근본 모양은 '一'로써 같으나 개수가 다르다는 것을 알 수 있는데 이것이야말로 천지인적 사고가 없이는 이해할 수 없는 부분이다.

천지인의 틀 안에서 보면 세상만물은 자연스럽게 세 번째 존재가 되는 것이며 만물은 말 그대로 수 만 가지가 되고 '셋은 곧 여럿'이 되는 것이다.

이것이 '세 번째 신하'가 내용인 '衆'자를 '무리'로 풀이하는 까닭이다.

'無'자 역시 '세 개의 화살'로 되어 있다.

'셋'이란 숫자는 '衆'자에서 말한 '셋'과 같은 의미로 '여럿'이며 삼라만상을 통틀어 일컫는 '인(人)'으로 지칭되는 말이다.

그리고 화살은 '불이 활활 타오른다'라고 할 때의 활활과 관련이 있는 것으

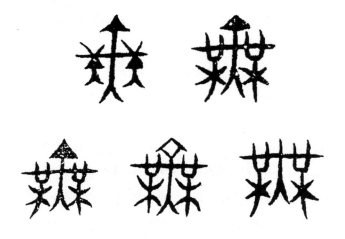

〈그림 3-2〉 '無'의 옛글자들, 모양은 서로 달라도 세 개의 화살이 원래의 내용이다.

로 사냥이나 싸움을 위한 도구가 아니라 불을 일으키는 도구다. 활은 불의 근원이다. 활로부터 불이 나오기 때문이다.

불을 일으키는 도구인 활이 전쟁이나 사냥의 도구로 사용되는 것은 활이 가지는 바탕의미, 즉 하늘의 상징성에서 비롯된다.

하늘은 생명과 창조, 조화와 사랑 그리고 정의(正義)가 본질이므로 불의, 또는 거짓과는 양립(兩立)할 수 없는 속성을 가지고 있다. 활을 전장의 무기로 쓰는 것은 거짓과 불의를 응징한다는 의미가 담겨 있는 것이다.

이상에서 살펴본 바와 같이 '無'자는 원래 무리, 떼를 나타내는 글자였다. 안개를 나타내는 한자인 '霧'자를 '안개 무'라고 하여 '무'라는 음으로 부르는 것도 같은 이유다.

그리고 이러한 의미를 알게 되면 비로소 '만수무강(萬壽無疆)'을 바르게 풀이할 수가 있게 된다.

'無'자의 '무리'와 '없다'라는 의미를 이해하기 위해서 빛이 없는 깜깜한 어둠을 생각하는 방법도 있다.

하루를 달려온 해가 서쪽으로 지고 나면 세상은 점점 어둠에 빠져든다. 별빛도 비치지 않고 구름이라도 가득 낀 밤이면 세상은 온통 칠흑 같은 어둠에 휩싸이게 되는데, 어둠 속에서 우리는 아무것도 볼 수가 없다.

그러나 동이 트고 아침이 오면 어둠 속에서 하나씩 둘씩 만상이 그 자태를 드러내게 되는데 이들은 어둠으로 인해 보이지 않았을 뿐이지 원래 거기 그렇게 자기 자리를 차지하고 있었던 것들이다.

어둠의 알갱이가 너무 많아 빛을 감추어 버린 상태를 나타내는 글자가 '無'자다. '無'자로 표현되는 '없음'의 기준이 '빛'이기 때문에 '無'자의 '없다'라는 의미는 곧 '보이지 않음'인 것이다. '無'자를 '화살'로 표시하는 까닭이다. 화살은 햇살의 상징이므로.

'無'자가 나타내는 '없다'라는 개념은 보이지 않는 하나의 '현상'에 속한 개념이며 '없다'라는 말 자체도 완전 부정이 아니라 '있기는 하지만 (보이지 않으므로)현재는 없다'라는 의미다.

어둠이 짙어지면 육안으로는 사물을 볼 수 없다. 하지만 보이지 않는다고 해서 사물이 없다고는 할 수 없다. 날이 새면 세상을 가득 채우고 있는 수 많은 사물들이 드러날 것이다.

이처럼 '無'자는 원래 '무수히 많음'과 '없음'을 동시에 나타내는 한자였다.

'無'자가 선문답이나 참선에서 화두(話頭)로 빈번하게 거론되는 것도 이렇듯 '있음'과 '없음'의 세계에 모두 걸쳐 있는 '無'자의 모호한 성격 때문이다.

철학박사이며 신학자이신 김상일 박사(한신대 교수 역임)께서 『한사상』에 동일한 주제에 대하여 서술하신 바가 있으므로 이를 소개하고자 한다.

「'무'라는 것이 무엇이냐고 질문한다면 그 대답은 '하나(One)와 많음 (Many)의 조화'라고 할 수 있다. '하나'는 '많음'이 되고 '많음'이 '하나'가 되는 자리가 바로 '무(Emptiness)'이다.」
『한사상』(온누리국학총서 1986. 8. 온누리출판사 펴냄)에서 인용

활, 화살과 관련해서는 고대 조선(朝鮮)에서 널리 불렸다는 '어아가(於阿歌)'가 전해 온다.

'어아가'에는 활과 화살을 선한 마음, 바른 마음의 의미로 사용하고 있는

어아가(於阿歌)

어아 어아 우리 성조
그윽한 은덕 배달나라
어아 어아 우리 모두
영원토록 잊지마세

선한 마음 큰 활 되고
악한 마음 과녁일세
온 겨레는 큰 화살 시위같이
바른 마음은 화살같이

어아 어아 우리 온 겨레
큰 활 되어 과녁을 뚫세
악한마음은 끓는 물에
떨어지는 한덩이 눈

어아 어아 우리겨레
활같이 굳은 마음
화살같이 곧은 마음
큰 은덕 내시는
거룩한 우리성조
거룩한 우리성조

데 이 사실은 앞서 '身'자를 풀이하면서 설명한 바와 같이 활과 화살의 관계를 사람의 마음과 몸의 관계 그리고 해와 햇살의 관계에 적용한 것으로 당시에는 이런 관념이 일반적인 것이었음을 짐작할 수 있다.

2) '옛날'이란 언제를 말하는가?

옛날이야기를 말하려면 대체로 호랑이 담배 피던 시절을 들먹이게 된다. 호랑이가 담배 피던 때가 있었을까마는 하여튼 까마득하여 가늠하기조차 어려운 시간을 우리는 옛날이라고 부른다.

그뿐 아니다. '옛날'이라는 말의 쓰임을 보면 어제도 옛날이고 그제도 옛날이고 1년 전도 옛날이고 또 옛날이라는 말을 처음 사용했을 때에도 과거의 어느 시점인가를 말하면서 옛날이라는 말을 사용했을 것이다.

그렇다면 '옛날'이라는 말을 처음 사용한 사람들이 인식했던 최초의 '옛날'은 언제를 말하는 것일까?

'昔'자와 '舊'자를 통해서 우리말 '옛날'의 기원을 살펴볼 수가 있다.

'昔(옛 석)'자는 '옛날'을 나타내는 글자로 옛 글자는 마치 물결 모양의 '∧∧'이 상하 겹으로 되어 있고 그 아래에 '해(日)'가 있는 모양이다.

이런 모양 때문에 '해가 물에 잠긴 추억', 즉 '옛날 대홍수'를 나타낸다고 설명하기도 하고 또 다른 설명에는 '∧∧'를 고기로 보고 햇볕에 말린 고기를 나타낸다고도 한다.

그러나 '昔' 자의 'ᄉᄉ'은 '화살촉'의 모양으로 '해의 기운'을 나타낸다.

활과 화살과 화살촉을 이용하여 해와 햇살과 기운을 나타낸 것으로, 이것이 천지인의 논리를 표현하는 방법이다.

<그림 3-3> '昔'의 옛글자. 아래 부분의 '日'자의 변하는 모습을 볼 수 있다.

해는 매일 아침 새롭게 떠오르지만 언젠가 최초로 해가 솟아났다고 생각되는 그 때를 상정하고 세상에 맨 처음으로 솟아오르는 해의 모양을 그림으로 나타낸 것이 '昔' 자다. 해가 떠오르면서 그에 앞서 밀려오는 따뜻한 기운의 의미다.

'昔'을 '석'이라고 발음하는 것은 '夕(저녁 석)'을 '석'이라고 발음하는 것처럼 암흑같은 어둠을 뚫고 해가 올라오면서 어둠과 밝음이 섞이는 그때를 나타내기 위함이다. 이런 배경 때문에 '昔' 자는 해를 나타내기도 하고 옛날이라는 과거의 시간을 나타내기도 한다.

한편, '친구(親舊)'라는 용어로 익숙한 '舊' 자는 어떻게 '옛날'을 나타내는 것일까?

'舊(옛 구)' 자는 '艸'와 '隹' 그리고 '臼'라는 세 개의 요소로 된 글자인데 '隹' 자는 '새 추' 자로 '새'를 나타내고 '臼' 자는 '절구 구' 또는 '확 구'로 여성의 '자궁'을 나타낸다.

254

따라서 어리다와 새(隹)와 절구(臼)의 세 요소
의 의미를 통하여 알 수 있는 '舊'자의 정체
는 새가 자궁을 빠져나와 세상으로 처음 떠오
른 때의 의미다.

<그림 3-4> '舊'의 옛글자. 새가 자궁을
벗어나는 모습으로 '일출'을 나타낸다.

한편, 새는 하늘과 땅 사이를 자유롭게 왕래
하는 특성 때문에 '하늘의 사자' 또는 '해'로
인식되곤 한다.

'舊'자의 '새'는 '해'를 의미한다.

해가 맨 처음 태어났다는 사실을 새가 자궁에서 나오는 것으로 비유하여 표
현한 것이다.

'昔'자가 '해가 최초로 떠오를 때'를 의미하는 것과 같이 '舊'자 역시 '새
의 탄생'을 빌어서 '해가 처음 태어날 때'를 나타낸 것으로, 한자를 만들던
당시로서도 옛날이란 말의 뜻을 나타내기 위해 언제인지 모르지만 해가 처
음 태어난 때가 있었을 것으로 추정하고 그 때를 '옛날'이라고 명확하게 개
념을 규정하고 있음을 알 수 있다.

3) '옷(衣)'에 담긴 한자 철학

옷감이 만들어지기 전인 옛날에는 사람의 몸에도 짐승 같은 털이 많이 나있

었다고 한다.

점차 인지(人智)가 깨이고 추위와 주위의 위험으로부터 몸을 보호하기 위하여 짐승의 가죽 등을 이용하여 몸을 덮기 시작하면서 몸에 난 털은 점차 쇠퇴하고 상대적으로 의복이 발달하게 되었다.

한편 동양의 고사에서는 길쌈을 하여 만든 옷감으로 옷을 만든 최초의 인물로 '뉘조'라는 여인을 꼽는다. '뉘조'라는 이름 자체가 '누에를 키워서 실을 뽑아 옷감을 만든 시조'라는 뜻으로 역사상 여성에게 '~祖'라는 호칭으로 부르는 유일한 대상이기도 하다.

오늘날엔 의복이 단순히 추위로부터 몸을 보호하거나 위험으로부터의 방지를 위한 것이 아니라 자신의 아름다움을 나타내는 소품으로 활용되면서 온갖 아이디어 상품들이 선을 보이는 세상이 되었지만 당시로써는 가히 혁명적인 일대 사건이었다.

'옷'을 나타내는 한자는 '衣'자다. '옷 의'라고 풀이하는데, 옷의 역사가 '뉘조'로부터 시작되었으므로 '衣'자도 같은 시기 옷을 만든 주체들에 의해서 만들어졌을 것으로 추측한다.

'衣'자는 지금의 모양으로 변하기 전에는 'ㅅ'자 세 개가 모인 모양(ㅅㅅㅅ)으로 되어 있는데, 'ㅅ'은 '昔'자에서 보았던 바로 그 화살표(↑)에서 '화살(|)'을 제하고 남은 화살촉의 모양이다.

'화살 촉'으로 '옷'을 나타냈다는 것은 천지인적 사고의 내용인 '해=활=마음', '햇살=화살=살(몸)', '온기=화살촉=옷'의 관계를 이용했다는 것으로, 활이 해를 나타내고 화살이 햇살을 나타내며 화살의 끝에 붙어 있는 화살촉으로 햇살을 덮고 있는 '온기'를 나타내는데, 이 논리를 사람에게 적용하면 마음과 몸과 몸 위에 덮는 옷에 비유할 수 있으므로 옷과 기운(∧ ∧∧)을 동일한 것으로 볼 수 있는 것이다.

화살촉이나 옷이나 기운은 모두 근본 바탕으로부터 세 번째라는 의미도 공유하고 있으므로 '∧' 세 개로 '옷'을 나타낸다.

〈그림 3-5〉 '衣'의 옛글자. 세 개의 획은 '천지인'의 세 번째 '인'의 의미다.

'衣'자로부터 우리는 이 글자를 만든 주체들이 사람을 하늘의 해와 같이 여겼으며 '해와 햇살'을 상징하는 '활과 화살'의 관계를 이용하여 사람의 마음과 몸과 옷의 철학을 정립했다는 것을 알 수 있다.

4) '졸병'으로 잘못 이해된 '卒'

초나라와 한나라 간 한판의 격돌을 소재로 실력을 겨루는 놀이기구인 장기가 있는데, 장기판에서 최전선에 나서는 병사는 '卒'로 표시된다.

장기판이 아니더라도 군사 조직에서 '卒'은 맨 말단 병사를 일컫는 말이어서 '졸병'으로 비하되기 일쑤다.

과연 '卒'자는 어떤 이유로 싸움의 맨 앞에 서서 제일 먼저 피를 흘리는 '졸'을 나타내게 되었을까?

'卒(군사 졸)'자는 '∧∧∧'과 '十'이 결합한 것으로, '∧∧∧'은 앞서 '昔

(예 석)'자나 '衣(옷 의)'자에서 살펴본 바와 같이 '해의 기운'의 표시이며 '十'은 해의 상징이다.

따라서 이들 요소가 결합된 '卒'은 해에 앞서 나아가는 병사를 나타낸다.

해의 기운은 언제나 햇살과 해를 전제하고 있으므로 해의 기운을 나타내는 '卒'자는 자

〈그림 3-6〉 '卒'의 옛글자. '∧∧∧'은 해의 기운, '十'은 해의 씨를 나타낸다.

체로 '셋'의 관계를 상징하는 것인데 이 관계가 임금과 제후와 병사의 관계를 나타내기에 적절하므로 해와 햇살과 기운의 관계를 이용해서 나타낸 것이다. 천지인의 관계를 배경으로 하고 있음을 알 수 있다.

한편, '卒'자는 '昔(예 석)'자와 더불어 그 기원을 비교할 수도 있다.

'昔'자는 '해(日)'가 땅 위로 솟아오르기 시작한 해돋이 모양을 나타내는 글자이며 '卒'자 역시 '昔'자와 같이 '∧∧∧'을 이용해서 만들었지만 그 의미가 약간 다르다.

이 차이를 말해 주는 것이 '昔'과 '卒'에 들어있는 '日'과 '十'이다.

'日'이 갓 태어난 '해'를 의미한다면 '十'은 '日'이 '1, 2, 3, 4, 5, 6, 7, 8, 9'의 과정을 거친 다음 단계의 '日'의 의미다. 해로부터 다음 세대로의 진행을 의미한다. 차원이 달라졌음을 의미한다.

'昔'자의 '日'이 하늘의 해를 의미한다면 '卒'자의 '十'은 세상(땅)에서의 해를 의미한다. 해의 '살'이라는 뜻의 쌀을 나타내는 한자를 '米(쌀 미)'로 쓰는데, '米'의 가운데에 있는 '十'이 '卒'의 '十'과 같은 의미다.

벼는 해가 길렀으므로 쌀을 해의 살로 여긴다. 그러나 해와 쌀 사이에 놓여 있는 '벼'라는 과정을 나타내기 위해 '日' 대신 '十'을 쓰는 것인데, '임금' 과 '제후'와 '병사'라는 땅의 관계를 하늘의 '해'와 '햇살'과 '기운'이라는 3단계의 관계를 빌어서 나타내려다 보니 '日' 대신 '十'을 써서 '卒'로 나타 낸 것이다.

'卒'자를 '죽음'의 의미로 쓰는 것도 바로 이 방향성 때문이다.
'卒'자의 기원이 해(임금) ⇨ 햇살(제후) ⇨ 기운(병사)의 순으로 중심에서 멀어진다는 의미와 방향을 반영하고 있기 때문이다.
해가 햇살로, 햇살이 기운으로 그리고 기운이 다른 형태로 변화하듯이 죽음 이란 것도 자연스러운 변화의 한 형태로 본 것이다.
'碎(부술 쇄)'자가 '부서지다'라는 의미를 갖는 것도 해와 같은 개체는 사 라지고 '가루만 남았다'라는 '卒'의 의미 때문이다.

5) '위'는 어디를 말하는가?

하극상(下剋上)이란 말이 있다. '아래'가 '위'를 이긴다는 말이다.
'위'는 어디이고 '아래'는 또 어디인가?
우리말의 '위'와 '아래'는 단순히 위치의 상하(上下)나 나이의 많고 적음이 나 지위(地位)의 고하(高下)를 말하는 것이 아니다.
우리가 사용하는 말에는 가치의 위계와 질서가 분명하다.

'상하(上下)'처럼 '위', '아래'와 관련된 글자들이 있으나 조금 생소한 '爲'자를 통하여 '위'의 의미를 알아본다.

'爲'자는 '할 위'자로 '~을 하다'라는 뜻을 나타낸다. 따라서 '爲'자를 알기 위해서는 '하다'라는 우리말의 사전적 의미를 먼저 알아야 하지만 사전에서조차 '하다'라는 말의 정의를 얻기는 쉽지 않다. 하지만 실망할 필요는 없다. 한글에서 '하다'라는 말의 정의를 얻을 수 없다면 한자에서 찾으면 되기 때문이다. '하다'라는 말의 정의를 얻기 위해 다음의 세 한자를 참고하기로 한다.

爲(할 위)
僞(거짓 위)
譌(거짓말 위)

이 글자들을 통해서 다음과 같은 정보를 얻을 수가 있다.
① '爲'자에 '亻'을 더하면 '거짓'의 의미가 된다.
② '爲'자에 '口'를 더하면 '거짓말'이 된다.

'亻'과 결합하여 '거짓'이 되고 '口'와 결합하여 '거짓말'이 되는 '爲'자는 무엇을 의미하는 것일까?
'僞'자는 '亻+爲'로 이루어졌으므로 '사람이 하다'라는 의미로도 볼 수 있는데 이것을 '거짓'의 의미로 쓴다는 것은 사람이 하는 것보다 진짜로 하는 또 다른 것이 있다는 것을 의미한다.

한편, 사람은 하늘을 닮은 만물의 영장이라는 인식 때문에 ‘亻’자는 ‘닮았다’라는 숨은 의미를 가지고 있으며 ‘닮았다’라는 말은 ‘비슷하다’라는 긍정적인 쓰임과 ‘닮기는 하였지만 진짜는 아니다’라는 부정적인 쓰임이 있다. 따라서 ‘僞’자는 ‘하는 것이 닮기는 하였지만 진짜는 아니다’, 즉 ‘사람이 하는 것은 ○○이 하는 것을 닮기는 하였지만 진짜는 아니다’라는 뜻으로 이 역시 ‘진짜로’ 하는 무언가가 또 있다는 것을 의미한다.

‘譌’자는 ‘口+爲’로 이루어진 것으로 ‘口’는 ‘입 구’자로 먹고 말하는 ‘입’과 관련된 의미요소다.

따라서 ‘譌’자의 ‘거짓’이란 ‘입으로 표현된 것은 진실이 아니다’라는 의미다. ‘말로 드러나는 것은 진짜가 아니다’라는 뜻이다.

마치 ‘말로 하는 사랑은 진실된 사랑이 아니다’, ‘진실한 사랑은 말이 필요 없다’라는 의미와 상통한다.

말로 나타내는 것이, 사람이 하는 것이 거짓이 된다는 것은 사람이나 사람의 말로는 도저히 할 수도 없고 나타낼 수도 없는, 보다 근원적인 무엇인가가 있다는 것인데, ‘爲’자가 의미하는 ‘근원’은 무엇을 말하는 것일까?

‘爲’의 옛 글자를 보면 하나의 손과 그 아래 나무뿌리와 같은 모양으로 되어 있는데, 손은 보이지 않는 하늘(해)의 상징이며 그 아래로 보이는 나무뿌리와 같은 모양의 기호는 손으로 이루어 내는 변화나 작용을 나타낸다.

따라서 '爲'자는 '하늘(해)의 작용'을 묘사
한 글자라는 것을 알 수 있다. '하다'라는
말의 어간 '하-'는 '하늘(해)'을 의미한
다. '해'가 '한다'는 말의 어간이다. '위'
라는 음도 '하는 주체'가 저 '위'에 있는
'해'라는 의미다.

〈그림 3-7〉 '爲'의 옛글자. 땅에서 '하는 일'
이 하늘의 작용이라는 의미를 나타낸다.

'爲'자를 통해서 알아본 '하다'의 본 의미는 '해가 하다'라는 뜻이다.
해는 무엇을 하려고 주장하거나 외치거나 서두르지 않지만 묵묵히 동쪽에
서 떠서 서쪽으로 지는 동안에 이 세상의 생명현상을 주관한다. 곡식의 싹과
잎이 나게 하며 꽃을 피우고 열매를 맺게 한다. 그리고 거두어 가기도 한다.
이것이 해가 '하는' 일이다. 해가 하는 것은 하늘이 하는 것이다. 이것을 동
양의 철학자들은 '무위자연(無爲自然)'이라 하였다.
사람이 비록 해를 닮은 존재이기는 하나 사람이 하는 것은 해가 하는 것은
아니기 때문에 거짓, 꾸밈, 가식, 허위가 되는 것이다.
입을 통해서 말해지는 것이 모두 '거짓말'이 되는 것도 이 때문이다.
말없이 하는 하늘이, 해가 기준이므로.

6) 뼈의 생성원리가 담겨 있는 '骨'자

'골격', '뼈대'를 나타내는 한자에는 '骨(뼈 골)'자와 '骨(뼈 익)'자가 있

다. '骨' 자는 '咼(뼈발라낼 과)'와 '月(肉, 고기 육)'이 합쳐진 글자다.
머릿 부분 '冎'는 뼈가 드러나 몰골이 이상한 모습으로 '맞지 않는다(不正)'
는 우리말을 나타내는 한자식 표현이다.
여기에 입을 뜻하는 '口'를 합하면 '咼(괘)'가 되어 '아귀가 맞지 않는다',
'어긋나다'라는 뜻으로 쓴다.

그리고 '咼(괘)' 자에 '口' 자 대신 '月'을 넣으면 '骨'이 된다.
이때의 '月'은 달을 뜻하는 '月' 자가 아니고 '고기'를 뜻하는 '肉' 자가 변화
된 것이다.
따라서 '骨' 자는 '살이 아닌 것'으로 풀이된다.
우리 몸에서 살이 아닌 것은 무엇일까? 그것이 뼈다. 의학적으로 우리 인체
는 먼저 살이 형성된 후에 뼈가 이루어진다고 하는데 이런 내용이 문자의 구
성 요소에 담겨 있다고 하는 것이 신비롭다.

'肯' 자는 잘 쓰이지 않는 관계로 사전에도 나타나지 않는 글자이지만 한자
의 구성 원리를 설명할 수 있는 사례가 되므로 덧붙여 설명하기로 한다.
'肯' 자는 '弋'과 '月'이 합해진 글자로, '弋'이 '취하다'라는 뜻을 나타내
고 '月'은 '肉'의 변형이다. 따라서 '肯' 자는 '살(肉)에서 취한 것'이 된다.
다시 말하면 '살이 변해서 된 것'이란 뜻이다.
이처럼 뼈를 나타내는 '骨'과 '肯' 자를 토대로 살펴보면, 뼈는 살이 변한 것
임이 틀림없다.
이런 원리와 철학을 읽어 낼 수 있는 것이 한자의 특징이기도 하다.

7) '좌우(左右)'를 나누는 기준은?

『표준국어대사전』에 표기된 '좌우(左右)'의 풀이를 옮겨 보면, ①왼쪽과 오른쪽을 아울러 이르는 말 ②옆이나 곁 또는 주변 ③주위에 거느리고 있는 사람 ④좌익과 우익을 아울러 이르는 말 ⑤어떤 일에 영향을 주어 지배함 ⑥편지 글에서, 어르신네의 뜻으로 어른의 이름 뒤에 쓰는 말이라고 되어 있다.

'좌우'라는 말이 왼쪽과 오른쪽을 이르는 말이라는 것을 모르는 사람이 있을까마는 왼쪽과 오른쪽을 구분하는 기준이 무엇일까라는 의문에 이르게 되면 『표준국어대사전』에서조차 마땅한 설명을 듣기 어려운 것이 사실이다. '좌'와 '우'는 주로 왼손과 오른손을 의미하는데 몸통이 이들을 구분하는 기준이 되는 것일까?

'좌우(左右)'는 방향을 가리키는 용어다. 대체로 왼손이 있는 쪽을 '좌(左)'로 오른손이 있는 쪽을 '우(右)'로 부른다.

따라서 모두가 한 방향을 향하고 있는 것이 아니라면 '좌우'라는 개념은 각각의 사람만큼이나 복잡하고 다양한 방향이 되어 혼란을 초래하게 된다.

대체로 경우에 따라 다르게 표현되는 '좌우(左右)'와 같은 용어일지라도 조어법(造語法)상 분명한 기준을 설정하는 것이 우리말의 가늠할 수 없는 깊이다.

왼편과 오른편을 가르는 기준이 무엇인지 알아보기 위해 '左右'의 한자를 살펴보기로 하자.

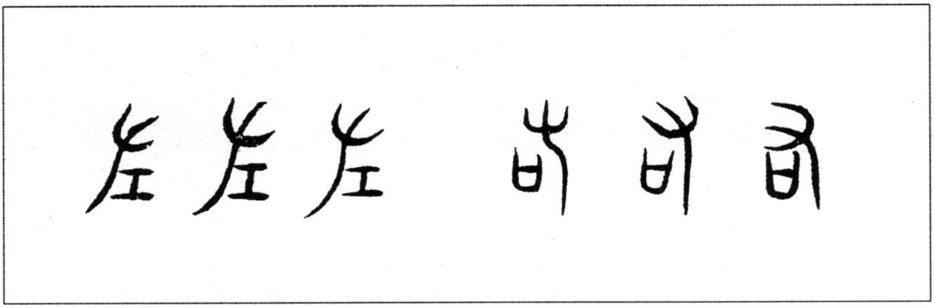

〈그림 3-8〉 '左'와 '右'의 옛글자. 左의 'エ'이 '땅'을 나타내고 '右'의 'ロ'가 '하늘'을 나타낸다.
따라서 '좌우'는 땅에 속한 손과 하늘에 속한 손이라는 의미다.

'左'자는 '手(손 수)'와 'エ(장인 공)'이 결합된 글자로, '左右'를 '손'을 기준으로 구분한다는 것은 문자의 내용과도 일치되는 것이다.

'左'자에서 손의 속성을 말해 주는 요소는 'エ'이다.

'エ'자는 두 개의 '一'과 그 둘을 연결하는 'ㅣ'으로 이루어졌는데, 두 개의 '一'은 하늘과 땅을 의미하고 'ㅣ'은 둘 사이의 연결의 의미로 하늘의 일을 땅에서 수행한다는 뜻이다.

이 말은 'エ'자의 의미가 '땅'과 관련이 있으며 'エ'으로 표시되는 '장인'은 '하늘과 관련된 일을 땅에서 수행하는 사람'이란 말이다.

따라서 '左'는 '땅과 관련된 손'의 의미가 된다.

'좌'라는 음(音, 소리) 역시 '左'자가 땅과 관련이 있음을 뒷받침해 준다.

'좌'라는 음은 '坐(앉을 좌)'의 경우처럼 '해가 내려와 앉다'라는 의미다.

'左'가 '땅과 관련된 손'의 의미라면 '右'는 어떤 의미일까?

'사람의 손'이 관련되어 있다는 점은 '左'자와 동일하다. 다만, '右'자는 '左'자의 'エ' 대신 'ロ'를 쓴 것이므로 '左'와 '右'의 차이는 'エ'과 'ロ'

손의 모양과 의미와 소리를 나타내는 한자

1) 手(손 수) ; 하늘, 머리에 이어서 세 번째라는 의미

      掌(손바닥 장) ; 손의 향하는 쪽은 손바닥이라는 의미

2) 扌(손 수) ; 손의 동작이나 작용을 의미

      授(줄 수) ; 손으로 주고 받는다는 의미

      技(재주 기) ; 손에서 나오는, 손을 쓰는 재주라는 의미

3) 又(또 우) ; 손은 반복해서 동작한다는 의미

      叉(깍지 낄 차) ; 두 손이 교차했다는 의미

      友(벗 우) ; 사람의 손처럼 둘이 있어야 하나가 되는 관계

4) 右(오른쪽 우) ; 하늘에 속한 손의 의미

      有(있을 유) ; 손 위에 놓여 있다는 의미

      才(재주 재) ; 손에서 나오는 솜씨

5) 力(힘 력) ; 힘은 손의 작용으로 드러난다

      加(더할 가) ; 하늘의 손이 더한다는 의미

      男(사내 남) ; 남자는 하늘이 보낸 하늘의 자손이라는 의미

6) 九(아홉 구) ; 손으로 아홉을 나타냄

      仇(짝 구, 원수 구) ; 두 손처럼 합하여 하나가 되는 관계

      究(궁구할 구) ; 손으로 어둠 속을 더듬듯이 구한다는 의미

7) 寸(마디 촌) ; 손에 있는 마디의 의미

      射(궁술사) ; 손으로 화살을 당긴다는 의미

      守(지킬 수) ; 손을 '지키는 상징'으로 씀

8) 司(맡을 사) ; 손으로 잡았다는 의미

嗣(이을 사) ; 혈육을 맡았다는 의미

祠(사당 사) ; 제사를 맡았다는 의미

9) 臼(절구 구) ; 생명을 잉태하는 자궁을 두 손으로 나타냄

舊(예 구) ; 해가 처음 태어난 때의 의미

10) 非(아닐 비) ; 두 손의 다른 방향으로 사이가 나빠졌음을 나타냄

誹(헐뜯을 비) ; 부정하는 말이라는 의미

悲(슬플 비) ; 등을 돌린 마음이 겪는 정서

11) 爪(손톱 조) ; 손톱은 근본으로 돌아가는 뿌리라는 의미

爲(할 위) ; 하늘이 한다는 의미

妥(온당할 타) ; 중심이 뿌리와 연결되어 있다는 의미

12) 손 ; 인체의 '손' 의 음(소리)을 나타냄

孫(손자 손) ; 손자는 인체의 손과 같다는 의미

遜(겸손할 손) ; 손님처럼 처신한다는 의미

의 차이라고 할 수 있다.

'右'자의 '口(입 구)'는 사람의 입 모양으로 '입'을 나타내는 한편 '우주', '하늘'의 상징으로도 쓴다.

'이'를 나타내는 '齒(이 치)'자를 '치'로 발음하는데, 사람을 부르는 호칭에 '이 치', '저 치', '장사치' 등 '치'가 있다는 사실과 관련하여 '口'의 의미를 살펴볼 수도 있다.

이(齒牙) 하나 하나를 사람으로 여긴다면 입은 또 하나의 사람이 사는 세상인 것이며 사람이 해라면 이(齒牙) 또한 해가 된다. 여러 개의 해를 가지고 있는 공간이라면 자체로 커다란 우주라는 의미에서 '입'과 '우주'를 동일하게 여기는 것이다.

따라서 '右'자의 '口'는 '우주', '하늘', '해'의 상징으로 '右'자는 '하늘과 관련된 손'의 의미다.

'우'라는 음(소리)이 우리말 '위'와 같은 의미로 사람의 머리 위에 있는 하늘을 상징한다는 것을 알 수가 있다.

이상에서 살펴본 바와 같이 '좌우(左右)'라는 말은 '하늘과 땅'을 기준으로 만들어진 용어로써, '해가 있는 쪽'과 '땅이 있는 쪽'의 의미이다.

'하늘과 땅(天地)'은 '음양(陰陽)'처럼 '둘'이라는 개념의 원초적인 상징이 되어 우리 인체에서도 숫자가 같은 두 개의 손을 '좌우'로 구분하는 기준이 되는 것이다.

8) '안과 밖(內外)'을 나누는 기준은?

'좌우'와 마찬가지로 상대적인 용어에 '내외(內外)'가 있다.

상대적인 용어는 대체로 그 기준이 무엇인가에 따라 달라진다는 특성이 있다.

예를 들어 '가'를 기준으로 '안과 밖'을 나눈다면 '가'가 속해 있는 부분만이 '안'이 되고 그 외에 모든 개체는 밖이 되며 '나'를 기준으로 '안과 밖'을 나눈다면 '나' 외에는 모두가 저절로 '밖'에 속하게 되는 것이다.

'안'이 되었다가도 경우가 바뀌게 되면 '밖'이 되어버리는 이런 상대적인 속성의 용어일지라도 문자의 세계에서는 절대적인 개념의 기준이 있기 마련이다.

따라서 안과 밖을 구분하는 상대적인 용어의 절대적인 기준은 무엇인지 '內'자와 '外'자를 통해서 알아보기로 하자.

'內(안 내)'자는 '冂'자와 '入'자가 결합된 글자로, '冂(멀 경)'자는 세상 또는 사람의 몸과 같은 특정한 공간을 나타내고 '入(들 입)'자는 '하늘의 빛이 스며들다, 들어오다'라는 뜻을 나타낸다.

따라서 '內'자는 '(하늘의 빛이) 몸 속으로 들어오다'라는 뜻으로 '內'자의 풀이인 '안 내'는 '안에 들어온 해'를 의미한다.

'外(밖 외)'자는 '夕'자와 '卜'자가 결합된 모양의 글자인데, '夕'은 '해의 발걸음'을 나타내고, '卜'은 '점 복'으로 '복'은 하늘의 밝음, 하늘의 빛, 하늘의 작용, 해의 움직임을 말한다.

따라서 '外'자는 '卜이 있는 쪽', 즉 '밝(해)이 있는 쪽'의 의미다.

'內'자와 '外'자를 통해서 알 수 있는 것은 '내외(內外)'라는 용어 역시 해라는 원초적인 기준을 가지고 있는데 해가 있는 쪽과 그 상대되는 쪽으로 구분하여 해가 있는 쪽을 '바깥'쪽으로 그리고 그 반대쪽을 '안'으로 인식하였음을 알 수 있다.

〈그림 3-9〉'內外'의 옛글자

9) '高句麗'를 '고구리'로 읽어야 하는 까닭

'동북공정(東北工程)'은 지나족이 우리의 역사 탈취를 목적으로 시도하는 음모의 일단이다. 그 동북공정의 드러난 목표 중에 高句麗가 있다.

'高句麗'가 '한민족의 선조들이 세운 나라'라는 것은 의심의 여지가 없는 사실이지만 '高句麗'의 역사를 노리는 자들이 있다 보니 더 많은 연구가 필요하다는 생각을 하게 된다.

'高句麗'가 우리 '한민족의 선조들이 세운 나라'라는 사실을 입증하는 사례 중에는 '高句麗'라는 국호에서 발견되는 것도 있다.

'高句麗'는 '고구려'로 번역하지만 사실은 '고구리'로 읽어야 한다는 것이 오래 전부터 제기된 주장이다.

특히 옥편(玉篇)에서는 「'麗'자를 '高句麗'의 이름으로 쓸 때는 '리'로 읽어야 한다」고 '高句麗'를 직접 거론하면서까지 설명하고 있다.
따라서 우리 국사교과서에서 '高句麗'를 '고구려'로 번역한 것은 오류임이
분명하다.

그렇다면 '高句麗'를 '고구리'로 읽어야 하는 까닭은 무엇일까?
사실 '高句麗'와 관련해서는 고구리를 연구하는 학자들조차도 파악하지 못
한 몇 가지 문제가 숨어 있다.

① '高句麗'라는 국호(國號)의 정체성
② 천제(天祭)를 교외가 아닌 동굴(수혈)에서 지냈다는 점
③ 천제의 희생(犧牲)으로 돼지를 올렸다는 점
④ 수도자 집단인 조의선인들이 조의(검은 옷)를 입었다는 점
⑤ 고구리 고분(古墳)의 천정(天井)에 별자리가 유달리 많이 등장한다는 점
⑥ 국강상광개토경평안호태왕의 상징인 '井'자 문양의 의미 등이 그것이다.

'고구리'에서 일어나는 이러한 변화는 한국과 배달국과 조선, 그리고 부여
로 이어지는 한겨레의 역사와 문화의 전통에 비추어 매우 낯선 것들이었다.

'고구리'라는 나라 이름도 한국(桓國), 배달(倍達)나라, 조선(朝鮮), 한(韓),
부여(夫餘)의 경우처럼 '해 뜨는 밝고 환한 나라'와는 거리가 있어 보이며,
'소(牛)'가 아닌 돼지를 잡아 교외가 아닌 동굴에서 천제(天祭)를 드리는 것
도 전통과는 거리가 먼 것이고, 하늘 백성의 표시로 해의 옷, 즉 흰 옷을 입

던 전통과는 달리 선인들은 '검은 옷'을 입었으며 해를 숭상하던 선조들과는 달리 북두칠성에 집착한 흔적들이 보임으로써 우리 겨레의 정체성을 설명하려는 이들을 혼란스럽게 한다.

고구리에서 일어나는 이러한 정체성의 변화를 어떻게 이해해야 하는 것일까? 고구리의 이런 현상들은 무엇을 의미하는 것이며 어떻게 설명할 수 있는 것일까? 과연 고구리는 한국, 배달국, 조선, 부여 등 역대 우리 선조들의 나라들과는 성격이 다른 나라일까?
우리 역사상 난제에 대한 실마리가 뜻밖에도 한자에서 발견된다.

'環'자는 '고리 환'자다.
'環'자의 옛 글자는 두 개의 고리가 서로 연결되어 있는 모양(∞)으로 옛 집에서 문에 달았던 '문 고리'와 같다.
'환'이라는 음은 '불이 환하다', '환한 빛'의 쓰임처럼 해가 기본이므로 '고리'와 '환'의 공통점은 '둥근 모양'에 있으며 문고리의 둥근 모양이 '환'과 같다는 것은 '환'이 둥근 모양의 '해'와 같다는 것을 의미한다.

〈그림 3-10〉 '環'의 옛 글자. 두 개의 고리는 해의 모양을 나타낸다.

'桓檀古記'는 '한단고기'와 '환단고기'로 서로 다르게 읽는 사람들이 있지만 '환'이나 '한'이 모두 '해의 밝음'을 표시한다는 의미에서 서로 같이 쓸 수 있는 것이다.

따라서 '고리=환', 즉 '고리'와 '환'이 결국은 같은 말이므로 고구리가 나라 이름을 '고리'로 쓴 것은 '環(고리 환)'을 '훈차(訓借)'한 것이 되어 이전의 나라들이 '해'를 숭상했던 전통과도 여전히 맥을 같이 하고 있다는 것을 알 수가 있다.

그러나 비록 맥을 같이 하고는 있다 하더라도 고구리가 '환'의 전통을 버리고 '고리'를 취한 것에 대해서는 별도의 설명이 필요하다.

북두칠성의 옛 이름 중의 하나가 '나난구리'다.

'나난구리'의 '나난'은 '일곱'을 일컫는 말이고 '구리'는 '별'을 의미하며 별의 색이 청(靑)색이므로 청색의 금속을 '구리(銅)'라고 부른다

따라서 '고구리'의 '구리'도 '별'과 관련이 있다는 것을 짐작할 수 있다.

별은 '星(별 성)'으로 나타내는데 '星'자는 '해가 낳았다'라는 의미다.

해가 지고 나면 어둠 속에서 점점이 밝아오는 별들이 보이기 시작하는데 이 별들을 해가 남긴 씨앗으로 본 것이다.

이런 이해를 전제로 한다면 고구리인들은 자신을 '해의 씨'로 여겼으며 하늘에 뿌려진 별(해의 씨)과 자신들을 동일시하여 나라 이름도 '구리'라고 불렀을 것이다.

무덤에 들어서조차 온통 북두칠성을 위시한 별들의 보호 아래 잠들고 싶어 했을 정도로 밤하늘의 별들은 고구리인들의 신앙이었다.

한편, '해와 별'은 낮과 밤(晝夜)으로 서로 작용하는 세상이 다르다는 특성 때문에 서로 상대적인 관계에 있는 것으로 이해되었다.

해와 별이 그러한 것처럼 해와 북두칠성이 또 그러하다.

눈(眼)과 귀(耳), 열(十)과 일곱(七), 치(齒)와 아(牙) 등이 '해'와 '칠성'을 '양'과 '음'의 관계로 이해하였다는 흔적들이다.

이상의 내용을 정리하면 고구리 때에 우리 겨레의 정체성과 관련하여 일대 변혁이 일어났다는 것을 짐작할 수 있다.

부여(夫餘)의 시조인 해모수가 아침이면 오룡거를 타고 땅에 내려와 나라를 다스리고 밤이 되면 다시 오룡거를 타고 하늘에 올랐다는 설화(說話)는 '부여'의 정체성이 '하늘과 땅'의 양면에 걸쳐 있다는 것을 의미하며, 이 과도기를 거쳐 고구리에 이르러 우리 겨레의 정체성이 땅의 백성으로 정립되었음을 암시하기 때문이다.

부여를 전후하여 '하늘 나라'의 정체성이 '지상의 나라'로 정착되었다는 것은 우리 겨레의 정체성이 창립기를 거쳐 정립기에 들어선 것으로 볼 수 있다.

고구리가 하늘의 '해'를 신앙하던 선대로부터의 전통을 버리고 '북두칠성(별)'을 신앙의 대상으로 삼게 된 까닭에 대해서 현재로서는 알 수가 없다. 다만, 고구리가 우리 겨레의 혼을 상징하는 나라이기 때문에 언젠가는 그 까닭에 대한 답을 찾아내야 한다.

장독대에 정화수 한 그릇을 떠놓고 비는 한겨레의 전통을 설명하려 해도, 흰옷과 검은 옷에 대한 예절을 지키려 해도, 제사에 소머리와 돼지머리를 올리는 이유를 설명하려 해도 그 정점에는 '고구리'가 있기 때문이다.

이것이 우리가 '高句麗'를 소중히 여길 수 밖에 없는 이유이며 '高句麗'를 '고구리'로 불러야 하는 이유다.

10) '돌배' 이야기

산기슭을 달리다가 '돌배' 나무를 만나 아직 익지 않은 시큼한 돌배를 따먹던 기억이 있다. 그때야 맛보다는 그냥 따먹는 재미가 좋았던 것이고 '왜 돌배일까?'를 생각한 것은 정말 먼 훗날의 일이다.

과수원에서 재배하는 배나무에 크고 탐스러운 배가 열리는 것과 비교하면 산속에서 저절로 나서 자란 배나무의 배는 작고 못생기고 맛도 이상하다.

그러다 보니 무시하는 투로 '똘배'라고 부르는 것이 보통이고 '돌배'는 오히려 점잖은 표현이 되고 만다.

과연 '돌배'의 '돌'은 무슨 뜻일까?

'돌배' 뿐 아니라 '돌감', '돌벼' 등 접두어로 사용되고 있는 '돌'의 의미를 알아보기 위해 '돌'과 관계된 한자들을 알아보자.

돌 석(石) ; 둥근 것이 '섞'여 있다는 말이다.

돌 알(斡) ; 북두칠성이 하늘을 돌 듯 돈다는 의미다.

돌 반(盤) ; 술도가니에 술잔이 돌듯이 둥근 그릇(쟁반)이라는 뜻이다.

돌 우(迂) ; 해가 떴다 지듯이 돈다는 의미다.

돌 전(轉) ; 수레바퀴가 굴러가듯이 돈다는 의미다.

돌 회(回) ; 둥글게 원을 그리며 돈다는 뜻이다.

이 글자들로부터 공통으로 얻어지는 이미지는 '둥근 모양'이며 그것을 나타내는 말이 '돌'이다.

여기저기 굴러다니는 돌멩이와 북극성을 중심으로 하루 한 바퀴를 도는 북두칠성과, 큰 술도가니 속에서 둥둥 떠도는 술잔과 매일 하늘을 빙빙 도는 해의 걸음, 그리고 굴러가는 수레바퀴와 빙빙 회전하는 것 등이 공통으로 지향하는 것은 '도는 것'이며 '도는 것'은 하루에 한 번씩 하늘의 이편에서 저편으로 걸어가는 '해'를 모델로 만들어진 개념인 것이다.

따라서 '둥근 모양'의 의미는 '해처럼 둥글다'라는 것이며 누가 심거나 기르지 않아도 여기저기 저절로 자란 배나무나 감나무에 열린 열매를 '돌배', '돌감'이라고 부르는 것은 '둥근 해가 기른 배', '둥근 해가 기른 감'이라는 뜻이다.
'돌'이란 접두어의 의미는 '자생(自生)'이다.

'自生'의 '自'자는 '日(해)'에서 출발한다.
'日'에서 분화되어 '해(日)'가 비치는 것을 나타내는 글자가 '白'자다. '해가 비쳐서 밝다'라는 뜻이다. 해(日)가 분화되어 햇빛(白)이 공중에 가득 차고 공중에 가득 찬 햇빛이 땅에 내려와 분화를 계속하면 '日→白→自'로 '自'가 되는데, 하늘 위에 있는 해가 햇빛이 되고 햇빛이 새로운 개체나 개념의 시작이 되어 비로소 땅 위에서의 일이 시작된다는 의미를 나타낸다.
따라서 '자생(自生)'이란 '하늘이 냈다'라는 말이며 '돌' 역시 '하늘이 내고 하늘이 기른다'는 뜻이다.
'돌배'나 '돌감', '돌미나리', '돌버섯' 등의 호칭은 이들이 '저절로 난 것'이 아니라 모두 하늘이 내고 하늘이 길렀다는 것으로 자연은 모두 하늘의 작품이며 하늘이 주인이라는 것을 의미하는 호칭인 것이다.

11) '꾸지람'이라는 말이 가지는 우리말의 논리성

'선생님으로부터 꾸지람을 들었다' 또는 '부모님께 꾸지람을 들었다' 등등 평소에 별다른 생각 없이 그냥 쉽게 쓰는 이런 말 속에도 그 상황에 적용되는 하나의 논리가 담겨 있다.

예를 들어 누군가로부터 꾸지람을 들었다면 꾸지람을 주는 사람은 꾸지람을 받는 사람에 비하여 꾸짖을 만한 월등한 무언가가 있어야 한다는 것이다. 따라서 위의 말은, 선생님이나 부모님은 어떤 면에서 나를 꾸짖을 만한 보다 확실한 어떤 면을 가지고 있다는 사실이 전제되어 있는 것이다.

방안의 공기를 환기시키려 한다면 방안의 공기보다는 신선하면서도 많은 양(量)의 공기가 필요하다.

오염도가 같은 공기로는 아무리 많은 양의 공기를 투입한다 하더라도 '환기(換氣)'는 되지 않는다.

'환기'라는 말에도 이처럼 보다 신선하고도 많은 양의 공기가 전제되어 있는데 이것이 '환기'라는 말이 가지는 논리다.

'꾸짖다'라는 말도 '환기'와 동일한 논리구조를 가지고 있다.

누구를 '꾸짖다'라는 말은 '환기'의 경우처럼 꾸짖는 대상보다는 어느 면에서든지 상대적으로 우위에 있는 무엇인가가 있어야만 하는 것이다.

우리말의 이런 논리가 한자에는 어떻게 반영되어 있는지 '꾸짖다'라는 뜻을 가진 몇몇 한자를 살펴보기로 한다.

誶(꾸짖을 수) ; 보다 순수함(卒)으로 꾸짖다

諑(꾸짖을 착) ; 보다 해(豕)다움으로 꾸짖다

誚(꾸짖을 초) ; 보다 햇빛(小, 月)다움으로 꾸짖다

誅(꾸짖을 주) ; 보다 해의 붉음(朱)으로 꾸짖다

訶(꾸짖을 가) ; 보다 하늘(一, ㅣ)다움으로 꾸짖다

詈(꾸짖을 리) ; 보다 높은 권위로 꾸짖다

詆(꾸짖을 저) ; 보다 근본(氏)에 가까움으로 꾸짖다

이상의 예는 한자가 만들어지는 원리와 우리 말이 가지는 논리에 관하여 살펴본 것으로, 논리에는 상위 개념과 하위 개념의 구분이 분명하고 선후의 개념이 분명하다는 것을 알 수 있다.

12) '대답(對答)'의 호응성

우리말은 어느 것 하나 예외가 없을 만큼 모두가 논리적이다. 이 말은 우리말이 논리를 매개로 일목요연한 관계 속에 있음을 말해 준다.

말 뿐만 아니라 말을 표현하는 한글과 한자 역시 철학적이고 논리적이다.

하나의 논리적 근거가 마련되면 이로부터 제2, 제3의 새로운 논리가 파생되어 논리는 꼬리에 꼬리를 물고 이어진다.

'대답'이라는 말 역시 논리적 체계 위에 존재한다.
'대답'이란 '~에 대한 답'이라는 의미다. 따라서 대답이 존재하기 위해서는 대답을 불러 오는 제1 원인, 즉 '질의'가 전제되어 있어야 하는 것이다.
과연 '대답'이라는 말은 어떤 논리 구조로 이루어져 있는지 '答'자를 예로 살펴보기로 한다.

'答(대답할 답)'자는 '竹(대 죽)'자와 '合(합할 합)'자가 결합된 것인데, '竹'자는 '艸(풀 초)'와 같은 의미로, 풀의 종류를 나타내는 의미 요소로 쓰였다.
'合'자는 무언가와 '합한다'는 뜻으로 '答'자를 풀이하면 '풀과 합하는 것'이 되어 도무지 무엇을 말하는지 알 수가 없다.
'대답'이라는 말의 논리에 비추어 보면 무언가 서로 긴밀한 관계에 있는 물건을 상호 대응시켜 말의 속성을 나타냈을 것인데 '答'자로부터 무언가를 얻어 낸다는 것은 한계가 있어 보인다.

이것은 '答'자가 본래의 모습으로부터 의미를 알 수 없을 정도로 많이 변화되었기 때문인데, '答'자의 풀이에 참고해야 할 글자가 '答'자의 옛글자(古文)인 '畣'자다.
'答'자는 옛날에는 '畣'으로 쓴 것인데, '合'자와 '田'자가 결합된 '畣'자 역시 '莟'자와 마찬가지로 무엇을 의미하는지 알 수가 없다.

다만 이들 두 글자를 비교하면 '莟'자와 '畣'자는 '合'자를 가운데에 두고 위와 아래에 각각 '竹'자와 '田'자가 있다는 점을 발견하게 된다.

가운데에 포함되어 있는 '合'자는 '부합하다'라는 뜻을 나타내는데 원래 '그릇'과 '뚜껑'을 이용하여 만든 것으로, '그릇과 뚜껑처럼 서로 짝을 만나 합한다'라는 의미다.

따라서 '合'자를 이용하여 나타내려고 하는 것은 '서로를 필요로 하는 쌍방 간 두 가지 사물'에 대한 암시다. 그릇과 뚜껑처럼 온전한 하나를 이루기 위해 서로에게 필요한 무엇이 있음을 의미하는 암시다.

그렇다면 '莟'자와 '畣'자에서 얻어 낼 수 있는 두 가지 요소는 무엇이 있을까? 이런 관계를 염두에 두면서 '대답'이라는 말의 의미를 생각해 본다면 본래 '대답'이라는 말을 나타내는 한자어는 '莟'자와 '畣'자를 모두 합해 놓은 글자였을 것이다.

그러니까 '合'자를 가운데에 두고 위에 '竹'자, 아래에 '田'자가 들어 있는 모습이다.

채소는 밭에서 나는 것이므로 밭 없이 채소가 있을 수 없는 것처럼 질의가 없는 응답은 있을 수가 없다.

다시 말해 밭과 채소가 서로 긴밀한 관계에 있는 것처럼 질의와 응답은 서로의 존재 근거가 되는 것이다.

이것이 밭과 채소(식물)의 관계를 이용하여 질의에 대한 응답을 설명하는 한자 논리다.

13) 태양 속의 '삼족오(三足烏)'는 '제비'

고대 동양의 중심 국가로 대륙을 호령하며 맹주로 군림했던 '고구리'는 많은 유물과 유적을 남겼다. 장군총(將軍塚)과 호태왕비(好太王碑) 그리고 천문도(天文圖)를 비롯하여 삼족오(三足烏), 다물(多勿), 6예(六藝), 천리장성 등은 선이 굵은 북방 기마민족적인 문화요소와 동양의 중심국가로서 위상에 걸맞는 가치관을 담고 있는 유산으로, 가히 고대 동양을 지배했던 대제국의 면모를 여실히 보여주는 것들이라 할 수 있다.

이 중에서도 '삼족오(三足烏)'는 고구리 고분에서 주로 발견되는 문양이지만 태양과 함께 나타남으로써 고구리와 상고시기 태양족과의 친연관계를 말해 주는 중요한 문화코드이며, 고구리적인 특성을 잘 나타내 주는 상징 문양으로 손꼽힌다.

특히 지난 2002년 한일월드컵 당시 일본 축구단이 '삼족오'를 상징 문양으로 사용함으로써 양국간 미묘한 신경전의 빌미가 된 적도 있어 이제 '삼족오'는 흔히 접할 수 있는 일반 용어가 되었다고 말할 수 있다.

이렇게 우리 생활에 친숙해진 '삼족오'는 그러나 그 알려진 정도에 비하여 실상은 여전히 신화에 가려져 있는 것이 사실이다.

'삼족오(三足烏)'라는 명칭으로 부르고는 있지만 해 속의 새가 '까마귀'라고 단정하는 근거는 무엇인지에 대해서 명쾌한 해석이 없다.

사실 이 새가 까마귀라고 하는 단서는 찾기 힘들다. 언제 누가 그렇게 불렀는지는 모르지만 그냥 '삼족오(三足烏)', 즉 '세 발 달린 까마귀'라는 뜻으로 쓰고 있을 뿐이다.

까마귀는 다른 새와는 달리 '반포지효(反哺之孝)', 즉 늙은 어미 새를 먹여 살리는 효성이 있는 새(孝鳥)로 알려져 있다. 까마귀를 효조(孝鳥) 또는 오아(烏鴉) 등으로 부르는 것은 이 때문이다.
그런가하면 '오합지졸(烏合之卒)'이란 말도 까마귀의 행태로부터 만들어진 말이다.
까마귀를 나타내는 한자인 '烏'자를 통해서 까마귀의 속성을 알아보자.
'烏(까마귀 오)'자는 '鳥(새 조)'자에서 머리 부분의 가로 획(一), 즉 새의 눈에 해당하는 '점'이 생략된 모양의 글자다.
따라서 이 모양을 토대로 풀이한다면 '까마귀'는 눈과 관련된 모종의 결함을 가지고 있을 가능성이 있다.
'까마귀 고기를 먹었나?', '까막눈' 등 '까마귀'와 관련된 용어의 용례에서도 볼 수 있듯이 잘 잊어버리고 또 글자의 의미를 알아채지 못하는 의미로 까마귀가 쓰이고 있다는 점도 참고할 만하다.
사실 '烏'자에 담긴 내용만으로는 '까마귀'라고 하는 새가 고구리인들과 특별한 관계에 있다는 점을 찾아보기 어렵다.
오히려 까마귀보다는 한민족에게 보다 친숙한 '제비'를 나타내는 한자에서 태양과 관련된 의미가 일관되게 나타나는 것을 보면 '세 발 달린 새'의 정체가 '까마귀'가 아니라 '제비'일 수도 있겠다는 생각을 하게 된다.

'제비'를 나타내는 한자에는 '燕(제비 연)'자를 비롯해서 '제비 을', '제비

이', '제비 생', '제비 첨'자 등 여러 개가 있다.

'鳦(제비 을)'자는 '鳥(새 조)'와 '乙(제비 을)'자로 구성되어 있는데, '鳥'는 조류를 나타내고 '乙'이 제비를 나타낸다. 종종 '鳥'를 생략하고 우변 만으로 '제비 을'로 쓰기도 한다.

따라서 제비의 특성을 나타내주는 의미부호는 '乙'인데 '乙'은 '一'이 변해서 된 것이며 '一'은 '한 일'자로 '해'를 나타낸다.

'鴯'자는 '제비 이'자다.

'鴯'자에서 '鳥'는 조류를 나타내고 '而'자는 그 새가 어떤 종류의 새인가를 나타내주는 의미부호다.

'而'자는 지금은 '수염의 모양'으로 '말이을 이'라고 알려져 있지만 원래 '하늘의 해(一)가 땅에 내려 비치다' 또는 '위의 물이 아래로 흘러 내리다'라는 뜻과 모양을 나타낸다.

따라서 '鴯'자는 '제비'가 '해와 관련된 새'라는 사실을 암시한다.

'而'자가 태양을 나타내는 요소라는 사실은 '輀(상여 이)'자에서도 발견된다. 상여는 해로 가는 수레다. 한민족은 태양을 숭배하는 태양족이므로 죽어서도 해로 돌아간다고 여겼다. 해로 가는 마차가 '상여'이고 상여를 나타내는 한자가 '輀'자다.

'燕(제비 연)'자는 여러 개의 의미 요소로 구성되어 있지만 아랫부분의 '灬'가 해와 관련이 있음을 말해 주는 의미 요소다.

특히 '燕'자는 '연나라'의 국호로써 태양족의 후손들이 세운 나라의 이름이며 추운 겨울날 두 손을 호호 불며 하늘에 날리는 '연(鳶)'도 하늘을 향해 날아 오른다고 해서 붙여진 이름이다.

이 밖에도 제비와 관련해서는 '지아비(夫)', '제비뽑기', '제비족', '연미복' 등의 용례가 있는데 하나같이 '(하늘로부터) 선별되었다'는 의미를 내포하고 있으며, 제비의 색이 검다는 것도 북두칠성을 신앙의 대상으로 삼았던 고구리인들이 숭상했던 밤의 색이며 '검다'의 '검'이 '왕검'의 '검'처럼 '신성하고 크다'라는 의미와 관련이 있다는 것을 간과해서는 안된다.

고구리 고분 벽화에 등장하는 '발이 세 개 달린 새'는 '삼족오(三足烏)'가 아니라 '삼족조(三足鳥)'이며 따라서 '까마귀'가 아니라 '제비'일 가능성이 매우 높다. '해 속의 새'는 신화적 요소이며 다리가 '세 개'인 것은 한민족 전통의 '천지인(天地人)' 삼재사상의 표시다.
문을 두드려도, 침을 뱉아도, 용서를 해도 삼 세 번이라고 할 만큼 '3'이란 숫자는 한겨레 사고의 경향을 대변한다. '석삼극 무진본(析三極 無盡本)'의 원리를 체득한 겨레의 전통이다.

14) 남자와 여자는 무엇으로 구분하는가?

노소에 관계없이 사람을 성별로 구별할 때 사용하는 용어에 '남녀'가 있다.

마치 짐승을 '암수'로 구분하듯 사람을 구별하여 '남녀'라고 하는데, 이 남녀를 구분하는 기준은 무엇일까?

우리가 쉽게 생각하듯이 남녀의 성징(性徵)을 기준으로 나누는 것일까?

'男女'라는 용어의 한자어에 담긴 내용을 중심으로 알아본다.

'男'자는 모양을 기준으로 '田'과 '力'자로 구분되는데 요소의 특성을 고려하여 '밭에서 일하는 것이 남자' 또는 '田'자를 '열(十)개의 입(口)'으로 파자하여 '10명을 먹여 살릴 수 있어야 남자'라고 풀이한다.

일견 그럴듯하게 여겨지지만 그러나 '남녀'라는 구분이 성별을 나누는 것인데 밭, 노동, 힘을 기준으로 나눈다는 것은 무언가 자연스럽지 못하다.

갓난 아기도 남녀를 구분하고 연로하여 노동이 불가능한 사람들도 남녀로 구분하는 것이 보통인데 이들에게는 적용하기도 힘든 힘이나 노동력을 기준으로 남녀를 가른다는 것은 납득하기 어렵다.

물론 이런 풀이는 '男'자와 '女'자의 잘못된 풀이에서 기인한 것이다.

'男'자의 '田'은 '사람이 경작하는 밭'의 모양으로 '하늘이 일하는 일터', '하늘이 작용하는 공간'의 의미이고 '力'은 '힘'을 의미하는데 힘은 주로 '손'으로 표현되며 여기서는 '하늘이 보낸 손'을 뜻한다.

따라서 이들의 의미를 종합하면 '男'자는 '이 세상에 하늘을 대신하여 일하러 온 하늘의 손(자손)'을 의미한다.

'女子'는 '남자'에 대해 상대적인 말로써 '女'자의 모양 자체가 '여자'의 모습을 이용하여 만들어졌다. 따라서 '女'자는 여자의 모습을 나타낸 글자

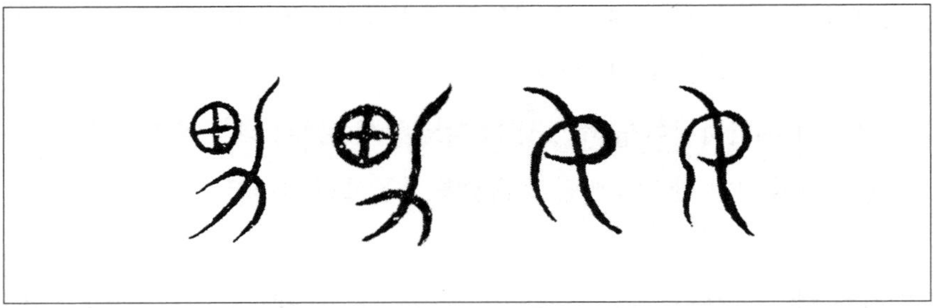

〈그림 3-11〉 '男女' 의 옛글자. 남자는 하늘의 손, 여자는 중심의 의미가 특징이다.

인데 다만 글자가 만들어지던 당시 모계(여성)를 중심으로 가정과 혈연이 유지되던 습관 때문에 '女'자에는 '(가정과 혈연의) 중심'이라는 의미가 자리잡았다.

'女'자가 3개가 모여 만들어진 '姦'자는 '여자 셋이 모이면 간사해진다'는 뜻이 아니라 '중심이 여럿'이기 때문에 '간사하다'라고 풀이되는 것이며, '安'자 역시 '여자가 집 안에 있어야 편안하다'라는 뜻이 아니라 '가정에 중심이 있으면 편안하다'라고 풀어야 하는 것은 그 때문이다.

'好'자는 '좋을 호'자다. 글자가 남녀(男女)로 되어 있으므로 '남녀가 만나면 좋다'는 식으로 풀이한다. 그러나 '好'자는 원래 '남녀'의 의미가 아니라 좌우 두 명의 여자 사이에 '子'가 있는 것으로 두 명의 부인과 두 명의 남편이 하나의 가정을 꾸리게 되는데 이 두 명의 부인 사이에 자녀가 태어났으므로 '좋다'라고 하는 것이다.

이렇게 보면 '남녀'란 성의 상징을 기준으로 만들어진 용어가 아니라 사회생활(社會生活)과 가정생활(家庭生活)을 기준으로 만들어진 글자라는 것

286

을 알 수 있다.

남자가 주로 전쟁과 정치와 제도 등 사회적인 일에 종사하고 여자는 사회생활을 뒷받침하는 가정생활을 위주로 하는 것이 전통적인 삶의 방식이라는 것을 알 수 있다.

여성이 가정에서 중심을 잘 잡아야 남성이 하늘의 대리자로 밖의 일을 잘 수행할 수 있는 것이다.

부부 간의 호칭 중에 부인이 자기 남편을 '바깥양반'이라 부르고 남편은 부인을 '아내(안해)'라고 부르는 것도 '아내'는 '안에 있는 해'로 집 안에 있는 '중심'이라는 뜻이고 '바깥양반'은 '하늘의 일을 대신하는 사람'이란 의미를 반영한 것이다.

우리의 언어 하나하나가 얼마나 깊은 철학적 의미를 가지고 있는지 새삼 알수 있다.

15) '횃대'가 의미하는 것

지금으로서는 잘 쓰이지 않아 생소한 말 중에 '횃대'가 있다.

어릴 때의 기억을 되살리면 초가집의 방문을 열고 들어가면 아랫목 벽 쪽에 대나무나 또는 다른 나무를 다듬어 길게 매어 놓고 옷을 벗어 거는 도구가 있었는데 이것을 '횃대'라고 불렀다.

이 횃대를 덮는 색색으로 수놓아진 횃대포는 시집가는 여인들이 준비해야 하는 혼수품에 속하기도 하였다.

그런가 하면 닭장 안에 닭이 올라가 앉아 쉴 수 있도록 가로질러 놓은 나무를 또 '횃대'라고 한다.

'횃대'라는 말은 무엇을 의미하는 것일까?

방안에 있는 횃대의 기능은 '옷'을 거는 것이다. 따라서 '횃대'는 옷과 관련이 있음을 알 수 있는데, '衣(옷 의)'자에서 보면 옷은 햇살의 곁에 따르는 기운으로, '기운과 햇살과 해'는 사람에게 있어서의 '옷과 몸(살)과 마음'과 동일한 관계에 있는 것이다.

따라서 '옷'이라는 것이 결국은 '해'가 걸치고 있는 것이므로 이 관계를 그대로 안방으로 옮겨와 옷과 옷을 거는 대를 옷과 해의 관계를 고려하여 '횃대'라고 하는 것이다. '횃대'는 원래는 '해의 대', 즉 '햇대'였을 것이다.

닭장 속의 횃대 역시 마찬가지다. 닭과 해가 관련이 있다는 것은 닭의 한자어인 '鷄'에서도 발견이 된다. '鷄'자는 '닭 계'로 풀이하는데, '鳥(새 조)'는 닭이 날개가 있는 짐승이라는 뜻이며 좌변의 '奚(어찌 해)'는 닭이 하늘에서 내려온 것으로 해와 관련이 있다는 의미다.

따라서 '鷄'는 '해와 관련이 있는 날짐승'으로 땅으로 내려왔다고 해서 '계'로 나타낸다.

고대에는 '계(鷄)'를 '해'로 쓰기도 했다. 이런 까닭으로 닭이 앉는 가로 기둥을 횃대, 즉 햇대라고 하는 것이다.

안방의 횃대가 '衣(옷 의)'자와 관련이 있다면 닭장의 홰대는 '鷄(닭 계)'와 관련이 있다.

모두 '해'를 기준으로 만들어졌다는 것을 말해 준다.

16) 한국인이 '좌측통행'을 선호하는 까닭

2007년 9월 우리 국토해양부는 한국교통연구원에 '우측보행의 타당성 조사'를 의뢰하였는데, 국내 거주하는 외국인들은 우측에 대한 성향이 높고 실생활의 각종 시설물 역시 우측이 편리하도록 설계되어 있어 결과적으로 우측통행이 좌측에 비해 편리하다고 느끼는 것으로 발표하였다.

'사람은 좌측통행'이란 말을 당연한 것으로 알고 살아온 우리로서는 흥미로운 결과이지만 차제에 길을 걷는 일에서조차 드러나는 동서양의 이런 방위에 대한 차이는 어디서 오는 것일까를 살피는 것도 의미있는 일이라 생각된다.

외국인들이 우측통행을 선호하는데 비하여 우리는 왜 좌측통행이 당연하다고 여기는 것일까?

단순히 그렇게 교육되었기 때문인가? 아니면 다른 무슨 이유라도 있는 것일까? 한국인의 좌측통행 선호는 알려진 것처럼 일제의 잔재일까?

문화나 전통의 기원을 밝힌다는 것은 사실 쉬운 일이 아니다. 의식하지 못하는 사이에 불현듯 우리 삶의 중심에 들어와 실력을 행사하는 것이 문화의 특성이다.

하지만 우리가 사용하는 말(언어)에는 분명한 개념이 담겨 있으므로 '좌우'라는 말을 통해 실마리를 찾을 수 있을 것이다.

'좌우'라는 말에 대해서는 앞서 살펴보았거니와 그 속에는 '하늘에서 땅으로'와 '땅에서 하늘로'라는 두 가지 방향의 운동이 담겨 있다.

그 뿐만 아니라 이 두 방향은 자연의 이치에 따라 각각의 가치를 갖게 되는데, '하늘에서 땅'으로의 방향을 순리(順理)로 그리고 '땅에서 하늘'로의 방향을 자연의 이치를 거슬러 역행(逆行)하는 것으로 보았다.

이런 인식의 흔적을 말해 주는 한자에 'ノ'과 '㇏'이 있다.

'ノ'은 '비칠 별'자로 '별빛이 비치다'라고 풀이하며 '㇏'자는 '파임 불'자로 '우측으로 비치는 것은 어긋난 것이다'라는 뜻을 나타낸다.

'ノ'과 '㇏'을 그렇게 풀이하는 까닭은 무엇일까?

좌측은 땅으로 내려오는 방향이므로 하늘의 불빛이 비치는 순방향이며 우측은 땅에서 하늘을 향하는 쪽이므로 불빛이 하늘을 향하는 것은 역행하는 것으로 보았던 것이다.

이런 관념으로부터 '좌선위선 우선위악(左旋爲善 右旋爲惡)', 즉 '선악'의 개념으로까지 발전하게 된다.

이런 흔적은 금줄과 일반 새끼줄의 차이에서도 발견된다.

일상에서 쓰는 새끼줄은 보통 오른 새끼줄을 사용하는데 비하여 서낭당에 두르는 금줄(禁줄) 또는 상(喪)을 당하여 상주가 허리에 두르는 새끼줄은 왼 새끼줄을 사용한다.

'서낭당'이나 '상주'가 의미하는 것은 '신성'과 '죽음'으로 이런 일들은 대개 하늘에서 땅으로의 방향성과 달리 땅에서 하늘로 지향한다는 의미가 강하다. 따라서 이 세상 일과 구분되는 하늘에 속하는 일로 여겨 오른쪽으로 꼰 일반 새끼줄과 구분하여 굳이 왼 새끼줄을 사용함으로써 하늘의 섭리에 속한 신성한 일 또는 하늘을 지향한다는 의미를 나타내려 하였던 것이다.

의례(儀禮), 특히 관혼상제(冠婚喪祭)에서 남자와 여자의 위치는 매우 중요한 문제다.

돌아가신 부부를 합장할 경우 또는 칠순이나 팔순잔치 때 내외분이 나란히 앉을 경우 일반적으로 지켜야 할 원칙이 있는데 그것을 나타내는 말이 소위 '남좌여우(男左女右)'다.

'남자는 여자의 좌측에 서고 여자는 남자의 우측에 선다'는 말이다.

'여(女)'가 '중심'이며 하늘이므로 상대되는 남자를 땅의 방향인 좌측에 세운다는 말이다.

이것이 세상을 이해하고 살아가는데 있어서 소용되는 하나의 질서다.

요즈음 '화장실문화'라는 말이 생겨날 정도로 화장실에 대한 관심이 높아져 있다. 예전에 비하면 정말 다행한 일이 아닐 수 없지만 기왕에 화장실에 관심을 기울인다면 화장실의 남녀 칸 배치에도 관심을 가져 주기를 희망한다.

화장실의 배치에도 '남좌여우'라는 전통적인 질서를 지켜 준다면 화장실의 표시 앞에서 남자 칸은 어느 쪽이고 여자 칸은 어느 쪽인지 두리번거리지 않아도 될 것이다.

'남좌여우'이니까.

한국인의 '좌측통행'은 하루 아침에 우연히 형성된 것이 아니라 자연의 이치와 가치의 체계에 따른 것이다.

그런데 최근 우리 정부는 우리의 생활 습관이 되어버린 좌측통행이 마치 큰 잘못이라도 있는 것처럼 '우측통행'을 시행한다고 발표하였다.

전통적으로 '우행'은 힘이 소진되는 방향이며 좌행은 힘이 생성되는 방향으로 인식되었으며, 땅에서 하늘을 향하는 것(우행)은 자연의 이치에 '역행'하는 것으로 여겨 꺼려했다는 것을 잊은 까닭일 것이다.

'좌우'에 대한 정확한 개념과 전통적으로 한국인이 좌측통행을 선호했던 까닭을 모른다면 과연 정책이 성공할 수 있을지 의문이다.

17) 咪와 哶 는 어떻게 같은가

'咪'자와 '哶'자는 두 글자를 같이 쓰는데 모두 '양울 미'라고 새김한다.

'양이 우는 것을 미라고 한다'는 뜻이다.

이런 내용을 염두에 두고 '哶'자를 보면 '양(羊)'과 '입(口)'으로 되어 있으므로 그럴듯하다고 생각된다.

그런데 '咩'자는 어떻게 '양이 운다'라는 뜻을 나타낼 수 있는 것일까?
아니 '咩'자는 어떻게 '咩'자와 같은 의미를 나타낼 수 있는 것일까?
이 두 글자를 비교해 보면 공통으로 '口'가 들어 있음을 알 수 있는데, '口'
는 '입'을 나타냄으로 짐승의 울음소리와는 자연스럽게 연결이 된다.
문제는 '米'와 '羊'의 관계다. 도대체 이 두 글자는 어떻게 같은 글자가 되
는 것인지 그 내용을 살펴보기로 하자.

'米'자는 '쌀 미'자다. 우리가 일상으로 취하는 밥의 재료다. 쌀을 '米'로
나타내는 것은 쌀을 '해의 살(몸)'로 여긴다는 의미다.
'十'은 해를 나타내는 기호인데 여기에 사방으로 뻗어나는 햇살을 더하여
'米'자를 만들었다. 일조량에 의지하여 결실하는 벼의 생태를 생각한다면
벼(쌀)를 '해의 살'로 보는 것은 자연스러운 일이다.

'羊'자는 '양'의 머리 뿔을 이용해서 만든 글자다.
이 '羊'을 고대 태양족이었던 우리 선조들이 토템(totem)으로 삼고 '태양'
을 상징하는 동물이라는 뜻에서 '양'이라 불렀다.
넓은 풀밭을 옮겨 다니며 평화롭게 풀을 뜯는 양은 털과 젖으로 사람을 유익
하게 할 뿐만 아니라 다른 짐승과 비교할 수 없을 만큼 순한 습성을 가진 동
물이다.

'米'는 해와 햇살의 표시로, '羊'은 해와 같은 음인 '양'으로 두 글자는 중
심에 '해'를 매개로 서로 같은 글자가 되는 것이다.

18) 혁거세(赫居世)와 불구내(弗矩內)

'혁거세'는 신라의 시조일 뿐만 아니라 밀양 박씨의 시조로도 추앙을 받고 있는 인물이다.

일연의 『삼국유사』에는, 혁거세가 둥근 박을 깨고 나온데서 '朴'이라는 성을 갖게 되었으며 이름은 '혁거세' 또는 '불구내'라고 하였다고 기록되어 있다. 신라 시조의 이름을 혁거세(赫居世) 또는 불구내(弗矩內)로 부른다는 것이다.

한 사람이 여러 개의 이름을 갖는 것이 지금은 드문 일이지만 옛날에는 이런 일이 다반사였다. 태어나면 이름을 갖게 되고 결혼을 하거나 벼슬에 오르면 또 새로운 이름을 갖기도 하였다.

이름 외에 '자(字)' 또는 '호(號)'라는 다른 형태의 이름을 갖는 것이 전통이 된지 오래다.

그러나 일연의 기록을 따르면 '혁거세'는 '일운(一云)', 즉 '다른 말'로 '불구내'로도 부른다고 하니 이 경우는 여러 개의 이름 가운데 한 두 개가 아니라 '혁거세'의 다른 말이 '불구내'임을 말하고 있는 것이다.

과연 '혁거세'는 어떻게 '불구내'가 되는 것일까?

赫(붉을 혁), 居(있을 거), 世(세상 세), 弗(아니 불), 矩(곱자 구), 內(안 내) 등 혁거세와 불구내의 이름을 개개의 한자로 풀이해 보아도 주목할 만 한 연관성을 찾기는 어렵다.

때문에 많은 사람들은 혁거세나 불구내가 이두(吏讀)식이어서 당시의 의미를 찾기 어렵다고 단정한다.

하지만 어렵다고 생각하면 더 어려운 법.

'불구내'는 소리나는 대로 읽으면 '붉은 해'가 된다. 이것을 한자식으로 옮겨 적은 것이 '혁거세'다.

따라서 이들 가운데는 다음과 같은 등식이 성립된다.

혁 = 불 = 붉

거 = 구 = 은

세 = 내 = 해

혁, 불, 붉이 고대에는 같은 의미였고 거, 구, 은이 같은 의미였으며 세, 내, 해 또한 마찬가지라는 것을 알 수 있다. 혁거세는 불구내와 함께 '붉은 해'를 나타내는 말인 것이다.

19) 사람의 입과 나무의 잎

사람은 몸(육체)을 가진 존재로 입을 통해 몸에 필요한 영양분을 섭취하게 된다.

음식물은 일단 입으로 들어간 다음 일련의 과정을 거쳐 인체의 각 기관들이 필요로 하는 영양분으로 바뀌게 된다.

사람의 입을 한자에서는 '口(입 구)', 즉 '구멍'으로 표시한다. 이것은 '입'이 '(음식물이) 들어가는 구멍'이라는 뜻이다.

'입'이라는 소리 또한 '들어가다'라는 뜻의 '入(들 입)'과 같다.

사람이나 짐승은 이처럼 입이라는 구멍으로 음식물을 섭취하는데 움직일 수 없는 나무와 같은 식물은 영양분을 어떻게 섭취하는 것일까?

나무는 사람과는 영양섭취 방식이 약간 다르다.

사람이 음식물을 입으로 먹어 양분을 취하는 것과는 달리 식물은 '잎'에서 일어나는 탄소동화작용을 통하여 필요한 양분을 섭취한다.

말하자면 사람의 '입'과 같은 기능을 수행하는 곳이 식물의 '잎'이다.

'입'은 곧 '잎'인 것이다.

사람의 입을 '口'로 표시하는데 비하여 식물의 잎은 '宍'으로 표시한다.

'싹'과 '살'로 이루어진 '宍'을 '잎 육'이라고 부른다. 사람의 입이 구멍으로 되어 있는데 식물의 '잎'은 '살'로 되어 있으므로 '宍'이라 부르는 것이다. '六(여섯 육)'이 살이며, 육체며, 몸을 나타내기 때문이다. '肉(고기 육)'을 '육'으로 발음하는 것도 같은 이유이다.

'六'이 살, 몸, 육체를 나타낸다는 것은 '冥'자에서도 확인이 된다.

'冥(어두울 명)'자는 '해(日)'와 '햇살(六)'이 덮여 있는 모습으로, 어둠 가운데서도 빛을 찾기 어려운 진정한 어둠, 즉 죽음의 세계를 나타낸다.

해와 햇살 하나까지도 완전히 덮여 있다는 것을 나타내기 위하여 '日'과

'六'을 연이어 썼다.

20) '홍익인간(弘益人間)'의 뜻

'후손을 잘 둬야 조상이 빛난다'는 속어(俗語)와는 달리 우리는 오히려 훌륭한 조상의 덕으로 사는 부끄러운 후손에 속한다.

한겨레가 위대한 것은 지금의 한국인이 위대해서가 아니라 훌륭한 선조들의 덕이 아직까지 그 영향을 끼치고 있기 때문이다.

우리 한겨레가 선조들로부터 물려받은 유산은 실로 다양하고도 많다. 일만 년에 달하는 오랜 역사를 가진 만큼 유산이 많다는 것은 놀랄만한 일도 아니다.

그 많은 유산 가운데서도 우리를 가장 자랑스럽게 하는 것은 한겨레가 최초로 하늘을 열어 나라를 세우면서 주창한 '홍익인간'이 아닐까 생각해 본다.

지금까지 인류가 추구해 온 가치가 하나씩 무너져 내리면서 미래 인류가 지향해야 할 목표가 무엇인가에 대한 관심이 모아지고 있는 시점에서 '홍익인간'은 미래의 인류가 주목할 인류 구원의 사상으로까지 인식되기도 한다.

그럼에도 정작 우리 스스로는 홍익인간의 가치가 어느 정도의 것인지 제대로 인식하지 못하고 있다.

이렇게 말할 수 있는 것은 홍익인간이 선언된 이래 무려 오천 년 가까운 시간이 흘렀지만 아직도 홍익인간에 대해서 명확하게 설명하지 못하기 때문이다.

그렇다고 홍익인간의 정신이 설명하기가 너무 어려워 그런 것도 아니다. 이렇게 된 것은 우리가 홍익인간의 정신에 대한 전체의 내용을 알지 못하고 부분만 인식하고 있는 데에 있다.

'홍익인간(弘益人間)'이란 용어는 단순히 독자적으로 존재하는 것이 아니라 성통공완(性通功完) 재세이화(在世理化)라는 글귀와 짝을 이루어 구조적인 관계를 형성하고 있다.

'성통공완 재세이화'는 '홍익인간' 하는 두 가지 방법론에 해당하고 이 두 가지 방법을 통하면 '홍익인간'에 이를 수 있음을 말해 주는 것이 이들 '성통공완', '재세이화', '홍익인간'의 상호관계다.

우리 선조들은 인류 최초로 '홍익인간'의 높은 가치를 깨우쳤을 뿐만 아니라 친절하게도 '홍익인간'에 도달하는 두 가지 방법까지 밝혀 놓은 것이다. '성통공완(性通功完)'과 '재세이화(在世理化)'는 홍익인간에 이르는 두 가지 방법이다.

'성통공완(性通功完)'은 내적으로 끊임없이 본성(本性, 진리)에 도달하려는 노력이 결실을 거두었음(완성)을 나타내는 말로, 이것을 한자로 표현하면 '道(길 도)'가 된다.

'성통공완'이 곧 '道'인 셈이다. '성통공완'에는 '道'의 내용이 담겨 있다. 물리학에서는 끊임없이 안으로 작용하는 힘, 즉 구심력(求心力)으로도 설명한다.

‘道’자의 ‘首(머리 수)’는 ‘사람의 머리’를 나타내는데 이 머리는 단순히 육체의 일부로서의 머리가 아니라 ‘하늘이 내려와 머무는 곳’의 의미로 하늘 또는 천도, 사물의 이치를 상징한다.

따라서 ‘道’는 ‘천지의 운행’과 관련이 있으며 ‘천지(天地)’ 뿐 아니라 그 안에 깃들이고 살아가는 모든 만상을 통틀어 그들이 살아 움직이는 이치를 나타낸다.

〈그림 3-12〉 ‘弘’의 옛글자

‘재세이화(在世理化)’는, ‘성통공완’을 이룬 사람이 자신의 깨우침을 토대로 이 세상이 ‘참되게 하다’라는 내용으로 이것을 한자로 표시하면 ‘德(큰 덕)’이 된다.

〈그림 3-13〉 ‘眢’의 옛글자

‘德’자는 ‘相’자에 ‘心’이 결합한 모양으로 ‘하늘의 마음으로 보살피다’라는 뜻이다.

‘相’이 ‘보살피다’라는 뜻이고 ‘心’이 ‘마음’을 나타낸다. 따라서 ‘德’은 하늘의 마음으로 세상 만물을 보살핀다는 뜻이다.

〈그림 3-14〉 ‘德’의 옛글자

‘성통공완(性通功完)’을 구심력이라 한다면 ‘재세이화(在世理化)’는 원심력이다. 내적으로 존재의 의미와 가치를 추구하는 정신작용(성통공완)이 '도(道)'라면 '덕(德)'은 '성통공완'을 이룬 자, 즉 '도(道)'를 깨우친 자가 하늘의 마음으로 세상을 보살피는 것이다.

이처럼 '도'와 '덕'이 제대로 실현된 상태를 '홍익인간'이라고 하는 것이다. '성통공완', '재세이화'는 '홍익인간'의 두 날개인 셈이지만 '홍익인간' 하기 위해서는 우선 '성통공완'하는 일이 중요하다. 이것이 전제되지 않으면 제대로 '재세이화' 할 수가 없기 때문이다.
따라서 '홍익인간'이라는 개념의 입장에서 본다면 '성통공완', 즉 '도'를 깨우치지 못하고 '덕', 즉 '재세이화'를 실천한다는 것은 진정한 의미에서의 '홍익인간'의 성취라고는 말할 수 없는 것이다.

21) '복(伏)날'의 의미

1년을 기후와 농사에 따라 24절기로 나눈 전통에 따르면 우리나라에서는 소서(小暑)가 지나면서 무더위가 닥치게 되는데, 소서가 지난 지 8일이 되는 날이 초복(初伏)이고 계속해서 10일이 지나면 중복(中伏) 그리고 20일이 지나면 말복(末伏)이 된다.

'伏' 날이 다가오면 많은 사람들이 '견공'을 생각하는데 다른 한편에서는 이런 생각을 못마땅하게 여기며 그런 풍습을 없애자고 목에 힘을 준다.

'복날과 견공들의 비애'
이 악연은 어떻게 시작된 것이며 이 양자 간에는 도대체 무슨 관련이 있는 것일까?

우선 '伏'자와 더위의 관계를 살펴보자.
'伏'자는 '亻'과 '犬'으로 되어 있는데, '犬'은 '사람 곁에 붙어 있는 해'를 나타내고 '亻'은 '닮았다'라는 뜻을 나타낸다.
그러니까 '伏'자는 '사람 곁에 해가 있는 것과 같은'이라는 뜻이다. 만일 사람의 곁에 해가 있다면 어떻게 될까?
'伏'자는 이런 비유법을 활용하여 만든 글자다.
따라서 '伏'날은 '개'와는 아무런 관련이 없는 '해가 옆에 있는 것처럼 뜨거운 날'이 원래의 뜻이다.
절기상 복(伏)날은 태양을 위주로 정해졌으며 대체로 우리나라에서는 이때가 양력으로 7월에서 8월에 접어들게 되어 무더위가 한창 무르익는 계절에 '伏' 날이 들어 있다는 것을 알 수 있다.
우리가 사는 위도에서는 이 절기 동안에 해가 지구에 가장 가까이 접근한다는 것이 밝혀지면서 이때를 '伏'으로 표현하여 일상에 반영한 우리 선조들의 안목에 놀라게 된다.

그러나 이런 원래의 뜻은 한자의 의미들이 사라져 가면서 같이 잊혀지고 '伏'자에 들어 있는 '犬'자 만이 눈에 들어오게 되었던 모양이다.
누군가 이 날은 '犬公'을 취하는 날로 재미삼아 이야기 했을 것이고 이것이

항간에 풍습으로 굳어져 오늘에 이르기까지 수많은 견공들의 목숨을 빼앗아 가게 되었다.

우리가 우리 문화를 제대로 이해하고 가치를 발견하게 된다면 제일 먼저 타파해야 할 것이 '복날 개고기 먹기' 같은 반문화적인 행태다.

문자의 내용도 모르고 자행하는 무지한 자들의 횡포로부터 견공들을 보호할 날이 빨리 도래하기를 기대한다.

22) '신발' 이라는 말의 의미

발을 보호하기 위해 발 위에 덧씌우는 것을 '신'이라 하는데 이 '신'을 우리는 흔히 '신발(footgear, footwear, shoes)' 이라고도 부른다.

이미 앞에서 살펴본 것처럼 우리말은 그냥 아무렇게나 만들어지는 것이 아니다. 따라서 '신'의 의미는 무엇이고 '신'에 또 '발'을 더해서 '신발'이라 부르는 까닭은 무엇인지 살펴보기로 하자.

'신'의 가장 초보적인 의미는 '하늘에서 내려오다'라는 뜻이다.

'신'자를 구성하고 있는 'ㅅ+ ㅣ + ㄴ'의 의미가 그러하다.

그래서 '신'으로 발음되는 한자들은 주로 하늘 또는 하늘의 내려옴과 관련이 있다.

'신'으로 발음되는 한자들을 통해서 직접 살펴보기로 한다.

身(몸 신) ; 몸은 마음을 담은 그릇이며 마음은 근본이 하늘이다. 따라서 몸에 하늘(마음)이 내려와 있다는 의미에서 몸을 '신'이라 한다.

新(새 신) ; 고대에는 나라에 벼슬을 하면 그 대가로 식읍(食邑)을 받았는데 식읍의 대부분은 아직 미개발 지역이었다. 때문에 식읍을 받게 되면 벌목을 하고 경작지를 개발하며 가옥을 건축해야 했는데 이런 일련의 일들은 모두 '새로움'이며 이 새로움은 임금으로부터 받은 '식읍'으로부터 기원한 것이다. 따라서 임금으로부터 받은 것은 하늘로부터 받았다고 생각했으므로 '새롭다'는 의미로 '신'이라 하였다.

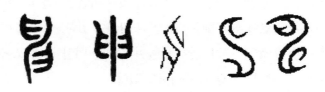

〈그림 3-15〉 '申', '神'의 옛글자

申(펼 신) ; 손에 쥐고 땅에서 '펼치는' 권위가 '하늘에서 온 것'이라는 의미에서 '신'이라 한다.

信(믿음 신) ; 믿음은 말을 닮은 것인데 말과 믿음은 모두 하늘의 속성이므로 믿음을 '신'이라 한다.

臣(신하 신) ; 신하는 임금이 임명하는 것인데 임금은 하늘이 낸다고 생각했으므로 신하를 '신'이라 한다.

腎(자지 신) ; 자지는 하늘을 대신해서 생명을 내는 곳이므로 하늘이 내려와 있다는 의미에서 '자지'를 '신'이라 한다.

晨(새벽 신) ; 새벽은 빛이 등장하는 시간인데 빛은 하늘에서 오는 것이므로 하늘이 온다는 의미에서 새벽을 '신'이라 한다.
神(귀신 신) ; 귀신은 조상과 관련이 있는데 조상들은 모두 하늘에서 왔다가 다시 하늘로 간다고 생각했으므로 귀신을 '신'이라 한다.

따라서 우리가 발에 신는 '신' 역시 '발(=해)을 담은 그릇'의 의미로 쓰였을 것이다.

한자에서 보면 '발'은 '밝', '밝음'과 관련이 있고 밝음은 '불'과 관련이 있으며 불은 '해'와 관련이 있고 해는 '하늘'과 관련이 있다.
또 '불'에서 부리와 뿔과 뿌리 등이 만들어지는데, 이런 식의 조어(造語) 습관의 정점에는 언제나 '하늘'이 자리하고 있다.
하늘을 근원(기준)으로 순환하고 반복하는 것이 우주 자연의 법칙이며 우리 선조들이 말과 글자를 만들면서 가졌던 기본 이념이기 때문이다.

하늘은 우리가 태어난 뿌리이며 다시 돌아갈 고향이라는 생각을 그대로 인체에 적용하여 '손', '발', '목', '눈', '귀' 등의 이름을 만들어 불렀는데 '하늘 → 머리 → 손 → 손톱'으로 이어지는 순환고리는 가장 대표적인 예라 하겠다.

이상으로 살펴본 바와 같이 '신'은 '하늘의 내려옴'을 나타내고 '발'은 빛의 근원인 불을 나타낸다.

따라서 두 글자가 결합된 '신발'의 의미는 직역하면 '내려온 밝(밝음, 불, 발)'의 의미로 '밝(밝음, 불, 발)'이 내려와 머무는 곳이 '신'이라는 것을 알 수 있다.

'밝음'을 담고 있는 것이 '신'이라는 말이다.

발에 신을 싣는 행위를 '발(밝음, 불, 뿌리, 해)이 내려오다'라는 식으로 표현한 것이다.

"새 신을 신고 뛰어 보자 팔짝!
 머리가 하늘까지 닿겠네"

어릴 때 흔하게 불러본 추억이 담긴 동요다.

새 신을 신을 때마다 느꼈던 즐거움 속에 '신발'이라는 말의 뜻이라도 제대로 전해졌더라면 하는 아쉬움을 갖게 된다.

23) '있다'라는 말의 의미

'쟁반 위에 사과 3개가 있다'

이런 문장을 대할 경우 우리 뇌는 경험적으로 '쟁반'이라는 물건과 그 안에 놓인 '사과', 그리고 사과의 수가 '셋'이라는 장면을 떠올려서는 이를 입체적으로 이해하게 되는데, 물건의 종류와 수는 그 실체가 있기 때문에 경험과 학습을 통해 비교적 쉽게 저장이 되고 기억해 낼 수 있는 것이지만 '있다'라는 표현은 쟁반이나 사과와는 달리 실체를 드러내 보이기 어려운 관념에 속하는 명제이기 때문에 실존을 담보할 영향력있는 인식의 주체를 전제로 하나의 개념으로 정착되는 것이 보통이다.

대부분의 말들이 이런 과정을 통해서 소위 '공용어'로 자리 잡게 되는데, 그렇다면 '있다'라는 말을 처음 만들어 쓴 주체는 누구이며 이 말의 기원은 무엇일까를 생각하게 된다.

'있다'라는 말은 '쟁반'과 '사과'라는 두 가지 사물의 존재 양태를 결정하는 중요한 의미 요소로, 사전에서는 '존재하다', '소유하다', '머무르다' 등으로 풀이한다.
그러나 이런 풀이들은 의미의 접근일 뿐이지 '있다'라는 말의 정의라고는 말할 수 없다.
적어도 '있다'라는 말을 만든 주체라면 '있다'라는 말의 구성요소인 'ㅇ', 'ㅣ', 'ㅅ', 'ㅅ'을 따라 '~ 이다'라고 정의를 내릴 수 있어야 하는 것이다.

어원을 살펴보면 '있다'는 '잇다'와 음이 같으며 '있'은 '잇'이 더욱 구체적으로 진행된 상태(ㅅ→ㅆ)를 나타낸다. '잇다'는 어디로부터인가 '잇어진(이어진)', 즉 '연결되어 있다'는 뜻이므로 '있는 것'은 '어디로부터인가 이어진 것'을 의미한다고 볼 수 있다.
그렇다면 '있다'라는 말을 쓰기 시작한 주체들이 이어져 있다고 생각한 그 실체는 무엇일까?

'있다'와 관련하여 영어(英語)의 사례를 들기로 한다.

영어에서는 '있다', '이다' 등을 '동사(動詞)' 가운데서도 특별히 구분하여 'be동사'라고 부른다.
'This is a pen(이것은 펜이다)'이란 문장에서는 'is'가 'be동사'다.
'be동사'라는 말의 기원에 대해서는 전문가의 풀이에 맡기기로 하고 여기서는 영어 단어 가운데 '실존'을 나타내는 말에 'Being'이 있다는 것을 상기하고자 한다.
'be'동사의 하나인 'is'는 우리말 '있다'의 '있'과 발음도 비슷하거니와 의미 또한 같다.

'is'가 속해 있는 'be동사'가 '본질', '본성', '존재자' 등으로 풀이되는 'Being'과 관련이 있다면 같은 맥락에서 우리말 '있다'의 '있' 역시 '궁극적인 실체로부터 이어져 있다'는 의미와 관련이 있을 것이다.
'be동사'가 'Being'을 전제로 만들어진 말이라면 'is' 역시 'Being'과 관련이 있을 수 밖에 없으므로 동서양을 막론하고 '있다'라는 표현은 동일한 바탕에서 기원하였다고 말할 수 있다.
'있다'라는 말이 단순히 현상을 표현하는 용어가 아니라 실존에 대한 인식의 표현이라는 것은 거의 확실하다.
이 세상에 '있다'라는 말로 표현할 수 있는 모든 개체는 '본질 또는 실체와 이어져 있는 것'이란 뜻이다.
따라서 '있다'라는 말에는 '하늘로부터 왔다'라는 인식이 담겨 있다고 바꾸어 말할 수 있는데, 말은 관념의 표현이며 철학을 담고 있기 때문에 이런 식의 어법은 자기 스스로 '하늘에서 온 사람'이라고 여기지 않고는 생각하기조차 어려운 일이다.

그렇다면 지구상에 자기 스스로를 '하늘에서 온 사람'이라고 여긴 주체들은 누구일까?

인류를 구성하고 있는 여러 종족 가운데 그들이 남긴 문화를 통하여 '스스로 하늘에서 온 사람'으로 여긴 주체들이 누구인지 찾아보는 것은 그리 어렵지 않다.

'치우는 구리국의 천자'라는 사기(史記)의 기록을 통해서 구리국의 통치자를 '천자(天子)'라고 불렀다는 사실이나 자손(子孫), 남녀(男女), 형제(兄弟), 치아(齒牙), 이목(耳目) 등 우리의 일상용어 가운데에도 우리 겨레가 하늘 겨레라는 사실을 뒷받침하는 것들이 많이 있다.

우리 한겨레의 언어와 문자는 어느 것 하나 하늘과의 관계를 벗어난 것이 없으며 한겨레의 삶 자체가 하늘과의 어울림이 기저를 이루고 있다.

따라서 우리 겨레의 상고 역사는 하늘 백성의 역사이며 우리 한겨레의 철학은 하늘과의 관계가 주를 이룬다.

자기 스스로가 하늘로부터 와서 여기 땅에 있는 것이 사실이므로 '있다'라는 말을 자유롭게 사용하였으며 해를 통해 매일 매일 경험을 이어가는 것이 하나의 전통이 되었다.

하늘이 매일 이 세상에 신선하고 맑은 해를 보내 삼라만상을 기른다고 생각했다. 고대 유적에서 '태양'과 관련된 흔적들이 공통으로 발견되는 것은 이 때문이다.

이것은 동서양을 막론하고 고대인들이 이 세상에 있는 모든 개체를 하늘로부터 이어진 것이라는 공통된 견해를 가지고 있었다는 것을 말해 주는데 한겨레는 인류 가운데 이런 견해를 정립한 주체다.

'있다'는 말의 의미를 다시 살펴보기 위해 익숙한 한자인 '有(있을 유)'자를 보기로 하자.

'有'자는 '손'과 '月'로 이루어진 글자다.

'손'은 우리 인체의 '손'을 일컫는 것으로 옛 선인들이 손을 이용하여 혈연관계를 나타냈다는 점을 고려하면 손은 단순히 물건을 잡고 움직이는 '손'만을 의미하는 것이 아니라 '천손(天孫)'이라는 말의 경우에서처럼 '하늘로부터 이어진 핏줄'을 의미하기도 한다.

우주를 하나의 몸으로 볼 때 사람은 '우주의 손과 같은 존재'이며 하늘로부터 이어진 존재라는 뜻이다.

'月'은 '달'을 나타내는데, 과거 어느 땐가 지구로부터 떨어져 나갔다는 기억 때문에 '月(달)'은 떨어져 나가다, 덜어지다, 달아나다 등의 의미를 나타낸다.

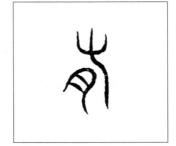

〈그림 3-16〉 '有'의 옛글자

고대에는 달을 '섬'으로도 불렀는데, 큰 바다를 향하여 점점이 떠 있는 땅을 '섬(島)'이라 부르는 것처럼 '광활한 우주로 나아가다가 멈추어선 섬'이란 뜻이다.

따라서 이 두 가지 의미가 결합된 '有' 역시 '하늘로부터 떨어져 나온 것'이 되어 '있다'라는 말의 앞에서의 정의와 일맥상통하게 되는 것이다.

우리가 일상에서 쉽게 사용하는 '있다'라는 표현은 사실 엄청난 철학적 의미를 함축하고 있는 말이다.
이런 용어 하나를 만들어 내기까지의 과정을 음미하는 것은 철학적 사유의 의미도 있겠지만 한겨레의 사고방식을 되돌아보는 것이어서 철학적인 교육 효과를 기대할 수도 있다고 생각한다.

'있다'와 '없다'의 한글풀이
'있'은 'ㅇ', 'ㅣ', 'ㅅ', 'ㅅ'으로 구성되어 있다.
'ㅇ'은 원래 하늘(天)의 변화나 움직임을 나타내는 기호다. 여기서는 '움직이는 하늘'의 뜻이다.
'ㅣ'는 생긴 모양처럼 '위에서 아래로 내려오다'라는 의미를 나타낸다. 주로 '땅에 내려온 하늘'의 뜻으로 쓰인다.
'ㅅ'은 생긴 모양처럼 위로 솟아오르거나 땅으로 수그러드는 모양 또는 의미를 나타내며 동시에 하늘과 땅 사이에 살아 있는 모든 생명체들의 표시이기도 하다. '생명체'나 '살아 있다', '삶', '사람', '생물' 등에 'ㅅ'이 쓰이는 이유다.
여기서는 위에서 아래로 내려오는 모양, 작용을 나타낸다
'ㅅ'을 중복한 것은 '계속해서 내려온다' 또는 '수없이 내려와 있다'라는 의미다.

이들 요소의 의미를 조합하면 '하늘이 땅으로 내려오고 또 내려오다'라는 뜻이 되어 앞서 살펴본 '있다'라는 의미가 '하늘에서 이어져 있다'라는 것과 상통한다는 것을 알 수 있다.

'있다'라는 말은 '(하늘로부터)이어 있다'라는 뜻이다.

'있다'라는 의미를 나타내는 '유(有)'라는 말도 역시 마찬가지다.

'유'는 'ㅇ'과 'ㅠ'로 되어 있는데 'ㅇ'은 앞서 말한 바와 같이 '하늘의 작용', '변화하는 하늘'을 나타내고 'ㅠ'는 'ㅡ'가 아래로 거듭 내려오는 모양 또는 작용을 나타낸다.

이것으로 보아 '유'로 표현되는 '있다'라는 말 역시 '하늘이 내려옴으로써 존재하다', '만유는 하늘이 내려와 있는 것'이라는 것을 알 수 있다.

'유'의 이런 의미는 '流'자를 '흐를 유'로 풀이하는 것에서도 확인이 된다.

'없다'라는 말은 의미상 '있다'라는 말의 상대어다.

'없다'라는 말의 '없'은 'ㅇ', 'ㅓ', 'ㅂ', 'ㅅ'으로 이들 요소를 살펴보면, 'ㅇ'은 '있'의 'ㅇ'과 같이 '움직이는 하늘', '하늘의 작용'을 나타내는 기호다. 'ㅓ'는 'ㅏ'와 서로 상대되는 모음으로, 'ㅏ'는 'ㅣ'의 우측에 '•'이 추가되어 '땅에 내려온 하늘의 작용', 즉 생명, 창조, 긍정, 전진, 생산을 의미하는데 비해 'ㅓ'는 'ㅣ'의 좌측에 '•'이 추가되어 'ㅏ'와 상대되는 멈춤, 과거로 후퇴, 물러남 등의 뜻으로 쓰인다.

'ㅂ'은 땅을 나타내는 기호(ㅁ, ㅂ, ㅍ) 가운데 정신, 마음을 나타내는 기호로 물체의 정신적인 성향을 나타낸다.

'ㅅ'은 'ㅂ'의 반복작용을 나타낸다.

따라서 이들 요소간 의미로 본 '없'은 '하늘에서 내려온(하늘에 이어진) 존재의 몸이 계속해서 정신적인 존재(근본으로의 회귀)로 변해간다'라는 것이다.

있는 것이나 없는 것을 이처럼 표현할 수 있다는 것은 놀라운 일이 아닐 수 없다. '있는 것'은 '실체에서 기원했다는 것'이며 '없는 것'은 다시 '근본으로 돌아갔다'는 말이기 때문이다.

사람의 육체(몸)가 정신(귀신)적인 존재로 변하는 것을 '죽음'이라고 하는 것처럼 '사물'이 정신적인 존재로 변해가는 것으로 '없'으로 나타냈다는 것은 이런 말의 기원이 얼마나 높은 차원의 것인지를 가늠할 수 있게 해준다.

이상은 우리 한글의 쓰임 가운데 그 일단을 소개한 것에 지나지 않는다.

앞으로 한글에 대한 연구가 깊어져 우리말의 진정한 의미들이 되살아나고 우리의 어문 생활이 한결 자유로워지기를 기대한다.

〈참고문헌〉

金文新攷(금문신고), 金文新考外編, 駱賓基 著
中國上古社會新論(중국상고사회신론), 駱賓基 著
詩經新解與古史新論(시경신해와 고사신론), 駱賓基 著
歷代鐘鼎彝器款識(역대종정이기관지), 南宋 薛尚功 編著
說文解字(설문해자), 許愼 著 段玉裁 註
금문의 비밀, 김대성 저(2002. 컬쳐라인 刊)
말은 어떻게 태어났나, 박병식 지음 (2002. 조선일보사 刊)
소리바꿈 법칙, 박병식 편저(2008. 한민족문화연구원 刊)
한글창제원리와 옛글자 살려쓰기, 반재원,허정윤 지음(2007. 역락 刊)
한국의 문자와 문자연구, 송기중 외편 (2003. 집문당 刊)
漢字는 東夷族文字, 강상원 著(2007. 돈황문명출판사 刊)
중세국어의 수량표현에 대한 연구, 조용상 著(1997. 학위논문)
訓蒙字會字釋研究, 박병철 著(1984. 학위논문)
禪家龜鑑(선가귀감), 서산대사 著(1978. 여원출판국 刊)
中國民族古文字研究, 中國民族古文字研究會編(1984.)
ORIGINS(오리진), Richard E Leakey 共著(도서출판 두우 刊)
한사상, 김상일 著(1990. 온누리 刊)
千古의 秘密, 김용길 著
中國文字結構析論, 王初慶 著(文史哲出版社 中華69년 刊)
中華字源, 駢宇騫 著(2007. 萬卷出版公司 刊)
漢字部首解說, 이충구 著(1998. 전통문화연구회 刊)
漢字原理解法, 김철영 엮음(1998. 자유문고 刊)
꼬리에 꼬리를 무는 한자, 한호림 著(1995. 디자인하우스 刊)
우리말의 상상력, 정호완 著(1996. 정신세계사 刊)
어문연구(1984. 한국어문교육 연구회 刊)
나는 언어정복의 사명을 띠고 이땅에 태어났다, 박대종 著(2003. 대종언어연구소 刊)

조옥구 趙玉九

1955년 전북 옥구 出生
금암초등학교, 황등중학교, 원광고등학교, 원광대학교 사학과 졸업
동양 및 한국고대사 연구, 원시상형체문자 연구, 한자와 한글 연구
문명 기원 · 문화 원형 · 인문정신 · 동서문화의 동질성 등의 연구로
인류가 공유할 보편적 가치, 인류의 평화 행복을 추구하며
한자와 한글의 기원에 대한 연구, 강의, 교육 교재 집필중이다.

현 한자한글교육문화콘텐츠협동조합 이사장
현 한자중국어특성화대안학교 교장
한자 한글교육문화원 원장
저서 "21세기 신설문해자"(2005년 도서출판 백암 刊)
방송 STB상생방송(www.stb.co.kr) 한문화특강 "한자의 비밀(제1강, 제2강, 제3강)"

신개념 한자 학습서 1
한자의 기막힌 발견

2017년 11월 15일 초판 1쇄 발행
2021년 9월 5일 초판 2쇄 발행

지은이 조옥구
펴낸이 김병환
펴낸곳 학자원
주 소 134-814 서울시 강동구 천호대로 1121
전 화 02) 6403-1000
팩 스 02) 6338-1001
E-mail hakjaone@daum.net
등 록 2011년 3월 24일 제324-2011-14호

HAKJAONE Publishing Co.
1121 Cheonho-Daero Kangdong-Gu Seoul

ISBN 979-11-87806-81-3 04700
      979-11-87806-80-6 세트

값 20,000원